高山知明
Takayama Tomoaki

日本語音韻史の動的諸相と蜆縮涼鼓集
けん しゅく りょう こ しゅう

笠間書院

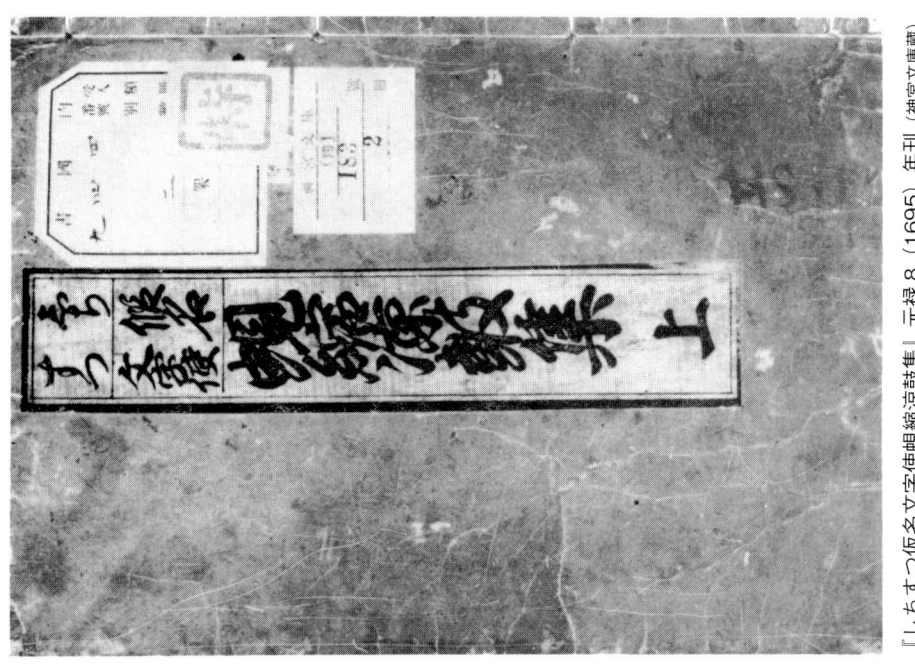

『しらすつ仮名文字使蜆縮涼鼓集』元禄8(1695)年刊(神宮文庫蔵)
上巻表紙

序文
(上巻1丁表 第4章(1)、70頁参照)

(上巻8丁裏　第5章(18)、118頁参照)

(上巻9丁表　第5章(18)、118頁参照)

目 次

第1章　序論

1. 本論の意図 …………………………………………………………………… 1
2. 変化が持つ複雑性 …………………………………………………………… 4
3. 言語変化の把握の仕方 ……………………………………………………… 6
4. 個別言語史としての視点 …………………………………………………… 8
5. 本論の特色 …………………………………………………………………… 8
6. 用語の規定 …………………………………………………………………… 10
　　6.1. 前鼻子音に関する用語　10
　　6.2. 四つ仮名に関する用語　11
7. 本論の構成と概要 …………………………………………………………… 12
8. 既発表論文との関係 ………………………………………………………… 14
（付）資料文献、参考文献の表示方針について …………………………… 16

第2章　タ行ダ行破擦音化の音韻論的特質

1. はじめに ……………………………………………………………………… 19
2. タ行ダ行の破擦音化 ………………………………………………………… 19
3. 問題点 ………………………………………………………………………… 22
4. タ行ダ行破擦音化の音声条件 ……………………………………………… 24
5. 母音に関するシジスズとチヂツヅの平行性 ……………………………… 28
6. タ行ダ行における破擦音の発生―摩擦による識別の拡張化 …………… 28
7. 出来事としての複合性―両破擦音化の遅速の問題 ……………………… 32
8. タ行ダ行破擦音化後にできた下位体系 …………………………………… 35

9. 現代語における歯茎阻害音の口蓋性 ……………………………………… 36
10. 残された問題 …………………………………………………………… 38

第3章　前鼻子音の変化と話者の感覚

1. はじめに ………………………………………………………………… 41
2. 用語「濁音」の曖昧性 ………………………………………………… 41
3. 用語の問題点 …………………………………………………………… 47
4. 前鼻要素消失と濁音の認識変化 ……………………………………… 48
5. 『以敬斎口語聞書』細部の検討 ……………………………………… 54
6. 『和字正濫鈔』の再検討 ……………………………………………… 60
7. まとめと課題：前鼻要素消失と撥音との関係 ……………………… 65

第4章　前鼻子音から読み解く蜆縮涼鼓集

1. 本章の目的と趣旨 ……………………………………………………… 69
2. 『蜆縮涼鼓集』とは …………………………………………………… 70
3. 『蜆縮涼鼓集』および音韻史に関する課題 ………………………… 71
4. 文献間の相違 …………………………………………………………… 73
5. 『蜆縮涼鼓集』の「実態」認識と発音法 …………………………… 78
6. 撥音と前鼻要素 ………………………………………………………… 81
7. 「鼻に入る」を取らない理由 ………………………………………… 85
8. 撥音に注意を向けた理由 ……………………………………………… 89
9. 「平地（へいぢ）」誤入の背景としての鼻音 ……………………… 92
10. 「濁るといふも其の気息の始を鼻へ洩すばかりにて」……………… 94
11. まとめ …………………………………………………………………… 97

第5章　蜆縮涼鼓集の背景——謡曲の発音との関わり——

1. はじめに……………………………………………………… 99
2. 京の「実態」に関する疑問………………………………… 100
3. 『蜆縮涼鼓集』と謡曲の発音……………………………… 101
4. 『当流謡百番仮名遣開合』(『謡開合仮名遣』)…………… 103
5. 撥音に対する注意と『蜆縮涼鼓集』……………………… 111
6. 微妙なズレに関する取り扱い……………………………… 112
7. 謡曲との関係性の内容面の検証…………………………… 117
    7.1. 五十音図の問題　*119*
    7.2. 京の発音「実態」を示す語例の出自　*128*
    7.3. 「高砂」　*134*
8. まとめ……………………………………………………… 136

第6章　耳障りなザ行音の「発生」

1. はじめに…………………………………………………… 139
2. 問題の所在………………………………………………… 140
3. 謡曲における発音の取り扱い…………………………… 140
4. 謡曲におけるザ行音の取り扱いとその問題点………… 143
5. ザ行の過剰訂正…………………………………………… 146
6. 合流の過程としての撥音後における対立の中和……… 149
7. 撥音後が意識される更なる理由………………………… 152
8. まとめ……………………………………………………… 157

第7章　二つの変化の干渉

1. はじめに——偶発性……………………………………… 161
2. 個別言語史の価値………………………………………… 163

3. 前鼻子音 ………………………………………………………… 166
 3.1. 古代語の前鼻子音　167
 3.2. 17世紀のザ行　167
 3.3. 語頭の濁音　169
4. 前鼻子音のゆくえ ……………………………………………… 170
5. 二つの変化の重なり …………………………………………… 171
6. 史的過程としての干渉 ………………………………………… 173
7. 「二説の対立」問題（先行論文の検討—その1）…………… 177
8. 鼻音と閉止との「関連性」（先行論文の検討—その2）…… 179
9. 文献上の現れと変化の進行 …………………………………… 183
10. 構造面への反映——母音間での摩擦音化の傾向 …………… 187
11. おわりに ………………………………………………………… 189

第8章　終章

1. 現象の切り取り方 ……………………………………………… 191
2. 『蜆縮涼鼓集』の問題 ………………………………………… 193
3. 残された問題 …………………………………………………… 195

参照文献 ……… 197
資料文献 ……… 204
あとがき ……… 207
主要語句索引 ………（1）

第1章

序論

1. 本論の意図

　本書は、17世紀を中心とする時期の音変化を対象に選び、その動的側面をできるだけ明らかにすることを目的とする。ふつう、音韻史研究の主要な仕事は、過去の各時期について、その史的段階の各音の音価と音韻体系の再構に主眼が置かれる。過去の言語の状態については、たいていの場合、それを裏付ける資料の不足のために、その再構にもいろいろな困難を伴う。それでも、ある程度満足のいく成果が得られれば恵まれており、多くの場合は、そこに辿り着くことさえ難しい。たとえば、日本語について言うと、畿内以外の諸方言の大半は、さほど遡らない過去についても明らかにできることはごく限られている。

　そうした困難の上でなお、言語変化に対する理解を深めようとすれば、音価と音韻体系の復元作業に留まらず、変化の様相にできるだけ迫り、その過程で発生した諸々の出来事を可能な限り再現することが求められる。それによって得られた成果を音韻史の中に組み込むことができれば、その内容はより動的なものとなるだろう。

　本論は、そこに少しでも近づくことを目指し、分析と考察をおこなうことを意図している。具体的に対象に選ぶのは、タ行ダ行の破擦音化とそれに続いて生じたジヂ、ズヅの合流、そしてその合流との関係について従来議論されている濁音の前鼻子音消失である[*1]。これらの現象を対象とするのは、

　[*1]　なお、本論の趣旨からすれば、同時期のこれ以外の音韻に関する現象についても扱うことが期待されるが、実際上の問題として、対象から除く。

資料となる文献が複数存在しており、その様相を多少なりとも細かく知ることが期待できるからである。

　とくに第3章以降で取り上げる文献は、全体として(1)のような特色を持っている（具体的な文献名は、(2)の図に時系列に沿って示す）。

(1). a. 発音の仕方に直接言及した文献が（その意味では、話者の内省に関わる内容を持つものが）複数残っている。
　　b. 文献間でその内容が必ずしも一致しない（一致点も見出せるが、それとともにズレがある）。
　　c. それぞれの文献が記された意図、目的が必ずしも一様でない。

　日本語に限らず他の言語の歴史を含めても、数百年前の音変化に関して(1) a.のような状況はそれほど容易に見出せるものではないと思われる。その意味では、本書で取り上げる事例は、かなり恵まれた条件を備えていると言うことができる。
　とりわけ、これらは内容面においても特徴的である。著者（あるいは当時の人々）の内省に関わる情報が、直接にせよ間接にせよ記されている点である。我々はそこから、当時の話者が持っていた言語感覚をうかがい知ることができる。数百年前の変化に関するもので、この種の文献が、多くとは言えなくとも複数残されている事例は、とりわけ音韻史の分野においては得がたく、研究上の重要性は大きい。これだけの材料がそろっているという好条件は、日本語以外のところに求めても、おそらく、それほどざらに見出されるものではないだろう。
　それに加えて、これらの文献でさらに特徴的なのは、b.である。もしかりに、これらの文献の内容が一致していれば、生じる問題も少なく、その処理は比較的単純に終わる。これに対し、一致点がある一方、相違も見せる場合には、それが何に依るのかを問題にしなければならない。もちろん、その違いがごく個別の事情に依るのであれば、資料としての適格性の評価に関する手続き上の問題に留まる。しかし、そのズレが、当時の何らかの言語的状況に関わることが予想される場合には、それ自体が重要な問題の一つになる。

(2). **本書で取り上げる主な文献**

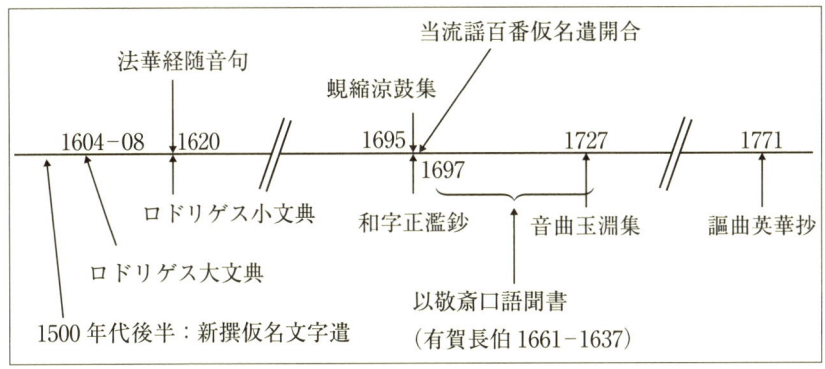

　場合によっては、文献の内容が総じて一致する場合よりも、より奥行きのある探究を可能にするかもしれない。
　これまで、これらの文献を対象とした研究では b. の問題は必ずしも十分に取り上げられてこなかった。とくに音価、音韻体系の再構を重視する立場からは、文献間の違いは、むしろ補正の必要なノイズと見なされてきたのかもしれない。ズレは、ふつう、像のゆがみと解されるからである。これに対して、本研究では、そのズレを正面から取り上げる。そのズレを、c. の特徴（各文献が著された意図、目的の違い）との関連において理解し、さらに背景にある音韻史的問題を探っていく。
　このように、史的研究を進める上で、比較的恵まれた条件を備えた対象が目の前にある。(1) の特色を持った文献をもとにして、最初に述べた、変化の途上で発生した出来事を可能な限り再現するという目的がどの程度可能かを探る必要がある。とりわけ、変化の動的側面を探る上で、話者の言語感覚、変化に対する認識は重要な情報源になり得る。
　本書は、このような点をふまえ、音変化の動的諸相をできるだけ明らかにしようとする。とくにその考察の過程で、中心的に取り上げる『蜆縮涼鼓集』（内容解説は第4章第2節、70頁）については、従来のこの文献に対する評価をあらためて見直すことになる。

2. 変化が持つ複雑性

　言語変化は長い時間をかけて進行するために、それを一目でとらえるのは難しい。また、その過程を観察し続けることも事実上不可能である[*2]。とくに、過去に起こった事象の経過を知るためには、残されたわずかな資料に頼らざるをえない。零細な手がかりから、どんな変化が起こったのか、その前後の状態が輪郭だけでも明らかにできれば、恵まれている。さらに現象進展の様子を時間軸に沿ってつぶさに追うことはふつう期待できない。結果として、長い時間をかけて生じる言語変化の諸相を知ることには相当の困難を伴う。

　動的諸相が研究の対象とされにくい理由としては、それをとらえるのが難しいということばかりではない。

　個別の変化の内容は、たとえば (3) のように、変化の前後の形を並置した式で示されることがよくある（表示方式の如何は問わない）。こうした式によって〈変化〉の内容を規定し、それによって現象が理解され、議論される。

(3). $k > g / V\_V$（母音間において k が有声化）

　あらためて指摘するまでもなく、(3) のような式は、時間的に隔たった二つの状態（静態）の比較によって、その差異を表現したもので、それを変化と見なしたものに過ぎない。実際の動きは、これら二つの状態の間で起こる現象である。しかもその動きは、(3) で示されるようには、終局に向かって一直線に推移するものとは限らない。現実の変化には様々な局面があるはずである。

　現象をできるだけ単純化してとらえること (simplification) は、言語研究の最も重要な作業の一つであり、取り扱う現象の本質を探るのに不可欠な手続きとされている。このことは、言語変化に関わる現象を取り扱うときにも求められることが多い。特定の変化について考えようとするとき、無用と思

　[*2]　特定の言語あるいは方言について、話者集団の年齢別調査をおこなったり、地理的分布を見ることによって、間接的に言語変化の「動き」を読み取ることは可能である。いわゆる動態研究がそれに当たる。

われる細部を剪定し、全体として一筋の秩序立った枝ぶりが現れるように単純化する（もっとも、「一つの変化」と認識する時点で最初の重要な単純化が施されている）。とりわけ、音変化は、こうした単純化（ないし規則化）に馴染みやすい。むろん、そのようなアプローチも現象を理解するための一つの重要な方法であり、その価値は軽視できない。

　半面、全体を端的に把握することに重きが置かれる結果、本筋に直接関わりそうにない諸側面は考察の対象から除外されやすい。しかし、単純な規則化になじまない面も、現象としての動的な性質をとらえる上では重要な意味を持つ可能性がある。言語変化がどのように進行するのかについての理解を深めようとすれば、現象全体を上記のように単純化してとらえるのとは異なる接近の仕方が求められる。むろん、そのような立場から対象に臨む場合にも、一定の抽象化が必要だが、そのやり方は上記のそれとは違ったものになるはずである[*3]。

　本書は、できる限り単純化ないし統一化しようとするのとは異なる方向から対象を扱う。ただし、先にも述べたとおり、現実の問題として、そのようなアプローチが可能となるような恵まれた研究対象が実際になければ意味をなさない。

　一般に、現象が持つ複雑性は、時間の進行につれて展開する様々な現象に広く見られるものである。たとえば、我々の周囲にも、複数の些細なトラブルが思いもよらぬかたちで連鎖的に重なり、大惨事に発展する事例があるし、あるいは、時代を転換させるような歴史的な事件に例を求めると、一部の市民による小さな集会がある時点から群衆を巻き込む大規模なデモとなり、遂には一国の政治体制を覆すほどの力に至るといった出来事に思い当たる[*4]。これらの例からも容易に想像されるが、細部の過程を追う作業は、それぞれの出来事を深く理解するために不可欠である。事故原因を究明したり、歴史

---

　*3　もちろん、それとは異なる方向性を持った研究も古くから行われている。たとえば、言語地理学はこうした単純化の方向性に異を唱えたものとして知られている。

　*4　普遍的法則や一般的真理を追究する自然科学においても、個々の出来事を対象とする場合には同様のことが言える。「出来事」'event' が持つ性質および言語の歴史に関する考え方については、コセリウ（1973: とくに第6章）を参照。

の背景を明らかにしようとすれば、当然、取り組まなければならない課題である。これと同様のことが、特定の言語変化を取り上げるときにも当てはまると考えられる。

3. 言語変化の把握の仕方

　前節で述べたことをもう少し詳しく見てみよう。たとえば、ハ行子音の変化を例に取ると、古代語のハ行子音は、カハ（川）、カヒ（貝）、イフ（言）、ニホフ（匂）、マヘ（前）、カホ（顔）など、語内の母音間に位置する場合に「一斉に」接近音化して、ワ行子音に合流したと言われる。このとき、問題にされるのは、ハ行子音が語頭だけでなく母音間にも現れていた段階と、それが母音間ではワ行子音と区別されなくなった段階の二つの静態であり、変化は、その比較によって示される。これを図式化すると、(4)のように表される。

(4). $\phi > w / V\_V$（すなわち、母音間のϕがwに変化）

　要するに、この場合、現象の開始前と終了後の二つの状態がわかれば十分である。その比較から、変化の生起条件（ここでは母音間）と、その対象（ここではϕ, w）とを導くことができる。これによって、変化を示すための(5)の3つの要件がそろう。

(5). 変化前の形、（前後の音環境など）変化の条件、変化後の形

　これに加えて発生の時期が明確にできれば、これらの情報によってどういった現象であるのかを、いちおう表現することができる。
　このとき、変化の条件が簡潔に示され、また、変化前の形から変化後の形を導くことのできる単純で合理的な規則を提示することが求められる。このような考え方の背景には、(6)のような作業原則が存在する。

(6). 変化は、できるだけ単純な規則によって説明されなければならない。

変化をとらえる場合のこのような作業原則は、通時論にあっても、共時態の記述において求められる原理ときわめて類似した性格を帯びている。実際、多くの研究において、このような立場から変化を描くことが多い。それによる利点ももちろん否定することはできない。

　しかし、現象自体に、(6)の作業原則になじまない側面があるとすれば、これに従ってはその相を適確にとらえることができない。別の言い方をすれば、そのような側面は、(6)のような立場から見れば、必要とされない、あるいは抽象化の過程で捨象されるべき不要の情報を多分に含むことになる。

　さらに異なる角度から見れば、(6)の立場から導かれる規則は、結果から遡って現象全体を総括することによって得られる。それゆえ、変化の進行とともに生じる事象があるとすれば、それは関心の外に置かれることになる。言語変化の規則は、変化が完了して始めて打ち立てられるものであって、最初からそれに従って変化が進行したと言えるのかどうかを疑う必要もあろう。

　たとえば、すでに終わった、ある水の流れの行く先を把握しようと思えば、具体的に水がどのような動きを見せたのかが重要な関心の対象になる。しかし、現に、水が流れている最中には、たとえば、流水の先に大きな石があれば、その存在によって水の動きは一旦そこで阻まれ、流れる方向を変えたり、流れを止めたりする。しかも、それだけに留まらず、水の量によっては石自体が流され、その位置を変える事態もありうる。その場合には、水の流れ方も状況に応じて変わってしまう。一見単純に見える水の流れのような自然現象においても、個々の出来事となると、現象を左右する複雑さは枚挙にいとまがない。

　むろん、言語変化に関して、実際に起こった細かな事象を網羅し尽くすことは、現実問題として不可能である。また、ある程度広範に見られる事象でなければ、いちいち取り上げる意味もない。そうは言っても、過去の言語変化については、そうしたことを見つけ出すことがそもそも難しい。その点で、現在進行中の変化とはおのずから研究の条件も異なってくる。

　本論は、音変化について、(6)の立場を離れ、できるだけその過程で生じた出来事を追究する立場を採る。単純化になじまない側面にも注目することで、過去に起こった変化の諸側面にできるだけ近づくことを目ざす。

ところで、言語変化と一口に言っても、形態や構文など様々な面での変化がある。研究対象として見た場合、音変化はとりわけ、その性質ゆえに単純な規則化になじみやすく、実際の研究においても、その大半の場合で、変化を律する規則の発見が可能であるとの前提に立っている。それだけに、音変化を対象にして、歴史的事象の複雑性の観点からその分析をこころみることの意義もかえって大きいと考える。

4. 個別言語史としての視点

日本語音韻史の研究においても、言語一般に見られる性質を重視し、また、規則性に着目する傾向は古くより強く存在してきた。もちろん、それによって有益な成果を期待することはできるが、しかし、問題の設定の仕方によっては、個別言語の歴史研究の基本的な立場との間に相容れない点が生じたり、原理的な問題が発生することも早くから論じられている（亀井孝 1971、コセリウ 1973 を参照）。そして、言語史（具体的には日本語史）の真価は、個々の事象に特有の問題を見出し、それを追究することにあるとも指摘されている。

ところで、個別性が持つ価値を正当に見定めるためには、方法論上の困難を克服する必要がある。それを意識せずに研究を進めると、当面すべてを個別性に帰してしまえばよく、方法論的に安易な状況に陥る危険性がある。それを避けるためには、個別性として問うべきは何か、一般性の追究からは出てこない価値とは何かについて、反省的にとらえる必要がある。個別言語史の考え方についてはさらに、具体的な問題を扱う第 7 章で、詳しく論述する。

5. 本論の特色

過去の言語変化について、上記に述べたような観点から具体的に研究するためには、それに相応しい条件を備えた対象を選ぶ必要がある。その条件として考えられるのは、次の (7)(8) である（なお、このうちの (7) については第 1 節ですでに触れた。ここではより一般的なかたちで示す）。

(7). 変化の諸側面をうかがえるだけの手がかりが十分に存在している必要

がある。
(8). 変化の過程をとらえるためには、ある程度の時間的な長さが必要である。

　(7)の条件と(8)の条件は、しばしば相容れない。多くの手がかりを求めようとすれば、現在もしくは現在に近いところに対象を求めなければならない。たとえば、現代語の特定の方言を対象に調査し、それに基づいた研究をおこなうことがこれに該当する。むろん、混沌とした目の前の状況から現在進行中の言語変化を見出す研究にはそれ固有の困難さがある。今かりに、そのような現実の方法論上の困難を別にすれば、(7)を満たすことは可能である。
　その一方、変化の進行過程における動的側面をとらえようとするのであれば、(8)の、ある程度の時間幅を持った過程を取り扱う必要が出てくる。そのためには、俯瞰が可能な、ある長さを持った過去の一定期間を選ばなければならない。そうなると、今度は逆に、どうしても手がかりになる材料がさほど期待できなくなる。
　このように、両条件を十二分に満たすことのできる対象は少なく、とくに過去の音変化に関しては困難が予想される。結局、残されている材料がどの程度存在するか、そして、それらがどのような内容を有するかが重要な決め手になる。
　すでに第1節で述べたように、本論が選ぶ対象に関しては、数多くとは言えないものの複数の文献が残されている。しかも、当時の話者の言語感覚を反映する内容を持っており、そこから話者の内省情報を、多かれ少なかれ読み取ることが期待できる。これは、数百年前の変化に関する史料としては特筆すべきことである。とりわけ、音韻史の分野においては、この種の文献が複数存在する事例は稀にしか見当たらない。しかも、これらの内容を見比べてみると、相互に微妙な差異が見出される。従来、この点に対する注意が十分に払われてこなかった。複数の文献間で、同一の対象に対して内容に差異が存在するとすれば、この点は、研究を進める上で一見、障害となるように思われるが、実際には、それによって、文献の性質（そのバイアス）との関

連を明らかにし、それに基づく分析も可能になる。

　本論が対象とする、破擦音化からジヂズヅ合流の過程は、おそらく、その大筋についてはすでに明らかになっているとの認識ゆえに、さらなる関心をあまり呼ばなかったのではないかと思われる。しかし、上記に述べた観点からは取り上げるべき課題が存在しており、なおかつ、好適な研究条件も備えている。

6. 用語の規定

　具体的な論述に入る前に、本書で頻繁に用いる用語について規定する。ここでは、用語体系全般に関する包括的な説明は省き、一般の使い方に対してとくに注意の必要な、独自の方針に依るものを取り上げる。

6.1. 前鼻子音に関する用語

　まず最初に「前鼻子音」について述べる。本論では prenasalized consonant を「前鼻子音」と呼ぶ（この呼称は一般的なものである）。「前鼻子音」は、鼻音部分と口音部分とから成る、複合的ではあるが、単一の子音である。複合的で一個の子音に相当する点では、破擦音と同様である。当面する対象では、有声の場合のみが問題となるので、実際上、「前鼻子音」はここでは前鼻有声子音 prenasalized voiced consonant を指す。それゆえ、いちいち、有声であることを明記せずに済ませる。「前鼻子音」の代わりにしばしば用いられる「前鼻音」は以下に述べる理由のため使用しない。

　前鼻子音を構成するうちの鼻音部分をとくに「前鼻要素」と呼ぶ（要するに「前鼻子音の鼻音部分」という意を命名上反映させる）。「前鼻音」の使用を避けるのは、これが、上に規定した「前鼻子音」を指すのか、それとも、そのうちの「前鼻要素」を指すか、曖昧になるおそれがあるからである（本稿筆者の既発表論文では使用したことがあるが、ここでは用いない）。また、「前鼻要素」とともに文脈に応じて「鼻音要素」を用いることがある。両者は指示対象としては同義であるが、たとえば、論述の中で「前鼻子音においては、その鼻音要素が」のように述べるときなど、「前鼻要素」とすると表現上不自然になる場合に適宜言い換える。

京都方言の濁音では、この前鼻要素が17世紀に入ってから全般的に消失していったと推定される（これについては第3章で詳しく論じる）。本書では、この変化を、前鼻子音の消失（化）と言う。実際には、微弱な鼻音要素が残ることがあったとしても（その意味では衰弱化のほうが適切かもしれないが）、これによって代表させる。

ところで、近年その使用が定着した「前鼻音」ないし「前鼻子音」ではあるが、従来、国語史（日本語史）の分野では、濁音に伴う鼻音、濁音の前の鼻音などと呼び習わされてきた（このうちの「鼻音」については、さらに、「鼻母音」「入りわたり鼻音」「鼻音的要素」など様々なとらえ方、言い方がされている）。これは、古代日本語（中央方言）の音韻の特徴として、あるいは東北等の方言的特徴として広く知られ、国語史、方言学に限らず国語学一般の基礎知識ともされてきた。この「鼻音」は、濁音の特徴の一つを構成するものであり、濁音の外側に置かれるべきではないが、しばしば、濁音とは別の要素としての解釈を許してきた。それに由来する誤解ないし誤謬は、それぞれ具体的な箇所で指摘する（あるいは、明示的に指摘しなくとも、先行研究の検討を通じて明らかになる場合もある）。また、この問題は「濁音」の概念規定にも及ぶ。本論の論述に深く関係することから、この用語の問題およびそれに関連する「濁音」の概念上の問題は、第3章第1節で詳しく述べる。

6.2. 四つ仮名に関する用語

ジとヂ、ズとヅ（および拗音のジャ、ジュ、ジョとヂャ、ヂュ、ヂョ）の合一化を、一般には「四つ仮名の混同」と呼び習わしてきている。本書では、これに関して二つの問題を避けるため、「ジヂ・ズヅ（の）合流」と呼ぶ（「ジとヂ、ズとヅの合流」のように文脈に応じて適宜、表現を変える場合がある）。なお、断らない限り、省略に従って、ジに拗音のジャ、ジュ、ジョを、ヂにヂャ、ヂュ、ヂョを含めることにする。

問題の一つは「混同」である。音韻論的対立の消失に対して国語学（日本語学）では「混同」を当てる習慣が定着している。しかし、「混同」は、一般的な意としては、「公私混同」のように、本来異なるものが取り違えられ

たりその区別がうまくできない状況を指すことが多い。つまり、区別そのものの存在は含意しつつ、それが守られない状況について言う。この意味が影響して、音韻論的対立の消失と、〈取り違え〉や〈混乱〉とが曖昧になるおそれが生じる。とくに本書では、「混同」を使うと、文脈上、合流に至る前の〈混乱〉の意が意図に反して出てしまう場合がある。そのため、音韻論的対立が失われ、合一化することを意味するときには、「合流」を使う（文脈に応じて「合一化」「合一」とすることがある）。なお、合流に至る過程での区別の混乱には、「混乱」を使う。この場合にも、「混同」を使うと結局紛らわしくなるため、使用しない。

　もう一つは「四つ仮名」である。これは仮名文字を指す一方、音韻について言う場合にもこれを使う習慣がある。それに従えば、不都合を生じることはなさそうであるが、実際の論述では、しばしば仮名文字としての意味が出てしまうことがある。意図しない読みが出るのを防ぐために、本論では、「四つ仮名」の代わりにジヂズヅを使う。ただし、先行研究に触れる場合等はこの限りではない。また、文字について言うときや、さらに文字の書き分けを前提とした規範的な区別を含意するときには、必要に応じて「四つ仮名」を使うことがある。

7. 本論の構成と概要

　本論の構成と、各章の概要について簡単に記す。

　まず、第2章「タ行ダ行破擦音化の音韻論的特質」では、この変化には、複合的な側面と、単一の現象としての側面があることを指摘する。とくに、単一の現象としては、音韻論的対立の観点を抜きにしては考えられないことを明らかにする。

　第3章から第6章は、論じるべき問題と資料となる文献の関係を考慮して章を分けている。第3章「前鼻子音の変化と話者の感覚」では、主に『以敬斎口語聞書』を中心に取り上げ、17世紀後半の濁音の前鼻子音消失化について、その鼻音要素が当時の人々にどのように認識されていたか（とくに、それを指し示すのにどのように表現しているか）に注目し、その進行の様子を明らかにする。この内容は、以下の各章の論述の前提となる。

続く第4章「前鼻子音から読み解く蜆縮涼鼓集」は、四つ仮名資料、もしくは国語学史の資料としてよく知られた『しちすつ仮名文字使蜆縮涼鼓集』(以下、『蜆縮涼鼓集』)の内容に、前鼻子音消失が関わっていることを論証する。この文献に関しては亀井孝(1950a)によってほぼ論じ尽くされたと見られてきたが、考えるべき重要な問題が残されている。この章ではそれを指摘し、分析と考察をおこなう。

　さらに、第5章「蜆縮涼鼓集の背景——謡曲の発音との関わり——」も、『蜆縮涼鼓集』に関する問題を中心に取り上げる。この書と同時期刊行の『当流謡百番仮名遣開合』に注目する。そこには、撥音に後続するジ(ゼ)の発音に特別の注意を払うよう指示する注記が数多く記されている。この注記は、『蜆縮涼鼓集』が説く発音法との関連が想起されるにもかかわらず、これまで見過ごされてきた。また、この問題と併せて、『蜆縮涼鼓集』が示す京の発音の「実態」の背後に、謡曲での発音指南が関わっていることを、複数の角度からの分析を通じて明らかにする。その他、この著者の優れた洞察力のあらわれとしてもっぱら評価されてきた『蜆縮涼鼓集』の五十音図に基づく音韻認識は、その背景に、謡曲における発音指南において五十音図が実用上の利点から使用されていた実態があり、それと密接に関わることを指摘する。

　第6章「耳障りなザ行音の『発生』」では、第5章で明らかにした『蜆縮涼鼓集』と謡曲の関連性をもとに、音韻史的問題を取り扱う。具体的には、謡曲関連文献におけるジズ以外のザ行音に対する注意、撥音の後のザ行音に対する注意について、それらが発生した音韻史的背景について明らかにする。

　主に第3章から第6章までの内容を受けて、第7章「二つの変化の干渉」では、ジヂ・ズヅ合流と前鼻子音消失化との関わりが歴史的に見ていかなるものであるかについて論じる。ここではその関わりを干渉と呼び、個別言語史においては取り扱うべき興味深い現象であることを指摘する。また、文献を通して見ると前鼻子音消失が気づかれるようになるのが時期的に遅いことを指摘し、その理由についても明らかにする。第8章「終章」では、全体の総括、今後の課題について述べる。

8. 既発表論文との関係

　最後に、本書の内容と既発表論文との関係について記す。何れの論文も、本書にまとめるにあたっては、誤脱の訂正に留まらず、内容に関わる大幅な加除、修正をおこなった。また、趣旨を変えた点も少なくない。ほとんどの場合は、原論文を一度解体し、ある部分は他の章に組み替えたり、ある部分は一つの章として独立させたり、また、新しく書き下ろした部分を加えたり、というふうに相当程度の改編を施した。その結果、旧稿と各章は一対一対応しない。以下には、おおよその対応関係を示す。

　第2章に関しては、旧稿 (I) に対し、加筆および削除をおこなっているが、量的に大規模なものではない。ただし、一部、基本的な考え方に関わる部分で、その趣旨を変えたところがある。具体的には、現象としての複合性と単一性の両面のあることを旧稿に比べてより明確にした。章題は、旧稿 (I) の表題をそのまま使っている。ただし、本論に組み入れるに当たっては、(II) の論述の一部をそこに加えた。

(I)　　高山知明　2009.「タ行ダ行破擦音化の音韻論的特質」『金沢大学国語国文』第 34 号、金沢大学国語国文学会、203-215 頁。

(II)　　高山知明　2006.「破擦音化と母音体系」『実験音声学と一般言語学——城生佰太郎博士還暦記念論文集——』東京堂、218-228 頁。

　第3章から第6章は、以下の (III) から (VI) の既発表論文をいちおう土台に用いているが、かなりの程度の改編をおこなっている。各章を構成するに当たっては、上述のように、原論文を一度解体し、それを組み直し、また相当の修正、加筆をおこなっているため、各章と既発表論文は一対一対応しない。たとえば、第3章「濁音の変化と話者の感覚」のように多くの部分が (III) に相当するような場合でも、内容を大幅に改編し、原形を相当程度変えている。これらの各章に関しては、もとの論文名は用いず、新たな章題を付した。

(III)　　高山知明　1998.「十七世紀末の前鼻音の実態について——『以敬斎口語聞書』『和字正濫鈔』の再検証——」『香川大学国文研究』第 23 号、香川大学国文学会、1-8 頁。

(IV)　　高山知明　2003.「蜆縮涼鼓集からうかがえる前鼻音要素の一局

面」『香川大学国文研究』第28号、香川大学国文学会、94-101頁。

(V) 　　高山知明　2005.「文献資料から音変化の動因を探る」『日本學研究』第16輯、檀国大学校日本研究所(韓国)、319-336頁〈(IV)の増補改訂版〉。

(VI) 　　高山知明　2002.「耳障りになったザ行音」『国語語彙史の研究』第21集、国語語彙史研究会、和泉書院、199-216頁。

以上の改編作業は、修正を施すだけでなく、新たな内容を盛り込んだり、説明不足の箇所に対して必要な論述を大幅に追加したり、不要の箇所を削除するなどしている。基本的に大きく主張内容を変えた部分もある。旧稿との違いを具体的に示すには、あまりにも多岐にわたるため、ここではその一切を省くことにする。

第7章の原論文は(VII)である。この(VII)は、それ以前に公表した(VIII)に対してなされた批判に応え、かつ、(VIII)以降の考え方の変更をふまえたものである。(VII)はまた、内容上、もともと上記(III)から(VI)の旧稿を総括したものでもある。これを本論に組み込むに当たっては、上に述べた、旧稿(III)から(VI)の内容の改編に応じて、こちらも大幅な修正と改編をおこない、新たな議論を加えた。その際、論点がより明確になるように整理することを心がけた。旧稿同様、(VIII)の内容も部分的に含んでいるが、これも新たに書き直した。なお、(VII)の一部を第4章に移している(『蜆縮涼鼓集』の「平地」に関する論述)。

(VII) 　　高山知明 2010.「四つ仮名混乱と前鼻子音衰退化との干渉──個別言語史の視点の重要性──」『古典語研究の焦点』武蔵野書院創立90周年記念論集、月本雅幸、藤井俊博、肥爪周二編、武蔵野書院、851-871頁。

(VIII) 　　高山知明 1993.「破擦音と摩擦音の合流と濁子音の変化──いわゆる「四つ仮名」合流の歴史的位置付け──」『国語国文』第62巻第4号、18-30頁。

全体の構成を組むに当たっては、以上のようにいろいろな処理を新たに施した。旧稿の形を留めない箇所も少なくない。本書が扱う問題の中には、一

連の旧稿を発表していく過程で、徐々に認識するようになったものもいくつかある。そのため、公表年の古い論文ほど、発表時との懸隔が大きい。さらに、取り上げた先行研究について、本稿筆者の理解不足に基づく部分が後になって見出されたこともある。資料となる文献の解釈、分析においても当初見過ごしていた点に後から気づき、それに伴って考えを改めたところがある。

このような事情のため、本書をまとめるに際して、全体の流れをもう一度再構成し、個々の論点がより明確になるように書き直す必要が生じた。それに加え、単独の論文として公表した際には、それに見合う形式、発表媒体の性質、紙幅の制約などの条件に従っている。全体を統一する上では、その制限による部分も見直さなければならない。こうした諸点を考慮して、全体の改稿作業をおこなった。

(付) 資料文献、参考文献の表示方針について

1. 資料となる文献の該当箇所をまとめて掲げる場合には、その本文の形（仮名遣い、濁点の有無など）をできるだけ残すようにした。ただし、文献による違い、個別の事情に従い、すべての文献を通じて一貫した方針は取っていない。
2. 資料となる文献の本文を、論述文章内に部分的に引用する場合（1.で掲げたものの一部分を論述中で引用する場合）には、濁点、送り仮名を適宜補った。
3. 参考文献の論述中での表示は、可能な限り、その論文の初出発表年を掲げた（下記例）。該当論文が論集などに再録されている場合、その情報は末尾の参考文献欄に掲げる。

    例．有坂秀世（1935）

    ただし、再録時に、原論文が明示されていない場合や、改編されたものに依る場合など、個別の事情によってはこの原則に従わないこともある。なお、再録書の情報はなるべく遺漏のないように努めたが、見落としがあるかもしれない。
4. 参考文献の論述から特定の箇所を引用する場合には、該当する頁番号を記した。引用が再録書に依るときは、次のように、初出発表年を [ ]

に入れて示し、その後に、再録書の刊行年と該当する頁番号を表示した。また、引用はしないが、頁番号を明示したほうがよいと思われる場合も、この方式に従った。

　例.「今日のチ・ツの頭音のアフリカータ化の源流とは、無関係」(亀井孝 [1950b] 1973:179 頁)

(著者名 [最初の公表年] 再録書刊行年:再録書該当頁)

第2章

タ行ダ行破擦音化の音韻論的特質

1. はじめに

　チヂ、ツヅの破擦音化は、国語学（日本語学）や国語史（日本語史）の基本的な知識として、概説書や解説の類でも必ず言及されるような事項になっている。しかし、大半は、これに続いて起こったジヂ・ズヅの合流が主要な話題とされる一方で、どちらかと言えばそれに付随する問題として扱われてきたようである。また、概説に限らず、より専門の音韻史の論考の類についても破擦音化を対象とする本格的な考察は意外に少ない。

　この変化で特徴的なのは、母音 i （および拗音の j）の前だけでなく u の前でも生じていることである。本稿筆者は、この特質を明らかにしようとするならば、音韻論的観点、すなわち対立の概念が欠かせないと考える。すなわち、チヂとツヅの二つの破擦音化の関係をどのように説明すればよいかという点が問題になる。

2. タ行ダ行の破擦音化

　まず、これまでの研究に基づいて、タ行ダ行の破擦音化を概観しておくことにしよう。すなわち、(1) のような変化が16世紀を中心に起こったと推定されている。

(1).　チ ti → tʃi　　ツ tu → tsu
　　　ヂ di → dʒi　　ヅ du → dzu
　　　拗音も tja → tʃa, dja → dʒa のように破擦音化を生じるが、以下では簡略に従い、これらも「チ、ヂ」に含める。

ところで、破裂音から破擦音に変わったといっても、二音の違いは連続的であり、(1)よりも早い時期から、破裂に摩擦がわずかながらも伴う傾向はあったと推測される。ある時期になって突然、摩擦が現れたのではなく、それ以前の音声実現の幅の中にもその萌芽が存在していただろう。(1)の表示はそうした状況を排除するものではない*1。

　破擦音化が本格的に生じた時期の推定は、中国資料、朝鮮資料と呼ばれる文献によるところが大きい。日本語教科書として刊行された『伊路波』（1492年、朝鮮刊）の冒頭には「いろは」が掲げられており、その仮名文字にハングル（訓民正音）が付されている。それを見ると、「ち」に対しては'디(ti)'が、「つ」には'두(tu)'が当てられ、破擦音字母の'ㅈ'が用いられてない。このことが、チツ（そして、それと並行すると考えられるヂヅ）の破擦音化の時期を推定する上で重要視されている（濱田敦1959, 河野六郎1959参照）。これに対し、時期の下る、同じく朝鮮刊の日本語教科書『捷解新語』（17世紀）などでは、破擦音字母'ㅈ'が用いられており、両者の表記の違いが、この間に起きた破擦音化を反映すると考えられている。また、上代（8世紀）に遡れば、タ行ダ行をあらわす音仮名には、原語（中国語）の破裂音を持つ漢字が用いられている。これらは、漢語音韻学でいう「舌音」（破裂音と推定）の所属字のみで、チツヂヅに対しても「歯音」（「歯音」には破擦音が含まれる）に属する字をあてがわない（後述のように、『万葉集』防人歌、東歌などの例にはこれに外れるものがある）。その他諸々の材料も総合して、以降16世紀に至るまでの間、おおむね、チツヂヅは、タテト、ダデドと同じく破裂音で実現されていたと推定されている。

　以上は近畿中央方言について言えることであるが、他の方言については残された材料が乏しく、それを具体的に知るのは困難である。その中で、上代東国方言に関しては有坂秀世（1935）による研究が知られている。有坂

---

　*1　平安期の例として、観智院本『類聚名義抄』（僧下、魚部）「鯨」字の和訓に、「クヂラ」と「クシラ」（クジラ）の両形を掲げることが知られている。両形を生む背景として二音の近さが想定される。他方、両形併記からは、二つが区別されていることもうかがえる。「鯨」字には別に「ヲクチラ」が、また「鯢」字に「クヂラ」「メクチラ」がある。

(1935)は、『万葉集』防人歌、および東歌などにおける音仮名の使われ方をもとに、上代の東国方言のチは破擦音であるか、少なくともその傾向を持っていたと推定し、中央よりもかなり早く、チに破擦音化が認められるのではないかと指摘する（他方、ツには破擦音を示す材料を欠く）[*2]。破擦音化の契機として有坂 (1935) は、母音 i の前での口蓋化を想定しつつも、他の有力な可能性として、この地方の母音イが中舌的であったのではないかとして、それに伴う摩擦発生を考えている。後者の推定については、さらに亀井孝 (1950c) が、上代東国方言の破擦音は「今日のチ・ツの頭音のアフリカータ化の源流とは、無関係」（亀井 [1950b] 1973:179頁）との見解を述べている（亀井 1950c も参照）。このように、上代東国の破擦音については、有坂 (1935)、亀井 (1950b) を見る限り、中央における後代の破擦音化とは背景を異にするおそれが多分にあり、当面、ここで扱う破擦音化と同一視することは避けざるを得ない。

　また、諸方言に関してもう一つ無視できないものに、柴田武 (1960a, 1964, 1978a, 1978b) の論がある。いわゆる「一つ仮名弁」「二つ仮名弁」「三つ仮名弁」「四つ仮名弁」の分類を提唱し、その地理的分布の特徴を示した論である。これは、四つ仮名に関する問題として扱われがちであるが、突き詰めると、「一つ仮名弁」とされる東北諸方言や雲伯方言における、イとウの中和と、チヂツヅの破擦音化の相対年代の問題にも関わる。

　この四つの分類のうちの「二つ仮名弁」とは、現代東京方言や、京阪方言のように、ジヂ・ズヅの区別がなく、なおかつ、イとウの中和を生じないタイプで、日本列島の主に西部に広く分布する。しかし、可能性だけから言うと、もう一つの「二つ仮名弁」として、ダ行とザ行の区別は保持しつつ、イとウが中和するタイプの方言があってもよい（中和した母音を /i/ で示すとすれば、/di/ と /zi/ の対立を持つ体系）。しかし、そのような方言の存在は指摘されていない。このことが歴史的に何を意味するのかという問題がある。具体的には、ジヂ・ズヅ合流とイ・ウ中和の相対的年代の順序が問題になるし、そのことに「一つ仮名弁」の地理的分布がどう関わるかという点も問題

---

　*2　濁音ヂ、ヅに関してはこれを積極的に裏付ける文献上の材料がない（有坂 1935）。

になる。さらに、これらの問題に、上に見た上代東国の破擦音の点がどのように絡むのかという点も無視できなくなる（高山知明2006参照）。

このように、方言に関する諸々の問題があることを考慮すると、本章が扱う直接の対象は、当面、近畿中央方言に限定するのが適切である。

3. 問題点

この破擦音化は、下記 (2) のタイプの変化であり、チツヂヅがその音声の実質を変える一方（$a \to a'$, $b \to b'$ がこれに当たる）、タテトダデドはその実質を変えない（$c \to c$ がこれに当たる）。しかし、これによって全体の関係性（言い換えれば区別の有無の関係）には変更が生じないように見える。

(2). $a \to a'$
　　　$b \to b'$
　　　$c \to c$

これに比べると、(3) のような変化では二音が合流し、体系に大きな変更が生じる。具体的には、破擦音化に続いて生じたジとヂ、ズとヅの合流がこれに当たる。

(3). $a \searrow \atop b \nearrow b$　　a が b に合流（音韻論的対立が消失）

タ行ダ行の破擦音化は、(3) のような変化ではないので、音韻体系の根幹に大きく関わらないものとして理解されてきたように思われる。筆者は、これに対して、その特質を把握するためには音韻論的観点が欠かせないと考えるのだが、その際、具体的に注意を要するのは次の二点である。

まず、第一は、その生起条件である。二つの狭母音 i と u の前（拗音要素 j は以下、i に含める）で生じているが、それはどのように説明されるのだろうか。

チヂに関しては、後続母音 i による口蓋化 palatalization を契機にした破

擦音化として理解することはできる。しかし、実際には、ツヅにも起こっているので、それだけでは包括的にとらえられない。前舌と後舌の二つの狭母音を持つ音節において同時期に起こっており、もし全体を一つの出来事として見るならば、それを説明する必要がある（可能性という点では、二つの出来事として見ることもできる）。

　第二には、この時点では体系内に破擦音素（異音としてではなく、一定して破擦音で実現される音素）が存在しないことである。つまり、すでに破擦音の音素が存在するところに、さらに一定条件下にある他の音素が破擦音化し、合流するという変化ではない[*3]。

(4). jの前での破擦音化の例（英語）
　　(a). adventure, tj > tʃ　一語内での歴史的変化（この時点では、churchのように既に tʃ が存在している）。
　　(b). …that you…, …got you, tj > tʃ　のように語連続に生じる変化もその点では (a) と同様。

　たとえば、(4) の英語の例では、予め tʃ が音素として存在しているところに、さらに破擦音化が起こっている。日本語のタ行ダ行の破擦音化は、このようにして生じたものでなく、音韻体系内に新しく破擦音の音素が生み出されている（服部四郎［1954］1960:260頁,［1955］1960:318-322頁を参照）。あらためてこの変化の特質として整理すれば以上の通りである。この二点を (5) にまとめておく。

(5). (i). 二つの狭母音の前で同時期に破擦音が発生している。二つを合わせて一つの出来事と見なすならば、これを無理なく説明できるかどうか。

---

*3　ザ行子音（あるいはその一部）は破擦音で（も）実現されていたと推定されているが、摩擦音と異音の関係が想定されるので、これには当たらない（小倉肇1998など）。ザ行子音の問題については第6章の第5節、第6節参照）。

(ii). タ行ダ行の破擦音化時に、体系内に破擦音素が存在していない。この変化によって破擦音が新たに生み出されていることをどのように考えるか。

次節ではこれら二点に留意して、具体的に論じることにする。

4. タ行ダ行破擦音化の音声条件

　狭母音の前という条件で破擦音が現れることは日本語の特徴として知られ、現に、破擦音および破擦音化一般を扱った論文においても日本語の事例はしばしば言及される（Hyunsoon Kim 2001, Yen-Hwei Lin 2011 など）。

　現代語（東京方言等）のチ・ツの音素解釈としてよく知られているのは服部四郎（[1953] 1960:664 頁, [1955] 1960:288 頁, [1956] 1960:321-322 頁）で、それによれば、チツの子音はタテトの /t/ と同一の音素として解釈できないとして、別に /c/ を立てる。もう少し具体的に言うと、タチツテト（拗音は省略）は [t] と [ts] と [tʃ] とが相補分布を呈していても、タテトで破裂音となって現れる音素が、母音 /i/、/u/ の前で破擦音となる音声学的理由は見出せず、これを環境同化と見ることはできない。環境同化の作業原則が当てはまらない以上、これらを同一の音素と解釈することはできない、というものである。後続母音 /i/ の同化によって [t] が口蓋化することはあっても、これがさらに破擦音になるだけの（「きしみ音」（服部1956）を生じるだけの）理由はない、とする。その結果、チツには、/t/ でなく破擦音素 /c/ を認める。なお、チツの両子音を同一の音素とするのは、ツの [ts] に対し、チでは母音 /i/ の影響で口蓋化して [tʃ] となると解釈できるので、そこでは環境同化の作業原則が当てはまることによる。以上の解釈に基づくと、破擦音化は (6) のような体系上の変化として位置づけられることになる（服部 [1954] 1960:260 頁, [1956] 1960:318-322 頁）。

(6). 破擦音化の前　　破擦音化の後
　　　　　　　　　　　　　　/t/　　（母音 /e/ /a/ /o/ の前）
　　　/t/　　　　→
　　　　　　　　　　　　　　/c/　　（母音 /i/ /u/ の前）

　他方、Kim（2001）によれば、/t/ /d/ に狭母音が後続する場合には、閉止の開放時の気流の乱れ（turbulence）が比較的長く続き、広めの母音に比べて破擦音が現れやすい音声学的条件にあるとして、日本語の破擦音の現れ方も、その反映であると見ている[*4]。
　共時態レベルの問題としては、結局のところ、環境による条件をどのように認めるかに依って、解釈の差が生じることになる。
　言語変化としての破擦音化を考える場合にも、こうした音声条件は考慮されるべき点ではあるが、それだけで歴史的現象の生起が理解できるわけではない。とくに忘れてはならないのは、個別の事象の解明のためには、音変化の一般的な傾向性だけではなく、その時期の、その言語に特有の個別条件にも目を配る必要があることである。
　とくに、破裂音 [t] [d] が、前舌、後舌二つの狭母音の前で、ほぼ同じ時期に破擦音に移行するに至ったことには、より丁寧な説明が要る。母音イの前では口蓋化という契機が見出せるのに比べると、ウはそれと同じ条件にない。かと言って、狭母音というだけでは、音声条件として射程が大き過ぎる。歴史的な経緯として破擦音化の発生に至る契機を探ろうとすれば、より細かな取り扱いが必要であろう。歴史的事象に関しては、より一般的かつ単純な説明であればあるほどよいとは必ずしも限らない。
　また同時に、なぜ同じタ行ダ行で発生したのかという点に対する疑問も生じる。すなわち、チヂの破擦音化が前舌母音と関わるとしても、後舌母音に

＊4　Kim（2001）では、おもに韓国語の実験データをもとに、先行研究のデータも援用しながら一般的特性が論じられている。韓国語の /u/ は日本語のウと違って、円唇的かつ後舌的であるので、単純な比較には問題がある。日本語のウに関して考える場合には、中舌的な実現をさらに考慮する必要が出てくるだろう（→〈ツヅの破擦音化の契機〉参照）。

関わる音節がなぜ同じタ行ダ行（すなわちツヅ）でなければならないのかについてもより説得的な説明がのぞまれる。

当面、少なくとも音声学的観点からは、チヂ、ツヅのそれぞれの破擦音化の条件を個別に取り扱わざるを得ない。まずは別々に、歴史的状況をふまえつつ、その音声学的条件について考えることにする。

〈チヂの破擦音化の契機〉

上に述べたように、これらでは母音 [i] によって口蓋化する条件にある。そのように理解すれば、歯茎音（ないし歯音、以下略）の [t] の後での硬口蓋への舌の盛り上がりが、口蓋的な摩擦要素 [ʃ] [ʒ] の発生に関わっていると考えることができる（ここで用いる IPA は [ɕ] [ʑ] との違いを問題としない）。

〈ツヅの破擦音化の契機〉

朝鮮資料『倭語類解』『改修捷解新語』では日本語ス・ツ・ズ（ヅ）の u に、ㅡ、ㅢのような非円唇の字母を当てている。

日本語の u は全体として唇の丸めが弱い。また、なかでも歯茎音の後ではその調音位置の影響を受けて、後続母音の中舌化がより起こりやすいと言える*5。これらの文献は、その音色の明るさが、母音体系に /u/ /ʉ/ の二つを持つ朝鮮語の母語話者によって感知され、日本語の音韻にとっては有意でない違いを文字上に反映させたものであろう（濱田敦 1962, 安田章 1980: 109-110 頁, 安田 1987 など参照）。

もし、この中舌的な傾向が、破擦音化以前から見られたとするならば、歯茎音 [t] [d] の調音位置と、中舌化した母音の舌の盛り上がり位置とが近接するために、狭めがより持続し、摩擦要素が発生しやすかったと考えられる。ツヅの破擦音化の契機はこのように考えることができる。

---

*5　現代東京方言の u の非円唇的性質と中舌的な性質に関しては上村幸雄・高田正治 (1978) を参照。当時の畿内方言においても程度の差こそあれ、これらの音節ではより中舌的な音声実現を持っていたと考えられる。

ただ、これらの文献は時期の上では破擦音化以後（かつズヅの合流以後）に相当するため、ス・ズ・ツ・ヅのuがツヅの破擦音化以前に中舌的であったことを直接示しているわけではない*6。しかしながら、中舌化の傾向が、母音uの円唇性の弱さと連関するものとすれば、破擦音化前にもその傾向にあったと推定することは許される。破擦音化後に母音uが全般的に円唇性を弱めたとは考えにくいからである。

　このように個別に検討すると、チヂ、ツヅのいずれの場合も摩擦要素発生の説明は可能である（ここまでツヅのuを後舌としてきたが、音声学的には中舌とするほうがツヅの破擦音化の説明がしやすい）。それぞれの条件は誰しも思い付くことであるが、重要なのは、母音の違いに応じた異なる説明がともに必要かつ可能である点である。そうなると、破擦音化といっても、二つの現象から成ると見なければならない。
　他方、これでは、なぜ同時期に生じたのかという問題は解決されない。個別に音声変化の契機を並べてみても、一つの出来事として理解することができない。
　もちろん、「二つの」破擦音化のそれぞれが異なる動因に従って、たまたま同じ時期に起こったという可能性は、原理的に排除できない。しかし、この「二つの」破擦音化を一つの変化として見る立場も安易には放棄できない。包括的に扱う線も探るのが正しい道であろう。

---

*6　破擦音化以前の段階を示すと考えられる『伊路波』では「つ」を두とし、字母ㅜを当てるが、これが、破擦音化以前のツのuが相対的に見て後代より円唇的であったことを示すか否かは慎重に扱う必要がある。『伊路波』では「す」にもㅜを当てている。
　中本正智（1990）は、「日本語におけるいわゆる四つ仮名の区別の消失は、母音uの前進推移によるiとuの接近と大いに関係があると考えられる。四つ仮名の区別がuの前進推移のはげしい東北地方や琉球地方でははやくに失われ、uの前進推移のおそい西日本、とくに四国地方や九州地方で比較的おそくまで保たれている事実は、このことの一証となろう」（同：269頁）と述べる。「四つ仮名」を取り上げているが、直接には破擦音化の時期が念頭に置かれているものと思われる。

5. 母音に関するシジスズとチヂツヅの平行性

　前節で述べたように、スズとツヅともに歯茎音であり、朝鮮資料を基にすれば、それに続く母音 u が中舌的であった。ツヅの破擦音化以前もこの状態にあったとすれば、その段階で、スズとツヅとの間に共通性があることになる。

　また、シジとチヂに関しても、ともに子音の調音位置は近く、母音 i の実現も相当に近似していたと考えられる。

　これらの母音 i と u について、音声実現の観点から整理し直すと、シジとスズの違いと、チヂとツヅの違いとが平行的な関係にあると言える。

　破擦音化によって、チ、ヂ、ツ、ヅは、それぞれ、サ行のシ [ʃ]、ザ行のジ [ʒ]、サ行のス [s]、ザ行のズ [z] と同様の音色の摩擦要素を持つに至っている。その前段階において、平行的な関係が母音に関して存在していれば、それが破擦音化へと進む一つの重要な条件となり得る。前節の考察とともに問題点を再度整理すると、(7) のようになる。

(7). a. チヂとツヅ、すなわち、母音 i と u とでは破擦音化を引き起こす契機が異なる。
　　 b. 破擦音化が起こる前、母音の音声実現に関して、チヂとツヅの関係は、シジとスズの関係と平行的であった考えられる。

　破擦音化を一つの現象として見ようとする場合、鍵を握るのは a. b. のうち、b. である。そこで、次節ではサ行、ザ行の子音との関係をさらに見る。

6. タ行ダ行における破擦音の発生—摩擦による識別の拡張化

　シとス、ジとズに関し、子音の音声はどのように異なっていただろうか。キリシタン文献には、(8) のように、ポルトガル語をもとにした綴字にその違いが反映されている。

(8). シ xi　：　ス su
　　 ジ ji　：　ズ zu

キリシタン文献が示すのは16世紀末の破擦音化後の姿であり、難点がないわけではないが、この違いは、破擦音化前からこの時期までの間に新たに現れたものとは考えにくい。そうした変化の形跡はなく、破擦音化が起こる前にすでにこれと同様の状態にあったと見て差し支えない。
　子音の違いは、後続母音 i と u の違いに応じて現れた異音である。母音 u が前述のように中舌的で、唇の丸めもさほどでなかったとすれば、その違いは、唇音化や軟口蓋化によるものよりも、(9)のように、口蓋的か否かという点が顕著となる。

(9).　Ci　口蓋的　　　　Cu　非口蓋的
　　　（シ、ジ）　　　　（ス、ズ）

　口蓋的か否かは、余剰的特徴であっても、これらの音節をたがいに区別する上で無視できない効果を有する。とりわけ、C（子音）それ自体で音色の違いを出すことができている。母音に依らなくとも、摩擦音だけで区別が容易である。その点を強調して示したのが、(10)である。

(10).　Cj　口蓋的（具体的には [ʃ] [ʒ]）
　　　 C　非口蓋的（具体的には [s] [z]）

　CjとCの違い（[ʃ] と [s], [ʒ] と [z] の音色の違い）は、それぞれ後に続く母音 i, u の環境同化によるもので、たがいに異音であり、音素解釈上は示差的でない。しかし、その摩擦の音色の違いは一定しており、シとス、ジとズにおいては、現実には母音を弱めたり脱落させても区別に支障が出ない。
　清音のシスについていえば、いわゆる母音の無声化がこれに該当し、現代語では、実質的に母音が実現されないケースは枚挙にいとまがない（たとえば、「あした」のシ、「たすける」のスの音節）。程度の差こそあれ、当時においても同様に、母音が実現されない場合が少なからずあったと推定される[*7]。そうした現象を具体的な文献を通して実証するのは困難である。しかし、それを示唆する材料がないわけではなく、これも時代がやや下るが、

17世紀初頭のコリャード『日本文典』(1632年刊)の(11)の記事が注目される。

(11). iまたはv〔つまり、母音iまたはu〕で終わる語が日本人によって発音される時には最後の母音は初学者にほとんど聞き取れない。たとえば、gozàru（ござる）を聞く場合gozàrと聞え、fitòtçu（一つ）を聞く場合には単にfitòtçのように聞えるし、またàxino fàra（声の原）を聞いても単にàx no fàraと聞えるのである。
（大塚高信訳：4頁。〔 〕は本稿筆者による。"fitòtç"のacento符号は複製により訂する）

　最初の例「ござる」については、音節ruの母音の存在がヨーロッパの学習者に感知されにくいといった問題が考えられ、(11)のように認識される背景には複数の言語的要因があるものと察せられる。しかし、少なくとも、シ（「芦」のシ）、さらにツ（「一つ」のツ）については、日本語側の特徴として、いわゆる母音の無声化（実際には母音の脱落）がその背後にあると見られる。挙例されてはいないが、スやチにも同じ状況があったであろう。(11)は破擦音化後の状態を示すものだが、「声の原」の「シ」のような音声実現はそれ以前から見られたものと考えられる。
　濁音のジズに関しても、子音の部分だけでジとズとの区別が可能である。その意味では清音のシスと本質的に違わない。濁音についても、15ないし16世紀に現代語とほぼ同じ状態にあったと推定される。
　以上をまとめると、シとス、ジとズにおいて、摩擦の音色の相違は音素解釈上、余剰的であるとしても、実質的にシとス、ジとズの聞き分けに重要な手掛かりを与えていたということができる。
　さて、他方において、タ行のチツ、ダ行のヂヅで破擦音に変わると、(10)に見たのと同じような関係(12)ができあがる。シ対ス、ジ対ズに見られた

＊7　現代近畿方言では無声化が生じにくいと言われるが、程度の違いはあっても起こる。

関係がチ対ツ、ヂ対ヅにも及ぶ。

(12). Cj　口蓋的（具体的には [tʃ] [dʒ]）
　　　　　　　　（チ、ヂ）
　　　 C　非口蓋的（具体的には [ts] [dz]）
　　　　　　　　（ツ、ヅ）

　ここでも、後続母音 i と u の違いに応じた口蓋的、非口蓋的摩擦の音色の違いが同じような効果を持つ。タ行、ダ行でも、母音に依らなくとも子音（その摩擦要素）だけで区別が容易におこなえるようになる。実際、(11)で見たコリャードが示す"fitòtç"「一つ」は、この状態を示唆する具体的な事実である。
　こうして見ると、破擦音化は、識別に役立つ摩擦の音色差が、サ行のシス、ザ行のジズから、タ行のチツ、ダ行のヂヅへ拡張する現象として理解できる。チとツ、ヂとヅの対において、おそらくは破裂に伴っていたわずかな摩擦を、いっそう明瞭にして、その実現を恒常化させる。そうすると、シス、ジズと同じような、子音による識別の手がかり（cue）が得られる。
　さらに、後舌母音の tu と to、du と do の間も、片方が破擦音になることで違いが明瞭になる*8。また、du の場合には ru とも近い。このように音節相互の区別という観点から見ても、それぞれの違いは、摩擦要素によって補われる。
　第4節で述べたように、後続母音が i である場合と u である場合とでは、破擦音化の音声的な契機が同一ではない。それにもかかわらず、双方に破擦音化が生じたとすれば、音韻論的な関係性を無視して考えられない。上述のように、サ行ザ行との並行性を考慮し、チ対ツ、ヂ対ヅにおける摩擦の音色の違いが持つ役割に注目することによって、二つの破擦音化を一つの現象と

---

*8　ただし、破擦音化の結果、後述するように、ジとヂ、ズとヅの合流が起きるので、こうした音節相互の区別のあり方は、他方において、ザ行とダ行の対立（ジとヂ、ズとヅ）を犠牲にしていく。こうした変化の方向性は興味深い。

して理解できる。

　上のように見てくると、日本語では、[s]と[ʃ]、[z]と[ʒ]が音韻論的対立をなさないことが、かえって、後続母音iとuの双方で破擦音化が生じる条件になっていると言うことができる。もともと /s/ 対 /ʃ/、/z/ 対 /ʒ/ のような対立があると、今述べたような、母音対立の特徴が（部分的にしろ）子音に移行することは、起こりにくいと考えられる。日本語音韻体系における口蓋性のあり方がこの現象を特徴付けているわけで、そうした個別的な条件もこの変化を理解する上で重要である。

7. 出来事としての複合性─両破擦音化の遅速の問題

　何らかの歴史的事象を扱うとき、それを単一の出来事として見るのか、それとも複数の出来事から成るものなのか、一義的に決められない場合がある。このことは、時間軸に沿って進行する歴史的な事象ではしばしばあり得ることである。複数の見方ができるのは、必ずしも我々の分析が不十分であるからではなく、考察の対象自体にそれを許すような性質があることによる。その意味では、単に多義的な解釈が可能というのでなく、それぞれの見方が、事象の持つ異なる側面を導き出すのに有効となることも考えられる。

　前節では、タ行ダ行の破擦音化を一つの出来事として見る視点から論じてきた〔第5節（7）b.の問題、28頁〕。これに対し、第4節で指摘したように、チヂとツヅでは後に続く母音iとuの性質の違いがあり、摩擦要素発生の音声学的契機が同一ではない〔第5節（7）a.の問題〕。その点に目を向けた時、これが持つ別の歴史的側面に光を当てることは可能だろうか。

　その際、想起されるのは、チヂとツヅの破擦音化発生の時期に差があり、チヂのそれがツヅに先行したのではないかとされる問題である。具体的には、仮名の「じ」「ぢ」の混乱例に比べ、「ず」「づ」が顕著に少ないことが指摘されている（林史典1970, 北原保雄1973:66-73頁，倉島節尚1977参照）。この問題に関しては、扱う文献の背景、時代の違いに関する問題がある（『三河物語』については林1970の指摘のように方言差をどうとらえるかという問題がある。また、倉島1977の扱う1680年刊『杉楊枝』については、17世紀末と年代が相当に遅く、その仮名から変化の遅速が読み取れるのか

に問題をはらむ)。また、仮名の混乱が音の状況をどのように反映するのかについても慎重に考える必要があり、克服すべき点は少なくない(今野真二 2009:233-234 頁にこの点に関わる指摘がある)。二つの破擦音化の時間差を、仮名の混乱状態から見きわめることには課題が残されている以上、他に手がかりを求めざるを得ない。その場合、注目されるのは現代諸方言における現われ方であろう。

現代の方言分布の中で「三つ仮名弁」とされるのは、大分県下の方言のようにヂヂの区別はないが、ズヅの区別を持つものであって、その逆のタイプはないようである。調査の結果を見ると、大分の場合、破擦音の実現は、ヂチのほうが顕著で、ツヅではやや弱い傾向にある(糸井寛一 1962, 杉村孝夫 2001 などを参照)*9。また、高知(中村、安芸)に関しても、「『ヂ』は通常の破擦音 [dʒi] であり、[dˢi] のような破裂の要素の強い音声はあまり聞かれない。〈中略〉ヅは通常の破擦音 [dzu] から破裂の要素の大きな破擦音 [dᶻu] までの幅の異音を持つ。話者や語例によっては、[du] のような破裂音に限りなく近く聞こえることがある」との報告が目を引く(久野マリ子・久野眞・大野眞男・杉村孝夫 1995:94 頁)。山梨県奈良田方言の場合は、ジヂズヅの区別を持つが、チヂが破擦音であるのに対し、ツヅは破裂音である(柴田武 1960a)。もちろん、方言によっては、京都と同様の経過を経たと速断できない事例もあるだろうが、一つの傾向として、ツヅに対し、チヂのほうが破擦音化しやすいようである(もちろん、方言の中には、イの中舌化のように母音の性質に留意が必要な場合がある)。それだけチヂの方がツヅに対し、先行したことが考えられる。

いま、16 世紀の京都について、チヂとツヅとで破擦音化の時期に差があったのかについて確実なことは言えない。しかし、それぞれの破擦音化の音声学的な契機が異なるのであれば、時期に差があっても決して不思議ではな

---

*9 ただ、破擦音化とジヂ・ズヅ区別との関係は必ずしも単純ではなく、ジヂ・ズヅの区別を失っていても(二つ仮名弁でも)、音声実現が双方とも概して破裂音([di][du])の大野郡川登村の例も報告されている(杉村孝夫 2001 参照)。それぞれの変化のプロセスは、必ずしも一律ではないようである。

い。

　一般的な問題として、たとえば子音推移のように複数の音が変化する場合、音ごとに時期の差があるからといって、直ちに、複数の現象として見ることが有効であることにはならない。しかし、それでも、複数の現象として扱うことに合理性がないかどうかの検討はいちおう必要であろう。いま問題にしている破擦音化については、両者に異なる音声条件が考えられる以上、なおさらその側面の検討が必要である。

　いま、かりに、破擦音化に上記のような時間差があったとした場合、どのようなことが考えられるだろうか。

　上に指摘した、口蓋的対非口蓋的という点は、当初は、この現象を導く要因ではなかったかもしれない。最初期は、チヂの側で、口蓋化が契機となって摩擦の要素を強め、破擦への傾斜が顕著となり、その破擦音化が一歩先んじて進行した。しかし、変化はそこにとどまることがなかった。聞き取りにおける摩擦要素の有利さは、チヂだけでなくツヅにも当てはまる。母音ウの中舌的な実現がその条件になった。そのため、ツヅも射程に入り、非口蓋的な摩擦要素が発生し始めた。つまり、途中の段階から、口蓋的と非口蓋的との差異が関係するようになった。口蓋化に端を発したチヂの破擦音への傾斜が、さらに次の段階で、ツヅも加わり、摩擦の音色差が関わる変化になった。時間差が生じたとすれば、このような経過をたどったことが考えられる。

　一般的には、言語変化は、できるだけ単純な条件で説明されるのがよいとされる。実際、そのための抽象化に力を注ぐ。その意味では、タ行ダ行の破擦音化も (13) のような変化の条件式でとらえるのが望ましいことになる。

(13). 歯茎破裂→歯茎破擦　（狭母音の前）

　このような抽象化は、（一つの出来事と見なされる）変化の、その前後に相当する二つの静態を比べることに基づく。その抽象化の過程では、その間の具体的な動きは捨象される。タ行ダ行の破擦音化の場合、二つの破擦音化に時期の差があったかどうかは必ずしも明確ではない。とはいえ、そこに差があったとすれば、上の解釈のように、一つの出来事と思われた現象が、複

数の部分から成る（あるいは時間の経過とともに現象の性質が変容している）ことになる。最初から最後までを統一的に一つの現象として抽象化する方向とは異なる接近も必要である。とくに、変化の動的側面を見ようとする場合には、切り捨ててよい問題ではなさそうである。

8. タ行ダ行破擦音化後にできた下位体系

破擦音化の後、チツはタテトとは別に、またヂヅはダデドとは別に、母音のみならず摩擦の音色によっても区別される対を構成する。チ対ツ、ヂ対ヅの二対の成立である（後者はさらにジ対ズと合流する）。それらはサ行のシ対ス、ザ行のジ対ズと並行的な関係にあり、音韻体系の内部に(14)のような「下位体系」ができあがる。

(14). 口蓋的　　　非口蓋的
　　　　ʃ　　　　　s
　　　　tʃ　　　　 ts
　　　　ʒ　　　　　z
　　　（dʒ　　　　 dz）

音素解釈上は、口蓋的か非口蓋的かの違いは、後続母音への環境同化による相補分布として処理可能であり、余剰的特徴と解釈される。その意味では、下位体系と名付けることは適当ではない。しかし、先にも述べたように、狭母音の音節（シとス、チとツ等）を区別する上で、摩擦の音色が果たす役割は軽視できない。破擦音化によって、子音の違いの重要性はより高まる方向に変わっている。その角度から見た時、(14)のように、システマティックな関係を体系の内部に見出すことができる。音韻史としては変化のこの点に目を向ける必要がある。

もちろん、一般的には、必ずしも、破擦音と摩擦音とが体系内で(14)のように並行的に位置づけられるものではない。いま他言語として朝鮮語（韓国語）を例に挙げると、s（ㅅ）は、口蓋的、非口蓋的の音色の違いが後続母音の違いに応じて現れる点では日本語のサ行子音と同じである（i, jの前

で [ʃ] となるが、それ以外では [s])。しかし、他方において tʃ, tʰʃ, tʃ'（ㅈ、ㅊ、ㅉ）はこれと並行的な関係を持っていない。すなわち、後続母音の如何に関わらず一貫して口蓋的な音色を持っており、他方、非口蓋的な [ts]（[dz])，[tʰs]，[ts']はそこが空隙となって現れることがない。また、これらの破擦音は音素としての確固たる位置を有している点でも日本語とは異なる。

　同語の音韻史を見ると、その歴史的変遷においては、摩擦音と破擦音との間にある種の並行的関係が見出されるようだが、それは日本語とはまた異なる面での顕れ方を持っている（李基文1972a, bを参照）。とくに破擦音素の口蓋性については、歴史的に見ても、また方言分布の上からも日本語とは異なる姿を見せてくれる。一般的な観点からは、音韻体系内での摩擦音と破擦音との関係に関してはさらに興味深い点が少なからずありそうである。

　話を日本語に戻すと、チツヅの変化は、既存のシス、ジズと相関関係を作る形で破擦音が生み出された点を特質とする。[s][z]と[ʃ][ʒ]の口蓋的か非口蓋的かの違いが本来は後続母音の違いに由来することと、もともと、/t/ 対 /ts/ ないし /tʃ/ のようには、破裂対破擦が音素対立を持たなかったことによって条件付けられている。

9. 現代語における歯茎阻害音の口蓋性

　最後に、この破擦音化が現代語の音韻体系にどのように関わっているかについて触れることにする。

　一般に、音韻体系の解釈では、対象となる言語の音の総体を調べ上げ、その現れ方を過不足なく説明することが求められる。しかし、周知のように、その作業を進めていくと、分布の偏りや均斉を欠く点が内部に存在するために、分析の結果、解釈が一義的に定まらない場合が出てくる。よく知られる音素解釈の非唯一性の問題である（Chao1934）。

　いずれにせよ、伝統的な音素解釈のやり方では、音素を一義的に抽出することが要求されるため、結果として導き出される音韻体系は各単位をいわば平面的に排列したものとなる。しかしながら、音韻体系そのものに多面性があるとすれば、異なる解釈を同時に許すような枠組みでこれを理解する必要があろう。とりわけ、通時的な観点から音韻体系について考察する場合には

その視点が求められる。

今、口蓋的対非口蓋的という観点からは、現代語の歯茎の阻害音は、(15) のように整理することができる（これに ta, te, to; da, de, do が加わるが、図では省く）。各音は、どのような語に出てくるか、その語数がどのくらいあるかといった点で相互に著しい不均衡があるが、以下はそれを問わないで切り取った一つの面である。ts に関しては「おとっつぁん」「ごっつぁん」「ごっつぉー（御馳走）」や外国の固有名に現れる「ツェッペリン」「ルツェルン」を念頭に置く*10。

(15).
非口蓋的	sa	so	su	se	–
口蓋的	ʃa	ʃo	ʃu	ʃe	ʃi
非口蓋的	za	zo	zu	ze	–
口蓋的	ʒa	ʒo	ʒu	ʒe	ʒi
非口蓋的	tsa	tso	tsu	tse	(tsi)
口蓋的	tʃa	tʃo	tʃu	tʃe	tʃi

これらのうち口蓋的な ʃ, ʒ, tʃ に共通する分布上の特質は、後続母音が e のときにもそれが安定して現れることである。具体的には、「チェス」「マルシェ」「ジェラシー」などの外来語をはじめ、「ちぇっ」のような周辺的な形態がこれに含まれる。これら三者とは対照的に、上記以外の子音ではキェ、ヒェ、ビェ、ニェなどいずれも安定せず、2モーラになることもめずらしくない。さらにイェも同じく安定的でない。たとえば、「イエス・ノー」の「イエス」は [ie] と二つの母音になりやすいし、「イェール大学」「イェルサレム」では単独の [e] となることもめずらしくない。これらの子音と ʃ, ʒ, tʃ の間の、この違いは単純な「あきま」による解釈ではうまく説明できない。

むろん、シェ、ジェ、チェの三者を拗音の一種として処理することは、体

---

*10　本稿筆者は、三重県南部、伊勢地方の方言を母語に持つ。そこでは、「ごっつぉー（御馳走）」は日常よく使われ、また地名「松阪」は現地では「まっつぁか」と呼ぶのが一般的であった。本書の対象は近畿中央方言であるが、近畿周辺の状況を知る手がかりとして併せて記す。

系全体の見地から一定の合理性がありはするが、他方 ʃ, ʒ, tʃ については i, e, a, o, u のすべての母音の前に分布することになるので、その点を考えると拗音として処理することに解釈上の無理が伴わないわけではない。結局のところ、シャ、シュ、ショ；ジャ、ジュ、ジョ；チャ、チュ、チョは、他の行と同じく拗音の成員であるとともに、別の角度からながめると、(15)のような切り取り方も可能である。すなわち、口蓋的対非口蓋的の、前者の成員と解釈しうる側面も同時に併せ持っている。

　非口蓋的の s, z, (ts) に関しては、母音 i の前で口蓋的の子音と中和する（ないし tsi のように不安定）という点が注目される（tsi の扱いに関しては、si, zi と同じような処理が可能かどうかの検討がさらに必要ではある）。

　音韻体系の持つ多面性というのも、具体的には、このような状態を通して考えることができる。また、歴史的な視野で見るときには、どの面が成長し、また、反対にどの面が弱まるのかという見方も重要であろう。

　このような現代の状態に至るまでには、破擦音化以降、セ、ゼの変化（ʃe ＞ se, ʒe ＞ ze）があるし、また、外来語の大量流入といった外部的要因も加わっている。その意味においても、これは破擦音化から一朝一夕に出来上がった体系ではない。しかしながら、現代語の口蓋的対非口蓋的の「対立的」関係の萌芽は、タ行、ダ行の破擦音化を契機に形作られたものである。

　以上の論に対しては IPA の字母［ʃ］［ʒ］［tʃ］を弄した paper phonetics とする批判がなされるかもしれない。しかし、IPA の表に独立的な字母［ʃ］［ʒ］が位置づけられていることは、本論の趣旨にまったく関わりを持たない。たとえそのような字母が存在しなくとも、以上の論旨に変わるところのない点を最後に断っておく。

10. 残された問題

　本章の考察では、中世のエ列音の口蓋性の問題、とくに口蓋的なセ、ゼの問題は考慮の外に置いた。ただ、一つだけ指摘しておくと、テ、デがチ、ヂとともには破擦音化しなかったことには、やはり注目しておく必要がある。

　京都を中心とする近畿の破擦音化については、次のような観点からも考えるべき課題がある。第2節で少し触れたように、もし東部方言でより早くに

破擦音化が生じていたとすれば、変化の要因として、たとえばそれとの言語接触がこれに関わった可能性も無視できない。このとき、近畿中央部に外部から流入する人々の規模と内容がどのようなものであったのか。それらの人々が都の方言とどのような関係を持ったのか、といった社会言語学的なことがらが問題になる。近畿における破擦音化は、そうした中世期の社会事情を背景とする問題と無関係ではないかもしれない。そして、また、京都で一旦破擦音化が完成すると、そのような特徴は、今度は京都を中心として、その周辺部へと広まっていくということも考えられる。

第 3 章

前鼻子音の変化と話者の感覚

1. はじめに

　本章では、濁音における前鼻要素の消失化を対象にした考察をおこなう。とくに『以敬斎口語聞書』の関連記事から何を読み解くべきかについて、従来知られてきた翻刻中の誤りを訂正しつつ論じる。具体的には、その内容が前鼻子音の消失化のどのような局面を示しているのかを明らかにし、この文献の音韻史的意義をあらためて見直す。考察においては、とくに、前鼻要素と撥音との関連に注目する。

　なお、本章は、これに続く第4章、第5章、および第6章の予備的考察として位置づけられる。また、ここで取り上げる前鼻子音の変化については、従来、ジヂ・ズヅの合流との関係が問題にされ、一連の議論がなされてきている。本章の内容はその点にも関連するが、一連の先行研究の問題点、およびそれに関する本書の見解は第7章で詳しく取り上げる。

2. 用語「濁音」の曖昧性

　濁音の持つ鼻音要素は、濁音に伴う鼻音、濁音の前の鼻音などのように呼び習わされてきた（「鼻音」は、「鼻母音」「入りわたり鼻音」「鼻音的要素」などと言われることもある）。この「鼻音」は江戸時代の初頃までの中央語（京都）の音韻の特徴として、あるいは東北等の現代方言の特徴として広く知られ、国語史、方言学に限らず国語学一般の基礎知識の一つとなっていたと思われる。そのような基本的事項であるにもかかわらず、正しい理解を導くような用語が採られてこなかった。この「鼻音」は濁音それ自体が持つ特徴である。濁音の外に置かれるべき特徴でないことは容易に理解されるはず

であるが、そのことが用語に反映されていない。というより、それと矛盾する呼称が長らく使われてきた。

　たとえば、「濁音に伴う鼻音」を素直に解釈すれば、濁音と鼻音とは別個の存在である。本来なら、この「鼻音」を持つ方言の分析としては、二者を切り離すことは取り扱いとして不適切である。「濁音に伴う鼻音」を濁音の中に鼻音が含まれる関係として解釈することも不可能ではないが、かりにそうだとしても、少なくともその曖昧さを積極的に解消しようとした言い方ではない。少し表現を変えて「濁音が鼻音を伴う」とすると、後者の意が若干出やすくなるが、それでも依然として前者の解釈を容易に許す。「濁音の前の鼻音」となると、明らかに濁音と鼻音とを切り離した命名であり、それぞれが別の音として表現されている。いずれも、差こそあれ、本質を正確に表わす呼称ではないが、あまり問題にされないまま通用してきた。

　本章は、用語の問題をあらためて検証することを目的にするわけではない。ここでは、長らく言い習わされてきたこの呼称を通して、濁音に対する認識のあり方にまず目を向け、それを論述の糸口にする。

　さて、「清濁」（日本語に限定）は、おおむね音韻論的な意味における範疇を指し示す用語として使われている。その意味では、個別の音声特徴からは距離を置いた抽象的な概念を持つ。基本的には、東京方言や京都方言のような特定の音韻体系を取り上げ、その体系内の特定の範疇を指し示すときに用いられるが、それだけでなく、方言どうしの違いや同一方言の時代的違いを問題にするときにも使うことができる。すなわち、方言間（あるいは時代間）の音韻の対応関係が明らかであれば、そのうちの特定の類にこの用語を充てることができる。このとき、具体的な音声実現は方言間（時代間）で異なったとしても、それにとらわれることなく、その類を常に指し示すことができるという利点がある。このように、「清濁」は一定の対応関係に基づく類別化にも応じうる性格を有している（その限りにおいては、いわゆる金田一のアクセントの型の類別——第一類とか第二類といった——と同様である。金田一春彦 1974 など）。

　しかしながら、中央方言を基準に、各種の現象や問題が整理される中においては、中央方言の具体的な音声特徴が色濃くその範疇的意味にも投影され

てしまう*¹。「濁音」について言えば、中央方言では概して口音（有声阻害音）で実現されるために、その音声特徴が「濁音」そのものの意味と重なってくる。というより事実としては、江戸時代より受け継いだ「濁音」がまず先に存在した。それは中央方言音の範疇を示す用語であった。当然、音韻的範疇に加えてその具体的な音声も用語の意味に最初から含まれていた。

　そのため、中央方言の音声特徴への言及を要しない場合に、それを取り去るのが難しい。中央方言の音声特徴の意味を自在に遮断できないからである。この意味のあり方が「鼻音を伴う濁音」「濁音の前の鼻音」の呼称にも及んでいる*²。冒頭にも述べたように、この種の「鼻音」は当該方言にとっては濁音（正確には濁子音）を構成する特徴の一つである。それにもかかわらず、「濁音」の外側に位置する要素として表現されている。そして、そのときの「濁音」は、中央方言の「濁音」に他ならない。中央方言の耳には、先立つ「鼻音」と「濁音」の、二つの継起的要素に聴き取られる。これは、中央方言の「濁音」の音声実現から見える像に過ぎず、いわば錯覚である。上記の呼称は、その錯視をそのままに表現したものである。

　この「鼻音」の問題を扱った先駆的論文として知られる橋本進吉（1932）に、すでに「鼻音」を濁音から分離してとらえる表現が取られている。そこでどのように言い表されているかを見てみよう。

　　　東北方言の著しい特徴の一つとして世に知られてゐるのは、音が鼻に

---

*1　アクセントの類別に置き換えて言うと、「濁音」「清音」は、第一類、第二類などという呼称ではなく、たとえば、特定方言の「低起平板型」といった呼称を方言間の類別にも適用するやり方と同様の効果を持つ（もちろん、アクセントの場合にはそのような用語法は採っていない。採用すれば混乱を来すのは間違いない）。

*2　「濁音」の曖昧さは、「ガ行鼻濁音」の曖昧性にも反映される。「ガ行鼻濁音」という呼称は、濁音の一成員であるとの意に解し得る一方、「他の濁音とは異なる種類（それを鼻濁音と命名）」との意にも解せる。「濁音」を単に範疇的にとらえた場合には前者の意味になるが、中央語の口音（有声）の特徴がその指示内容に含まれると、鼻音であることで他の「濁音」と異なる類との意味が出てくる。本来なら、この種の曖昧さには居心地の悪さがつきまとうはずであるが、あまりそのようには意識されず通用している。その理由も、「濁音」自体の意味が曖昧だからであろう。

かるといふ事である。鼻にかゝるといふのは、素人の常識的な観察に過ぎないが、近年方言研究の進歩によって、その本質が闡明せられ、いかなる場合にこの現象が起るかも知られるようになった。即ち、これは母音の鼻音化（母音を発音する際に、気息を口の方へ出すと同時に鼻の方へも出して音を鼻へも響かせる事）であって、<u>濁音</u>の前に来る母音に現れるのが通則である。東北方言では他の多くの方言に於ける清音を<u>濁音</u>に発音する事があるが、さやうな<u>濁音</u>の前には現れず、他の方言に於いても<u>濁音</u>に発音するものの前に現れるのである。かやうな鼻音化した母音即ち鼻母音は、土佐方言にもあるのであって、土佐では、ガ行音とダ行音との前に規則的に現れる（音声学協会会報第 23 号、服部四郎氏「土佐方言の発音について」参照）。東北地方の鼻母音は、ガ行ダ行のみならず、ザ行バ行の前にもあらはれ、時として次に来るべき<u>濁音</u>を清音化する事さへもあり、又、土佐方言のガ行子音は、東京語の語頭に現れるやうな g 音であり、東北地方のガ行子音は、東京語の語中語尾にあらはれるやうな ŋ（ng）であって、多少その条件に相違があり、（以下略）

(橋本［1932］1950：9 頁．下線を付す)

　まず注意したいのは、ここで使われている「清音」「濁音」の意味である。「東北方言では他の多くの方言に於ける清音を<u>濁音</u>に発音する事がある」のように、この「清音」「濁音」は、音声の実質を示す用語として使われている。これに続く、「さやうな<u>濁音</u>の前には現れず、他の方言に於いても<u>濁音</u>に発音するものの前に現れる」の「濁音」も、やはり同様である。しかも、このときの「清音」「濁音」は、「他の多くの方言」（事実上、現代中央方言）のものであり、それを物差しにして、東北方言および土佐方言がどのような音声で実現されているかという述べ方になっている。「清音」「濁音」は音声を示しているようでいて、他方で、「他の多くの方言」の音韻論的な範疇の意味も同時に持っている。使い方は一貫しているようであるが、「清音」「濁音」の意味は二重性を帯びている。

　また、「かやうな鼻音化した母音即ち鼻母音は、土佐方言にもあるのであって、土佐では、ガ行音とダ行音との前に規則的に現れる」の「ガ行音」

「ダ行音」についても同じことが言え、ここでも「他の多くの方言」の「ガ行音」「ダ行音」がそのまま土佐方言の記述に持ち込まれている。これは、土佐方言の本来のガ行音、ダ行音ではない。さらに、「又、土佐方言のガ行子音は、東京語の語頭に現れるやうなɡ音であり、東北地方のガ行子音は、東京語の語中語尾にあらはれるやうなŋ(ng)であって」のくだりでは、「土佐方言のガ行子音」と「東北地方のガ行子音」との間にズレが生じ、本来のしかるべき対応関係が示せなくなっている。

また、橋本（1932）は、17世紀初に長崎で刊行されたロドリゲス『日本（大）文典』が、「D Dz Gの前のあらゆる母音は、常に半分のtil（葡萄牙語に於ける鼻音化の符号である˜）あるもの、又は、tilに幾分近い、鼻の中で作られるsosonante（反語をあらはす演説上の調子〔アイロニー〕）の如く発音される」（同［1932］1950:3頁）と記していることに対して、次のように述べる（ロドリゲスのこの箇所については第7章第3節、166頁で詳しく見る）。

　　　D Dz Gの前の母音の鼻音化する事を挙げてゐるが、D Dz Gではじまる音節は、ダヂヅデド、ガギグゲゴ及びヂャヂュヂョギャギュギョゲウ等であって、ことごとくカ行タ行の濁音である。

　　　　　　　　　　　　　　　　　　　　　　（橋本［1932］1950:3頁）

ここで注目されるのは、母音の鼻音化を除いた部分を「カ行タ行の濁音」と呼んでいる点である。「濁音」という用語に置き換えて、ロドリゲスの説明を忠実になぞっているようにも見える[*3]。実際、ロドリゲスのこの記事は、橋本（1932）の中心を成す材料になっている。しかし、このようなとらえ方にはやはり問題がある。具体的には、さらに、仮名との関係に言及した部分にそれが端的に現れる。

[*3] 橋本（1932）の「濁音の前の母音の鼻音化」は、ロドリゲスの述べ方に忠実であるように見える。資料に対して解釈を加えた見方をできるだけ避けているようにも思われる。研究史的な面から興味深いことかもしれない。

第3章　前鼻子音の変化と話者の感覚　　45

濁音の前の母音鼻音化の現象が、古く我が国に存した事は、右の西洋人（注、ロドリゲスを指す）の記録以外にはまだ見出されず、仮名で日本語を書いたものにも全くあらはれて居ない。けれども、それ故、古くはこの音が無かったとは決して断定する事は出来ない。仮名による写語法は、かなり便宜的なものであって、定まった条件の下にあらはれる音の変異の如きは、<u>書き表はさない</u>のが常であるからである。

（橋本 [1932] 1950:5頁。下線を付す）

　とくに下線部「書き表はさない」は問題で、本来的に、仮名文字と「鼻音」とはそのような関係にない。「鼻音」は決して省かれているわけではない。今かりに濁点を付した仮名に話を限っても、たとえば「まだ」「あぐる」の「だ」「ぐ」のような表示で十分に表し得ている。前鼻要素の実現を持つ母語話者の知覚とは、そうしたものである。仮名がこの特徴を「書き表はさない」という認定は正しくない。
　しかしながら、こうしたとらえ方は、中央方言中心の見方に慣れた学界や多くの読者に広く受け容れられやすいかたちでもあったのだろう[*4]。むろん、橋本 (1932) が「鼻にかゝるといふのは、素人の常識的な観察に過ぎないが、近年方言研究の進歩によって、その本質が闡明せられ（た）」（前掲引用の最初）と述べていることからも明らかなように、これが「素人」向きに採られた方便でないことは確かである（ただし、この論文が掲載された雑誌『方言』という媒体には注意が必要かもしれない）。
　最初に触れたように、この後も、同じようなとらえ方が長らく受容され、少なくとも表現上、「鼻音」と分離されるかたちの「濁音」が固定化されていく。そのため、「濁音」はその意味するところが曖昧なまま使われることになる。

---

　*4　この問題は、研究史の面からあらためて考察する価値がある。本稿は、それを主題の中心にはしないので、これ以上深く立ち入らない。

3. 用語の問題点

　第1章に示した、本稿での関連用語の規定をあらためて確認しておこう。鼻音部分と口音部分とから成る複合的な単一の子音を「前鼻子音」と呼ぶ。その構成要素である鼻音部分を「前鼻要素」あるいは「鼻音要素」と呼ぶ（文脈に応じて選ぶ。意味は同じ）。前節で述べてきた「鼻音」は、この「前鼻要素」に相当する。しばしば用いられている「前鼻音」は、これが前鼻子音全体を指すのか、それとも、そのうちの鼻音部分だけを指すのかが曖昧であるため、本書では使わない。

　前節では、用語「濁音」の意味の曖昧性について見てきた。また、これと関連して、前鼻要素を濁音と別にとらえ、それらを連続する二つの継起的要素とする見方の問題点についても触れた。指摘したような矛盾があるにもかかわらず、それが通用してきた背景に、現代中央方言を基準とするバイアスの強さがある。中央の側からすれば厳密さを犠牲にしても複雑な述べ方を当座回避できる利点があり、結果的に用語としては素朴な使用法に流れたということも否定できない。しかし、言語の記述という肝腎の場においても、他ならぬ現代中央方言の影響力が強力に働いていることは深刻である。その意味では、研究史と社会言語学的側面との関わりについて考えるべき問題がありそうである。ただ、音韻論、音韻史の立場から見ると、社会的問題に加えて、さらに次のような事情も考えなければならない。

　前鼻要素をそれに後続する口音要素から切り離して聞くとらえ方は、現代中央方言において根強いものがある。前鼻要素は、現代中央方言の耳には「濁音」に先行する別の要素として聴き取られ、分離して把握される。この認識の仕方には撥音が関わっている。その耳にとって、前鼻要素は濁音の一部ではなく、撥音（の一種）として捕捉されてしまう。これをあらためて一個の単位として認識し直すためには、分離して聞こえる要素をあらためて濁音の中に組み入れるという面倒な手順を踏む必要がある。このとき、自前の母語感覚を停止させ、意識的に組み替えなければならず、現実問題としてかなりの困難を伴う。中央語のバイアスの強さの下では、なおさらのこと、そのような面倒な手続きは自然と避けられてしまう。最初に述べた前鼻子音をめぐる呼称上の問題にしろ、濁音の曖昧性にしろ、それが包含する矛盾は割

合単純なものであるが、それにもかかわらず、改められなかったのには、そのような理由が考えられる。ところで、この聴き方は、前鼻子音を持たない濁音の方言話者だけでなく、前鼻子音を持つ方言話者でも、いわゆる標準語との二重言語状態にある場合には起こり得る。

4. 前鼻要素消失と濁音の認識変化

　前鼻要素を濁音から切り離し、撥音（あるいは撥音の一種）と聴くとらえ方が歴史的に早く明確に姿を見せる文献に『以敬斎口語聞書』（以下『以敬斎聞書』）がある（高山知明1998）。この文献はその点で重要な価値を持つが、そのことが見逃されてきた。むしろ、従来は前鼻子音の存在を示す資料として知られてきている（後述）。いわゆる地下歌人である以敬斎有賀長伯（ちげ）（あるが）(1661-1737)の弟子が師の説を承り筆録するという聞き書き形式で、和歌に関わる様々な事柄を書き記したものである（「懐紙裏書の事」の条に、その書き方の例として「享保十九年五月八日　月次会」があり、もしこれを目印とするなら、1734年以後の編纂ということになる）。その中に、(1) のように、四つ仮名の発音区別に触れた条があり、そこに前鼻要素に関する言及のあることが主に橋本(1932)を通じて知られている。ただし、橋本(1932)で紹介されている現国会図書館蔵本の翻字には重要な部分に誤りがあり、ここではそれを訂正したものを掲げる（高山1998）。

(1).　すつしちの仮名つかひの事
　　すつしちの仮名つかひといふ事有、すつしちの仮名を濁るに、つとちとはつめて少し鼻へかけて濁る、しとすとはつめす鼻へかけすして濁る也、たとへは藤はふちのかななるゆへ下のちをつめて鼻へかけて濁れは、ふんちと少しはねるやうに聞ゆる也、富士はふしのかなにてとなへは同しやうなれとも、下はしなるゆへ、つめす鼻へもかけす常のことくに濁る也、水はみつのかななるゆへ下のつをつめて鼻へかけ濁れは、みんつと少しはねるやうに聞ゆる也、不見はみすのかなにてとなへは同しやうなれとも下はすなるゆへ、つめす鼻へもかけす常のことくに濁る也、何にてもすつしちのかなをにこる時は惣して此格例に

心得へし、さなくては、すつしちのかなを濁とて殊外耳に立様にとなふへからす、わろし、耳にたたぬやうに、すつしちのわかるやうにとなふる、よし

（『以敬斎口語聞書』国立国会図書館蔵、「すつしちの仮名つかひの事」。読点を適宜補う。なお、「はねる」「となふる」など一段活用と二段活用の混在は原文のとおり）

　橋本（1932）は、上記文中の「つめて少し鼻へかけて濁る」「ふんぢと少しはねるやうに聞ゆる也」「みんづと少しはねるやうに聞ゆる也」（以下、引用する場合には濁点を適宜付して示す）の三箇所の「少」を「出」とし、「つめて出し鼻へかけて濁る」「ふんぢと出しはねるやうに」「みんづと出しはねるやうに」とする。長らく、このままのかたちで紹介され知られてきたが、訂正が必要である（**図版1**参照、図中3行目と5行目に「少し」が二個所ある）。
　両字のくずしは形が似ることがないわけではないが、同書中にある「出」の字形に照らし合わせても違いは明らかで、「少し」と読むのが適切である（**図版1、2**参照）。この箇所は音韻史の観点からも重要な部分で、「出しはねる」と「少しはねる」とでは意味が大きく変わってしまう。また、別の写本が石川県立図書館李花亭文庫にあり、それによっても「少し」であることが確認される（**図版3**参照）。
　ところで、李花亭文庫本の該当部分は、国会図書館本と比べると、細部の違いのほかに、「さなくては」以下の部分に大きな違いがある。この条の李花亭文庫本全文を (2) に示す。

(2).　すつしちの仮名つかひの事
　　　すつしちの仮名遣ひといふ事あり、すつしちの仮名を濁るに、つとちとはつめて少し鼻へかけて濁る、しとすとはつめす鼻へもかけすして濁る也、たとへは藤はふちの仮名なるゆへ下のちをつめて鼻へかけて濁れはふんぢ[★1]、少しはねるやうに聞ゆる也、富士はふじの仮名にてとなへは同し様なれとも下はしなるゆへ、つめす鼻へもかけす常のこ

第3章　前鼻子音の変化と話者の感覚　　49

図版1 『以敬斎口語聞書』
　　　「すつしちの仮名つかひの事」
　　　（国立国会図書館蔵）

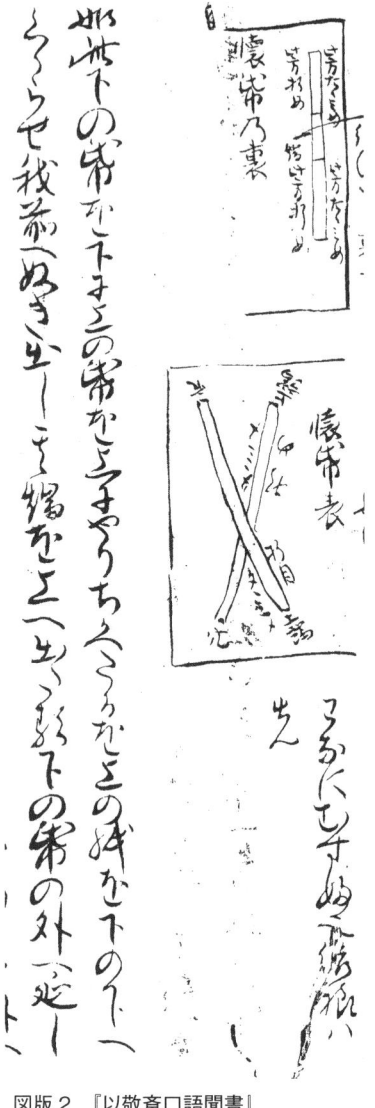

図版2 『以敬斎口語聞書』
　　　「懐紙裏書の事」（「堂上にて
　　　用ひらるる懐紙閉様の事」）
　　　より「我前へぬき出し其端を
　　　上へ出たる下の」
　　　（国立国会図書館蔵）

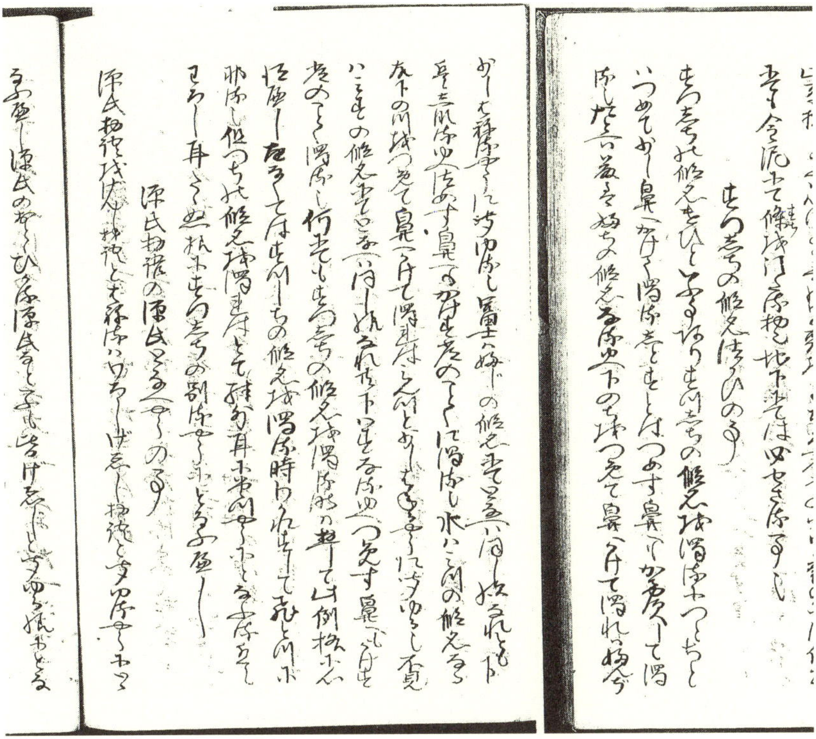

図版3　「すつしちの仮名つかひの事」
（石川県立図書館李花亭文庫蔵）

とくに濁る也、水はみつの仮名なる故、下のつをつめて鼻へかけて濁れは、みんつと少しはねるやうに聞ゆる也、不見はみすの仮名にてとなへは同し様なれ共、下はすなるゆへ、つめす鼻へもかけす常のことく濁る也、何にてもすつしちの仮名を濁る時は惣して此例格に心得へし、<u>さなくては、すつしちの仮名を濁る時わかれすしてひとつになる也、但つちの仮名を濁れはとて殊外耳にたつやうにとなふるはわろし、耳たたぬ様にすつしちの別るやうにとなふへし</u>
　★¹「ふんちと」とあるべきところと判断されるが、「と」を欠く。ここは81丁表の境目で、「少し」以下が裏になる。書写時に「と」を欠落させた疑いがある。
（石川県立図書館李花亭文庫蔵、81丁表・裏。読点、下線を補う）

　(2)の「さなくては」以下の下線部のうち、二重下線部「る時わかれずしてひとつになる也、但つちの仮名を濁れば」が国会図書館本にはない。このため意味が変わり、(2)李花亭文庫本では、「ぢづ」は耳立つように唱えぬようにとの意になるが、(1)国会図書館本では、「ずづじぢ」のそれぞれについて耳立たないように注意していることになる。ここは、国会図書館本（もしくはその書写原本）において書写時に誤ったものだろう。二つの「濁」字の間で生じた写し飛ばしである。さらに付け加えると、本章第6節に見る『和字正濫鈔』（わじしょうらんしょう）や第4章以下で扱う『音曲玉淵集』（おんぎょくぎょくえんしゅう）における四つ仮名の発音指示においても、ヂヅが不自然にならないように注意しており、(2)李花亭文庫本のほうがそれらと符合する。以上のことから、(2)を本来のテクストに近いものとして取り扱う。

　具体的に見ていこう。この文献に限らず、当時よく言われる「仮名づかひ」には発音の仕方もその概念の中に含まれている。というより文字と発音とが一体の関係にあるといったほうがよい。ただし、ここでは文脈から明らかなように、発音法（言い換えれば仮名の読み方）に、より大きな関心が向けられている（本節の後半でも述べるように、まず仮名の書き分けがあってそれをどう唱え分けるかという発想が基本にある）。

　特に注目すべきは、ダ行「ぢ」「づ」の発音の仕方に関する部分である。この発音法は歴史的に見れば前鼻子音の実現に相当する。それを、「つめて

少し鼻へかけて濁」って発音せよと指示し、例を用いて、「藤」は「ふんぢ」に、「水」は「みんづ」に「少しはねるやうに」聞こえるよう唱えるのが正しいと説明する。

　問題の発音法が仮名「ん」によって説明可能なのは、当時（18世紀初頃）の一般の発音がこれと明確に違うことをかえって物語っている。前鼻要素を撥音のアナロジーでとらえている点である。同時に、これは、前鼻要素を濁音から独立して聞くのがふつうになってきていることをも示している。その意味において、「少しはねる」と表現したり、仮名「ん」で表している事実は音韻史の観点から重要である。こうした説明のほうが後進の弟子達には分かりやすいとの計算もあるのかもしれない。いずれにしても、撥音を用いた説明の登場によって、一般的にはすでに今日と同様の状態に入っていたことがわかる。

　『以敬斎聞書』のこの部分について先ほどの橋本（1932）は次のような解釈を示している。

　　「ち」「つ」の濁音を、つめて鼻へかけると説いて居る。「つめる」とは舌の先を上顎にあてて閉鎖を作る事であって、「ち」「つ」の最初の子音dの発音の説明としては至当であるが、鼻へかけるといふのは、濁音の前の母音が鼻音化する習慣があった為ではあるまいかとも考へられるのであって、元禄享保頃の京都方言に、猶鼻母音があったかを疑はせる一資料である。
　　　　　　　　　　　　　　　　　　　　　　（橋本 [1932] 1950:7頁）

　この論文は先にも見たように、方言の事実に加え、ロドリゲス『日本大文典』の記事をもとに、「濁音の前の母音の鼻音化」がかつての京都方言にも存在したことを論じたものである。その中で、それがいつ頃まで存在したのかを知り得る資料として『以敬斎聞書』が取り上げられている。そのため、『以敬斎聞書』は橋本論文以後、前鼻子音が存在したことを示す文献と見なされてきたようである[*5]。しかし、上に見たように、濁音がどのように認識されているかに着目して読めば、そのように解釈すべきでない。表現に顕われた、新しい世代の言語感覚を読み取るためには、かえって我々自身が

第3章　前鼻子音の変化と話者の感覚　　53

「濁音の前の鼻音」という後代の眼鏡を外した上でこれを見る必要がある。

　ごくふつうに濁音が前鼻子音で実現されている限り、その母語話者はそこから鼻音だけを切り離してとらえることは通常なかったと考えられる。それは、ちょうど現代の話者が、破擦音で実現されるチ、ツの子音を、素朴な感覚として閉止要素と摩擦要素とに分けてとらえることができないのと同様であろう（ヘボン式のローマ字 ch, ts から、複数の要素から成る音であると考える話者がいたとしても、これは文字の面であり、該当しない）。これと比べると、『以敬斎聞書』の時期には、現代中央方言の話者と同じく、ごく自然に、鼻音とそれに続く要素（これを「濁音」ととらえる）に分解して認識するようになっていることがわかる。また、その前鼻要素に相当する要素を撥音（に類する音）としてとらえるところも現代と共通している。

　このように、すでに前鼻子音が自然なかたちではもはや実現されていなかったことを如実に示している。もちろん、実際には老年層などごく一部にこれを持つ話者がいたかもしれない。あるいは、そうした実態ももはやなく、これは和歌の世界におけるしきたりとしての古い発音の伝承に過ぎないのかもしれない。そのいずれかをこの文献から判断することは困難である。しかしながら、我々が押さえるべき点は、この表現の中に確実に変化の終局面が読み取れることである。文献中の表現を通してうかがえる、新しい時代の耳による濁音に対する認識の発生は音韻史的観点から興味深い。この文献を参照するとすれば、そのことがまず指摘されなければならない。

5. 『以敬斎口語聞書』細部の検討

　当時の前鼻子音の状況を知る手がかりとして『以敬斎聞書』を見るならば、(3)の具体的な問題についても明確にしておく必要がある。

(3)．(A)「じ」「ず」については、「つめず鼻へもかけず常のごとくに濁る

　＊5　一例を挙げると、『国語学研究事典』「濁音」の項（明治書院、240 頁）は、『以敬斎聞書』を「1700 年前後に少なくとも濁音の一部に鼻音の存したことを示す資料である」とする。

也」とあるが、「常のごとく」の意味するところについて。
(B)「つめて少し鼻へかけて濁る」「少しはねるやうに聞こゆる」に関して、「少し」の意味するところについて。
(C)「つめて少し鼻へかけて濁る」「少しはねるやうに聞こゆる」とあるが、「ぢ」「づ」の発音だけにしか言及していないことについて。なお、『以敬斎聞書』には「四つ仮名」以外の濁音の発音の仕方に言及した箇所はない。

　まず、(A)「常のごとくに濁る」に関して言えば、まさに「常のごとく」という表現が示すように、当時すでに濁音がふつうには前鼻子音で実現されていなかったことが明らかである（同じことが『和字正濫鈔』にも当てはまる。これについては後述）。常のごとくに濁る「じ」「ず」に対し、「ぢ」「づ」はふつうのように唱えてはならず、その唱え方がすでに身の回りの発音から隔たっている*6。要するに、「ぢ」「づ」には特別の意識的な操作を求めており、それは「常のごとくに濁る音」に少し撥ねる音を加えることだという。この点からも、「ぢ」「づ」の濁子音を二つの継起的な要素に分けて把握していることが鮮明である。

　「常のごとく」の内容は、さらに後の「但つちの仮名を濁ればとて殊外耳にたつやうにとなふるはわろし、耳たたぬ様にすつしちの別るやうにとなふべし」((2)李花亭文庫本による)とも符合する。つまり、前鼻子音が当時

---

*6　杉藤美代子(1983)は、『以敬斎聞書』の記事に関して、橋本(1932)の説明に次のように付け加える。すなわち、「この記述のあることは、『元禄享保頃の京都方言に』わたり鼻音のあったことを示唆するとともに、わたり鼻音が失われつつあったから記述されたものと考えられる」とする。事実認定としては、橋本(1932)もおそらくこれと同じで、「元禄享保頃の京都方言に、猶鼻母音があったかを疑わせる一資料」との言い方にそれが現れているように読める。ただし、橋本論文はその存在のほうに注目する。
　これに対して本論は、文献中の表現の分析に基づいて、濁音のこの特徴がどう認識されているかを問題にしている。その存否よりも事態の進行状況の質的側面に注目する。「失われつつあった」状況よりも事態はさらに進んでいたと考えられる。

すでに意識的な注意を払うことなしには実現不可能になっていたことを意味する。ちょうどガ行子音に鼻音［ŋ］を持たない話者がそれをまねようとして不自然になるのと同様、彼らの前鼻子音もぎこちなくなってしまう。この注意喚起には、「常のごとく」でない意識的な発音ゆえに発生するもたつき感を戒める意図が読み取れる。

　(B)に関する部分は、そのぎこちなさが何に起因するのか、さらに具体的に示している。前鼻要素はすでに認識上のカテゴリーから言えば、撥音に包摂される存在になっている。そのようなかたちでしか前鼻要素を意識できない話者にとってはこれを自然に発音するのは難しい。撥音ほどには継続時間の長くない鼻音を、わざわざ調節して「濁音」の前に滑り込ませなければならない。「少し」とするのはこの点を強調するためであり、ふつうの撥ねる音のように長くなると目立つため、「耳にたつやうにとなふるはわろし」と言うのであろう。そして、「耳たたぬ様にすつしちの別るやうに」唱えよ、と指示する。

　以上のように解釈すると、内容上、文中の各部分は相互によく符合する。そしてこの内容を裏返すと、前鼻子音を持たない話者像が浮かび上がってくる。(A)(B)の検討を通しても、前鼻子音の消失の局面を読み取ることができる。

　次に(C)について、前鼻要素の発音はダ行、ガ行、あるいはバ行に関わるにもかかわらず、「ぢ」「づ」だけが取り上げられていることはどのように理解すればよいだろうか。

　四つ仮名に関しては、音ジヂ・ズヅの混乱に伴って仮名に乱れが生じると、その書き分けが正誤の問題として意識化されるようになった。音の違いが顧みられるようになったのも、これが文字上の問題に直結したためであると容易に推察される。たとえば、16世紀後半の成立と見られる『新撰仮名文字遣』は、四つ仮名を仮名遣の項目に加えるにあたり、その書き分けだけでなく、音の違いにも言及することで知られている[*7]。『以敬斎聞書』にも、今取り上げている「すつしちの仮名づかひの事」（前節(1)(2)）の条のほかに、いずれも和歌の世界で話題にされている、四つ仮名関連の事項が複数記されている（下記(4)(5)(6)）。李花亭文庫本を用いる。理由は、国会図書館本

のテクストよりも文意が明瞭であり、李花亭文庫本にある詞句、助詞等が国会図書館本側にない場合が目立つことによる。逆に国会図書館本にあって李花亭文庫本側にない語句は相対的に少ない。ここでは、趣旨に関わる部分以外、細部の異同は省く）。

(4).　かるかやほつえの事

　　　刈萱のほつえとは穂の末ならは仮名にはすゑとこそ書へけれ、つえとかくはいかゝと問、師答て、是は上つえ、もとつえ、ある★1 しつえなといへる類ひにて、末の心にあらす、つは休め字にて穂つ枝なるへしと也

　　　　私云、梢の仮名の例にはたかふへし、梢は木の末なるゆへ也、すへの仮名を用ゆる也、此事を問て後、万葉を見れは最末枝（ホツエ）と書り、えの仮名に尤決せり★2、万葉集第九の長歌にあり

　★1　国会図書館本は「有は」とする。
　★2　旧稿（高山1998）では国会図書館本のテクストに従って、「元のかな尤没せり」としたが、ここでは李花亭文庫本に基づき、「えの仮名に尤決せり」とし、旧稿を訂する。

　　　　　　　（李花亭文庫蔵、56丁表。「かるかやのほつえの事」、読点を補う）

(5).　網代車（あしろくるま）の事

　　　予問、源氏物語湖月抄に網代車のあ文字をあんと少しはねるやうになへ候よしあり、是はつちの仮名をにこる時の格の様に聞へ侍れとも、網代はあちろにはあらす、あしろなれは、ちを濁る格にてはなし、若

＊7　『新撰仮名文字遣』の四つ仮名の発音の言及は二カ所ある。一つは、沢庵禅師の序で、音韻学の用語を用いて「じ」「ず」は「細歯頭」、「ぢ」「づ」は「舌頭」の違いと述べるところである（原文に濁点を付す）。もう一つは本篇の、「し文字をにごる時は舌ヲトヰニスル也」「ち文字をにごる時は舌をひらめて上のあぎとにつけていふなり」「す文字をにごりていふ時は舌をとみにし上のあぎとには不付也」「つ文字を云時は舌を上ノアギトニ付ル也」（以上、原文に対し濁点を付す）である。ところで、この書は、前鼻要素に該当する特徴には触れない（詳しくは第7章第9節で論じる）。

第3章　前鼻子音の変化と話者の感覚　　57

や此物語のよみくせにて侍る歟、いか〻、いよいよはねるとなへならは網代車に限らす、網代をもあ文字はねる心にとなへ侍るへきや。師答、此よみくせしらす、但、つちの仮名ははねてつめるにてはなく侍れと、不審のことくはぬれは、ちの仮名のひ > きにまよひ侍る、是ははねさるかよく侍らんとそ
　　私云、此事湖月抄にて見及ひ侍るゆへ、問侍りけれはかく示し給へり、尤はねぬ方可然おほへ侍る、はねるやうにとなへて聞よからす、（以下割注）湖月抄をこけつ抄と月を漢音にとなふるわろし、こくはつ抄と月を呉音にとなへて、くはつのつをつめてとなふへし、是も師の教へられし

　　　　　　　　（李花亭文庫蔵、85丁裏－86丁表。「網代車の事」。読点を補う）

(6).　かなちかひの秀句の事
　　かな違秀句といふ事あり、人に不ᴸ逢といふ事を秀句にかけて人にあはづの森なれやなといふ類也、不逢のあはすは、すを濁り、粟津の森のあはつは、つを濁れり、是かな違ひの秀句といふもの也、美豆野はみづのと書かな〻れと不見事によせ、それ共さらにみつのなるなといふも同したくひ也、此かなちかひの秀句、あはつ、みつのなとの様に三字続きたるは苦しからす、二字続きたるかな違ひの秀句はせぬ事也、★¹よくよくいひつ〻けても心よからぬもの也

　★1　国会図書館本は、「よくよく」の直前に「三字つゝきたりともかなちかひの秀句は好むへき事にあらす」が入る。李花亭文庫本はこれを欠く。

　　　　　　　　（李花亭文庫本、12丁裏。「かなちかひの秀句の事」。読点を補う）

　このように四つ仮名に関する話題がいろいろと取り上げられているのに比べると、前鼻子音消失化は、仮名の区別に影響が及ばないため、同じようには問題にされない。鼻音要素への言及は、四つ仮名の書き分けとそれを支える発音の違いに対する関心の範囲内にとどまっている。そのことは、(1)(2)「すつしちの仮名づかひの事」の条だけでなく、(5)「網代車のこと」からもうかがえる。「つちの仮名を濁る時の格」が問題にされる中で、暗に

「少しはねる」音が示唆されている。また、この箇所は次の点でもおもしろい。弟子の質問に対して、師である以敬斎（有賀長伯）が、「つちの仮名ははねてつめるにてはなく侍れど」と断りを入れている。つまり、「づぢ」は少し撥ねるように唱えるのであって、ふつうに撥ねるわけではないと暗に言っている。その上でなお、「あじろ」の「じ」の前を撥ねると、「ぢの仮名のひびきにまよひ侍る」と、ふつうに撥ねても「ぢ」と紛れてしまうと言う。この部分はたいへん重要で、撥音と前鼻要素との違いは理解しつつも、それを実際上同一視してとらえている。こうした認識のあり方は、次の第4章で取り上げる『蜆縮涼鼓集』の内容を分析する上でも重要な意味を持ってくる。また、同様の観点から、「すつしちの仮名づかひの事」の直後に続く次の条も興味深い（これと同様の注意は謡曲でもさかんにされている。次章以下参照）。

(7). 源氏物語の源氏となへやうの事
　　源氏物語をげんじ物語とはねるはわろし、げゑじ物語と聞ゆるやうにとなふへし、源氏のおとゝ、ひかる源氏なといふも皆、げゑじと聞ゆる様にとなふへし、けんしと、はねるはわろし、

(李花亭文庫本、81丁裏・82丁表)

　なお、前鼻子音消失とジヂ・ズヅ合流とが歴史的にどのように関わり合って推移したかについては、先行研究で意見の分かれるところであり、本章の考察では、その点は保留にしたまま議論を進めている。これに関しては第7章で詳しく取り上げる。
　ただ、本章の議論では、歴史の或る段階で、前鼻要素の有無がその余剰的特徴としてジヂ・ズヅの区別に関わる状態があったことは認めている。そのことは、他ならぬ『以敬斎聞書』「すつしちの仮名づかひの事」の条と、次節の『和字正濫鈔』の四つ仮名に関する注意書きとによって明らかである。念のために繰り返すと、そのような区別の状態の存在と、二つの特徴がどのように関わって歴史的に変化したかの二つの問題は当面切り離して取扱う。

6. 『和字正濫鈔』の再検討

　仮名遣全般について、典籍に依りつつその「乱れ（濫れ）」を正すことを目的に契沖（1640-1701）が編纂した『和字正濫鈔』（元禄8（1695）年刊）は、その問題の一つとして濁る「ち」「し」「つ」「す」を取り上げている。その中で、該当語句を一つ一つ列挙し、あるべき仮名遣を示していくが、一通りそれを掲出した後で、(8)のようにその発音にも言及する。

(8).　中下に濁るち／中下に濁るし／中下に濁るつ／中下に濁るす（掲出語は省略）

　　右ちよりこなたの四もし。都方の人の常にいふは。ちの濁りはじとなり。つはずとなる。田舎の人のいふは。じはぢとなり。ずはづとなる。ぢとづとはあたりて鼻に入るやうにいはざれはかなはず。都方の人は。心を着けつれば。いつれもわけてよくいはる。田舎の人は。知てもおほく改むる事あたはず。但ちつとつとの濁り。よくかなへむとすればなだらかならでわろく聞ゆるなり。心得へし。

　　（中略）

　　濁らるゝもじはかきくけこ。さしすせそ。たちつてと。はひふへほ。此廿字なり。和語に初より濁る言なし。　　　　　（巻五、40丁表・裏）

　　（注）濁音全般に関しての発音の言及はない。

　前節の『以敬斎聞書』と付き合わせてみると、いくつか注目すべき点がある。まず、『和字正濫鈔』の「都方の人の常にいふは」に目が向く。これは、『以敬斎聞書』の「富士（ふじ）」「不見（みず）」の「じ」「ず」に対する説明「常のことくに濁る也」と符合する。『以敬斎聞書』のほうは「じ」「ず」はふつうの発音でよいとの指示であり、『和字正濫鈔』のほうは、ふつうに発音しているのは「じ」「ず」であるとの実態の指摘であって、文意は異なるが、「常」の発音の中身が合致する。また、上記引用末尾の「但ちつとつとの濁り。よくかなへむとすればなだらかならでわろく聞ゆるなり。心得へし」も、『以敬斎聞書』の「但つちの仮名を濁ればとて殊外耳にたつやうにとなふるはわろし。耳たたぬ様に、すつしちの別るやうにとなふべし」の趣

旨と相似し、共通性は明らかである。

これに関し、両者の関係として考えうるのは、この認識および発音法は『和字正濫鈔』を源として成立し、それが和歌をはじめ知識人達の間に広まり、その内容が『以敬斎聞書』に記されたとする可能性である。現に、有賀長伯（以敬斎）は契沖よりおよそ 20 歳ほど年が若い。『和字正濫鈔』を目にしていることは充分に考えられる。また、契沖『和字正濫鈔』の影響力の大きさを考えると、一見、成り立ちそうな推定である。『以敬斎聞書』とほぼ同時期と考えられる『音曲玉淵集』（初版が享保 12（1727）年刊）にも謡曲の唱え方として同じような発音法が記されている（詳しくは次章以降で扱う）。『音曲玉淵集』も、この見方に従うと、その発音法の元も契沖『和字正濫鈔』にあるということになる。

しかし、こうした系統関係でとらえる見方には無理がある。第 4 章第 4 節であらためて述べるが、結論だけを言うと、契沖個人の観察によって独自に説く発音法が一方的に広まったというのはおそらく不自然である。文献の状況を総合すると、当時はまだ、四つ仮名の、発音も含めた区別が話題にされる社会的状況が存在する。17 世紀末から 18 世紀初は、少なくとも知識層の間では、その具体的な音の違いについても、とらえ方に多少の相違があったにせよ、ある程度の認識が存在したと考えられる。確かに上述のように『以敬斎聞書』との類似性は否定できないし、趣旨もよく一致するが、細かく見ると、個々の内容は並行的でなく、契沖の「田舎の人のいふは、…、都方の人は、…」に該当する言説は『以敬斎聞書』にはない。『和字正濫鈔』の「説」が、『以敬斎聞書』に受け継がれたという直接的関係が二つの文面から直ちに導かれるわけではない。

元禄 8 年刊『蜆縮涼鼓集』、元禄 10 年刊（同 14 年再刊本）『当流謡百番仮名遣開合』にも発音の言及があるように、17 世紀末は依然として、ジヂ・ズヅの区別は発音が異なり、本来守られるべきものである、との規範意識が残存していた。今、その発音に関心を持つ層がどのような人々であったか、その具体像を絞り込むことは必ずしも容易でないが、少なくとも文字と接する機会の多い知識層であったことは間違いない。ただ、その関心のきっかけが和歌を通してであったり、謡曲であったりと、人によって異なることはあ

った。また、それを知らない人も同時に存在するような状況であったと考えられる。

　このように、『和字正濫鈔』『以敬斎聞書』の一致は、系統関係としてとらえるべきものでもなく、また、それぞれの著者の個人的見解がたまたま合致した結果でもない。17世紀から18世紀初にかけての時期、知識層に知られていた発音が、文献上に露頭のように現れたものと見るべきである。『和字正濫鈔』の記事に関して言えば、契沖自身の見解を加味しつつも、基本的には当時一部に知られていた発音法をふまえるかたちで、仮名遣を正すための重要事項の一つとして言及し、自らの著書の中に書き留めたものであると考えられる。

　以上をふまえ、前鼻子音の問題に対する『和字正濫鈔』の(8)の内容とその意義をあらためて検討しておこう。

　発音の仕方の大概は、『以敬斎聞書』と基本的に同じであり、すでに(9)の亀井孝(1950a)の指摘のとおりであろう。(9)で取り上げられている部分は、『以敬斎聞書』の「但つちの仮名を濁ればとて殊外耳にたつやうにとなふるはわろし。耳たたぬ様に、すつしちの別るやうにとなふべし」が該当する。

(9). (『和字正濫鈔』の)「但し、ちとつとの濁り、よく叶へんとすれば、なだらかならでわろく聞ゆるなり。」といふのは、この濁音に先行する鼻母音の陰影を、すでに、十分、あらはし得なかったことを、物語るものであらう。「ぢとづとは、当りて鼻に入るやうにいはざれば叶はず」とは、つまり、その正しい発音を述べたものと解される。しからば、なだらかならずとは如何なることを実際に指してゐるかといふに、それは、むしろ、先行する修飾的鼻音の脱落によって生ずる音節間の粗剛な対立よりは、はっきりと撥音[n]を挿入しすぎて起る緊張ないし逼迫感の方であらうと思ふ。
　　　　　　　　　　　　　　　　　　（亀井［1950a］1984：303頁）

　しかし、やはり、『和字正濫鈔』と比べると、『以敬斎聞書』の説明に見える「少しはねるやうに」や仮名「ん」を用いた、撥音によるアナロジー表現

は、前鼻子音の状況を知る上ではより直截的で、理想と現実との隔たりがより鮮明である。この点では、『以敬斎聞書』の記事の意義は大きい。

　『和字正濫鈔』に関して次に問題にすべきは『以敬斎聞書』と異なる箇所である。(8)には、「都方」と「田舎」という対照が二つ出てくる。それについて見ていくことにする。

　まず、最初の「田舎の人のいふは。じはぢとなり。ずはづとなる」は、亀井(1950a)の指摘にもあるとおり、ジヂ・ズヅが破擦音に統合した方言の存在を示唆するものと考えられる。すなわち、前鼻子音の観点から言い換えると、京とは異なり、鼻音要素を保ったまま合流を起こした方言が京の周辺地域に存在したらしい。このような推定は、現在の近畿周辺部にそれを持つ方言がある状況とも矛盾しない[*8]。もちろん、合流した後で、鼻音要素が消失化の道をたどることも充分に考えられる。実際にそのような経過をたどった方言も少なくなかっただろう。

　ただ、わざわざ都以外の言葉に触れたところを見ると、おしなべてヂヅになる「田舎の人のいふ」発音には奇異な印象が拭えなかったのではないだろうか。とくに、ヂヅについて「よく叶へんとすれば、なだらかならでわろく聞ゆるなり」とする感覚と通じるものがあったのかもしれない。

　さて、もう一つの「都方」対「田舎」の対比は、多分に社会的な価値付けを伴っていると見るべきものである。すなわち、「都方の人は。心を着けつれば。いづれもわけてよくいはる。田舎の人は。知てもおほく改むる事あたはず」と「都方」を優位に置いた見方が露わである。これに関しては、文字通り、事実を示す言説として受け取ってよいとは思われない。

[*8] 現代の近畿方言およびその周辺における状況については、柴田武(1960, 1962)、楳垣実(1962:112-113頁)、岡田荘之輔・楳垣実(1962:510頁)、西宮一民(1962:320頁)、村内英一(1962:380頁)、岸江信介・吉廣綾子(2006)、小学館1989『日本方言大辞典』「音韻総覧」(上野善道編)などを参照。紀伊半島南部、三重県志摩地方、兵庫県但馬地方、淡路島、徳島県などの方言が指摘されている。三重県志摩地方に関しては、楳垣実(1962:112-113頁)によれば、前鼻子音は「語彙的現象として名残りをとどめているものと認められる」とあるが、本稿筆者による旧志摩町和具の話者(女性、明治33年生まれ)の録音資料に基くとガ行のみは一般に明瞭な前鼻子音である。

亀井（1950a）はこの「都方の人は。…」も、何らかの実態をとらえたものとする線で、(10) のような解釈を試みている。

(10)．四つがな混同の方向は、決して、一ではなかったのである。すなわち、帯擦音の閉鎖を弛緩せしめてゆく傾向をたどったのは、むしろ、京都その他の限られた地方における現象にとどまるものであって、混同の傾向は混同の方向を規定するものではなかったのである。元禄の頃における京都の実際の発音は、単に摩擦音化のみならず、人によって或は帯擦音の方へむしろ統一してゐたものもあったがゆえに、この両勢力の対峙は、やがて「都方の人は、心を着つれば、いづれも分けて、よくいはる」といふ結果を導いたものかもしれない。しかし、なほ、一般には、もとより「ちの濁りは、じとなり、つはずとなる」のであった。
　　　　　　　　　　　　　　　　　　（亀井［1950a］1984：302-303 頁）

　しかし、すでに、17 世紀初頭には、ロドリゲス『日本大文典』が述べるところによれば、京では、ジヂ・ズヅの混乱は相当な程度に達していた（同書 169-169v，土井忠生 1955：607-608 頁）。契沖の頃には、さらに進行し、合流は終わっていると見られる（同じく、次章で扱う『蜆縮涼鼓集』をも参照）。もちろん、亀井（1950a）の解釈もそれらの材料をふまえた上でのものだろうが、この箇所が何らかの実態を反映すると見ることは躊躇される。契沖のこの箇所は実態を示すものではなく、京都方言の過去の残像に過ぎないのではないか。
　とくに、契沖が「都方」に対し、「田舎の人は。知りてもおほく改むる事あたはず」といっているところが無視できない。発音の別に対する注意を呼びかけるのに、「都方」と「田舎」とを対照させ、前者を優位に置いている。
　同じ元禄 8 年刊行の『蜆縮涼鼓集』は「京都、中国、坂東、北国等の人に逢て其音韻〔おんゐん〕を聞に総〔すべ〕て四音の分弁〔ぶんべん〕なきがごとし、唯、筑紫方〔つくしがた〕の辞〔ことば〕を聞に大形明に言分る也、一文不通の児女子なりといへ共、強〔あながち〕に教〔をしふ〕る事もなけれども自然に聞習ひて常々の物語にも其音韻を混乱〔こんらん〕する事な

し」（上巻6丁表・裏、〔 〕は原文の振り仮名）と述べ、九州の人がこうして区別できるのに対し、京都の人ができないのは「最も口惜しきこと」と嘆くのと対照的である。

　たとえば、現代でも、現実にはガ行鼻濁音を持つ話者がまれになっても「共通語をしゃべる人は、ガギグゲゴを鼻濁音で発音していますよ」とする類の言説はなかなか消えない。しかも、知識人であればかえってこうした「神話」に幻惑されやすく、「その気になれば区別もできるし、実際している」と思い込むことは充分あり得る。あるいは、「都方」対「田舎」というステレオタイプの構図が用いられていることから、中央指向の意識をくすぐりながら、その唱え方に言語規範としての権威を与えているとも考えられる。この箇所は、こうした疑いを持って取り扱う必要があるのではないか。その点でも、先にも述べたとおり、(8)の契沖の言を、彼自身の言語観察の結果が反映されていると見なすことには問題がある。

　亀井孝（1950a）は、契沖の家系的背景（両親が九州の大名臣下の家であること）から彼が四つ仮名の発音を生得的に持っていることが考えられ、「その観察は容易に無視し得ない」とも述べている。もちろん契沖の生まれ育った言語的履歴にもいちおうの注意を払う必要はあろう。しかし、亀井孝（1950a）の立場は、全体的に見て、契沖の個人的な言語観察に帰して解釈する方向に必要以上に傾いているように思われる。

　本書は、契沖の個人的産物として見るより前に、こうした言説の社会性を低く見積もることはできないとの立場に立つ。四つ仮名の発音法が、この時代、複数の文献に記されている。それぞれの文献が個々別々に独立して観察の結果を記したと見るよりは、その背景に、発音に対する関心の社会的広がりがあり、ある程度の認識共有があると考えられる。規範を共有する階層は知識層など一部に限られるとしても、上にも述べたように、契沖は読み手側との共通認識がそれなりに存在することを計算した上で、この発音法を書き留めていると見るべきである。

7. まとめと課題：前鼻要素消失と撥音との関係

　以上、『以敬斎聞書』に関して、これまで知られていた翻刻の誤りを訂正

しつつ、その記事内容が京都における前鼻子音の消失化の終局面を示していることを明らかにした。とくに、これについては、前鼻要素が撥音のアナロジーでとらえられているところが決定的に重要である。この点は従来見逃されていた。

　また、この問題に関連して、『和字正濫鈔』の四つ仮名に関する記事が、『以敬斎聞書』の記事に対し、相対的にどのように位置づけられるのかについても論じた。本稿筆者は、『和字正濫鈔』の当該記事を著者契沖の個人的な観察の産物と見ることについては懐疑的である。これについては、さらに次章以降の考察を通しても明確にしていく。

　ところで、遠藤邦基（2001）は、この種の発音法（すなわち鼻音要素挿入の有無でジヂ・ズヅを区別する発音）を人為的な「読み癖」であるとの視点からこれらの文献を取り扱っている。意識された発音という意味では、そうした側面を持つことは確かである。ただし、本章で扱う問題では、文献に記された発音法にはたとえ人為的な面があるにしても、その発音の仕方は過去にその源があり、その意味において過去の現実を反映するものであることも重視している。

　さて、前鼻要素を撥音のアナロジーでとらえる認識が文献上に確認できるのは、上に述べたように『以敬斎聞書』が早い（ほぼ同時期の『音曲玉淵集』にもこれと同様の認識に発すると考えられる記事がある。次章75頁(3)(b)参照）。この文献が出たのはおおよそ18世紀初頭と考えられるが（正確な成立年は不明）、発音法が教えられ始めた時期は、当然これよりも遡るはずである。前鼻要素が失われていく中で、その必要性が自然に発生したのだろう。しかし、その最初期の具体的な実年代がいつ頃かを確定するのは容易ではない。

　直接的に前鼻要素を撥音になぞらえたりはしていないが、『和字正濫鈔』も同様に、前鼻要素がごくふつうに聞かれる状況でなかったことを示していた。こちらは刊行が1695年であり、時期的には『以敬斎聞書』が、これに遅れる（先述のように、有賀長伯と契沖との間に20歳ほどの世代差がある）。しかし、上に見てきた状況からすれば、17世紀末には、すでに認識上、撥音と前鼻要素とが近い関係にあったと考えられる。この認識の問題は、『和

字正濫鈔』と同年刊『蜆縮涼鼓集』について詳しく論じる中で、次章で引き続き取り上げることにする。

　次章では、前鼻子音の観点から『蜆縮涼鼓集』の内容形成の背景を明らかにする。本章で論じた『以敬斎聞書』『和字正濫鈔』の問題は、『蜆縮涼鼓集』について考える上でも重要な意味を持つことになる。とくに、文献間の相違と、それに関わるバイアスの違いに注目していく。

第 4 章

前鼻子音から読み解く蜆縮涼鼓集

1. 本章の目的と趣旨

　この章では、「四つ仮名」の資料として知られてきた『しちすつ仮名文字使 蜆縮涼鼓集(かんなもじづかいけんしゅくりょうこしゅう)』の内容を分析し、これまで問題にされてこなかった同書と前鼻子音の変化との関連を明らかにする。その結果をふまえ、音韻史におけるこの文献の意義を見直す。

　『蜆縮涼鼓集』と言えば、日本語音韻史では主に「四つ仮名」資料と見なされてきている。しかし、それだけに留まらない問題に前鼻子音の変化がある。その内容を一見したところ、明確に前鼻子音を示唆する箇所はなさそうに見えるが（橋本進吉 1932, 亀井孝 1950a 参照）、他の文献と対照させ、あらためて内容を分析すると、前鼻子音の変化がそこに深く影響していることがわかる。また、同書は、この時期のジヂズヅの音声実現の状況を知る有力な音韻史の資料ともされてきたが、その点についても考え直す必要が生じる（この問題は本章の他、さらに第 5 章、第 6 章でも論じる）。以下の一連の考察を通して、当時の話者の認識面に注目し、そこに前鼻子音の変化の動的側面を読み取ることをも、もくろんでいる。

　なお、先の第 3 章と同じく、前鼻要素消失とジヂ・ズヅ合流とが歴史的にどのように関係しつつ推移したかについては、結論を保留して議論を進める。これに関する先行研究の問題点と本書の見解は、第 7 章で詳しく論じる。念のため言えば、これも第 3 章と同じく、本章は、歴史の一段階として、前鼻要素の有無とジヂ・ズヅの区別とが関わる状態のあったことは認めている。このことは文献上の事実から動かないためである。当面保留にする点は、その歴史的経緯についてである。

2. 『蜆縮涼鼓集』とは

　元禄8 (1695) 年に刊行された『しちすつ仮名文字使蜆縮涼鼓集』(以下、『蜆縮涼鼓集』) は、「じ」と「ぢ」、「ず」と「づ」の仮名遣いを各語について示すとともに、発音と文字の両面における区別の必要性を説いた書である。国語学、とくに国語史、国語学史の分野ではよく知られた存在で、四つ仮名の資料として真っ先に名の挙がる文献といっても過言ではない。

　序には、(1) のように、この書を著すに至った著者の考えが明確に述べられており、現代の我々にとってもその趣旨は明快である。

(1).〈「しちすつ」の〉此四字は清（み）て読（む）ときに素（もと）より各別なるがごとくに濁りて呼（ぶ）時にも亦（また）同じからず。然るに今の世の人、しちの二つを濁りては同じうよび、すつの二つをも濁りては一つに唱ふ。是、甚（はなはだ）しき誤り也。啻（ただ）、口に唱ふるのみならず、文字をも亦相混（あひこん）じて用ふ。蓋（けだし）、口に分かれざる事は、心に別ちなければなり。心に分（わか）たざるが故に文字をも亦思ふまゝに書きぬる者成べし。

(『蜆縮涼鼓集』上巻1丁表。口絵参照。句読点、振り仮名を付し、（　）に送り仮名を補う。『国語学大系（仮名遣一）』第六巻（国書刊行会）に、「此四字は清く読ときに」とする「清く」は「清て」の誤り)

　また、(1) のうち、「口に分かれざる事は、心に別ちなければなり。心に分かたざるが故に文字をも亦思ふまゝに書きぬる者成べし」とあるところからは、著者の音韻に対する認識がどのようなものであるかをうかがい知ることができる。すなわち、発音し分けたり、文字を書き分けたりすることができるのは、そもそも「心」に区別を持っているからだという。音韻を抽象的に、心的レベルの問題として的確に把握しており、しかも、とかく陥りがちの、文字を中心に据えた先入観に依ったりしていない。このように、著者は、言語、ことに音韻に対する優れた洞察力を備えた人物であることは間違いない。

　書名にしても機知に富んでおり、「蜆縮涼鼓」とは、単に「しじみ（蜆）」「ちぢみ（縮）」「すずみ（涼）」「つづみ（鼓）」の四語を並べたものだが、こ

のように組み合わせると、「しちすつ」の各仮名の清濁のペアが見事にそろう。こうした発想にも、言語に対する鋭い内省力と関心の高さをうかがうことができる。しかし、残念ながら、著者については、その筆名「鴨東萩父」を記すのみで、京都鴨川の東に居住した人物らしいことが推測される程度で、その詳細はわかっていない[*1]。なお、享保 20 (1735) 年には、原題の『蜆縮涼鼓集』が『仮名文字遣便蒙抄』と改題されて出版されている（書誌的な問題については石井久雄 1983, 1990 に詳しい）。

さて、この書の本篇は四つ仮名を持つ語を集めた語彙集になっており、本来的には、各語のあるべき仮名遣いを列挙し示すことを第一の目的としている。しかし、本篇の語彙集の前に付された「凡例」は、今日の目から見て興味深い内容を持っており、これまでも本篇以上に注目されてきた。そこには、たとえば、当時の京都の発音の誤りの実態（それを実態として理解してよいかは第 5 章で検討する）や、さらに、その誤りを改め、正しく発音し分けるための解説も記している。こうした箇所や (1) に引いた序を読んでいくと、この著者は、仮名の書き分けよりも、むしろ、音の問題のほうに大きな関心を寄せているのではないかとの印象を持つ。現に「凡例」の終わり近くでは、著者自身が「凡(およそ)、言語〔ごんご〕皆音韻〔おんゐん〕也。文字皆音韻也。仮名文字使も赤(また)音韻也。故に仮名使を沙汰せん人は必、音韻を論じて後に其(その)言語文字を明らむべし」（上巻、10 丁裏。〔　〕は本文中にある振り仮名。通常の振り仮名は本稿筆者が補う）と述べており、やはりそれが単なる印象でないことに気づかされる。彼の音に対する高い関心がどのようなところから来るのかという問題はこの書物の背景を知る上でもそれなりに重要であり、これについては第 5 章でその一端を明らかにする。

3. 『蜆縮涼鼓集』および音韻史に関する課題

『蜆縮涼鼓集』は、音韻史、さらには国語学史の重要な資料として他に比して特異な位置付けがなされてきた。著者についても、鋭敏な言語観察力を

[*1] 亀井孝 (1983) は「河東隠士」を名乗る毛利貞斎がその著者かもしれないと指摘する。これに関連する検証には林義雄 (1991, 1993) がある。

持つ類い稀な人物と評価されてきた。旧来の、人物本位の国語学史においては、この著者を音声に関心を寄せた奇特な（あるいは天才的な）人物と見て、その卓越性が強調されがちであったようにも思われる。実際、後に見るように、彼の「凡例」における発音法の説明は、抽象的な観念操作に陥ることなく具体的で、今日の調音音声学の立場から見てもその内容は精緻であるのは疑いない。

　しかし、人物論的視点に寄りかかった解釈は、しばしば本質を見誤る危険を伴う。また、結果的に言語研究において問題を矮小化するおそれもある。むしろ、我々が優先しなければならないのは、この著者個人の問題ではなく、その表現の背景にある同時代的な言語感覚を読み解くことである。たとえ著者が鋭い感性を持っていたとしても、言語現象を客観的に観察した結果がそこに反映されていると無条件に見なすのは適切ではない。この著者が、どのような背景の下に、どのような関心を持って言語現象を見ているのかという点を押さえることが最も重要である。本章では、この点を中心に考察を進めていく。

　また、研究上の課題としては、このような『蜆縮涼鼓集』そのものの問題だけでなく、日本語音韻史の研究として本章の考察がどのように位置付けられるかについても予め考えておく必要がある。

　現在、日本語音韻史の研究状況に関しては、主要な内容はほぼ明らかになっているとの認識が広がっている[*2]。どのような変化がいつごろ生じたかについてはすでに明らかであり、主要な項目（たとえばヰとイの区別の状況とか、四つ仮名の混同といった項目）に関する各時代の状況、時期が明らかにできれば研究目的はほぼ達せられたことになる。残されているのは、それらの結論にさらに精確さを求めていくことであろうか。しかしながら、それに終始するのではなく、研究の意義をあらためて顧みる必要がある。

　取り扱う対象言語は日本語であっても、言語史研究の目的のすべてが、日

[*2]　こうした認識は、たとえば木田章義（2000）が指摘し、さらに高山倫明（2003a,b）が批判する。他方から見れば、これらの見解表明が学界における状況認識を物語っている。

本語について明らかにすることというわけではない。より重要なのは、日本語の事例研究を通して、言語変化に対する理解を深めることである。そのためには、もちろん各時期の音の体系や音価を明らかにすることも重要だが、それを課題とするだけに留まらない。

本章で取り上げる文献に関しても、過去の日本語の音価推定や音韻体系を知るという目的からでは見過ごされてしまう、興味深い問題が放置されているように思われる。「どのような変化がいつごろ生じたか」という関心に沿って文面を追うだけでは、その内容が伝える本質的な問題からかえって遠ざかるように思われる。変化の皮相しかすくい取れず、背景にある核心部分が読み取れないのではないかとのおそれがある。

そのため、本章は、書き手のものの見方を問題にするかたちで文献の内容を読み解くことを目指す。まず当該文献の書き手の言語認識に焦点を当て、その上で、その認識が生じる背景を探っていく。それによって、変化の動的側面に光を当てることも可能になる。その場合の動的側面とは、変化の具体相であり、それをわずかでも見出すことを目的とする。

4. 文献間の相違

第1章でも指摘したように、前鼻子音およびジヂ・ズヅに関しては、16世紀から18世紀初めにかけて、資料となる複数の文献が見出されるが、とくに注目すべき点は、文献間でその内容が必ずしも一致しない（一致点もあるが、他方でズレも見出せる）ことである。

その相違はどのように考えられるだろうか。一つには、それを記した人物の個人差と見なすことである。それぞれの個人が持つ言語に対する感性の違いや、内省に差があるとすれば、そうした処理もいちがいに誤りとは言えない。しかし、より意味のある違いが見出せないか、それを探るために、各々の文献が記された意図や目的、その他の内容との関連性について検討する必要がある。かりに、その結果、解決不能であれば、個人差として片付ける以外にないだろうが、最初から採るべき結論ではない。

そこで、本節を皮切りに、『蜆縮涼鼓集』と他の文献とを対照させ、その間にある相違を取り上げ、そこに何らかの問題が存在しないかを探っていく。

『蜆縮涼鼓集』と同じく、契沖が著した仮名遣書『和字正濫鈔』（1695年刊、『蜆縮涼鼓集』と同年刊）も、第3章で見たように、17世紀末の京都にあって一般にはすでに区別されなくなっていたジヂズヅの発音について述べている。その関連部分を(2)にあらためて掲げる。

(2). 右ちよりこなたの四もし。都方の人の常にいふは。ちの濁りはじとなり。つはずとなる。田舎の人のいふは。じはぢとなる。ずはづとなる。ぢとづとはあたりて鼻に入るやうにいはざれはかなはず。都方の人は。心を着けつれば。いつれもわけてよくいはる。田舎の人は。知てもおほく改むる事あたはず。但ちとつとの濁り。よくかなへむとすればなだらかならでわろく聞ゆるなり。心得へし。

(『和字正濫鈔』巻5、40丁表・裏)

(2)に依れば、ジズは「常にいふ」ように発音すればよく、これに対し、ヂヅは「あたりて鼻に入る」ように発音すると説く。その内容を整理すると**表1**のようになる。

表1

	記事内容	記事が示唆する音声実現
ザ行「ジ」「ズ」	常にいふ	閉止なし　前鼻要素なし（**非前鼻・摩擦**）
ダ行「ヂ」「ヅ」	あたりて鼻に入る	閉止あり　前鼻要素あり（**前鼻・破擦**）

『和字正濫鈔』に従えば、両者を区別できない都の人がふつうに発音しているのはすべてザ行のジズになっており、これに対して、ダ行のヂヅはあえて「あたりて鼻に入る」ように心がけなければならない。これが、具体的にどのような音声実現を指すかというと、ジズに対し、ヂヅの場合には呼気の閉止を行うとともに、前鼻要素を入れることである。

発音法に関するこの記事は、契沖の個人的な観察がそのまま反映されているのではなく、第3章第6節でも述べたように、契沖自身の見解を加味しつ

つも、基本的には当時一部に知られていた発音法をふまえるかたちで、仮名遣いを正すための重要事項の一つとして言及し、自らの著書の中に書き留めたものであると考えられる。**表 1** と同様の発音法は、(3) のように他の文献にも記されている。

(3). (a)『以敬斎口語聞書』(原文の該当部分は第 3 章の (1) (2))
　いわゆる地下歌人である以敬斎有賀長伯（あるが）(1661–1737) の弟子が師の説を承り筆録するという聞き書き形式で、和歌に関わる様々な事柄を書き記した書で、成立年は不明だが、長伯の生年からすると、18 世紀初と考えられる。この書は、和歌に関わる知識、作法を記したものであるが、そこに「すつしちのかなつかひの事」と題する条があり、ヂヅは「つめて少し鼻へかけて」「少しはねるやうに」唱えるのに対して、ジズは「つめず鼻へもかけず常のごとくに」唱えるように指示している（橋本進吉 1932 によって紹介された本文には、肝腎の部分に誤りがある）*3。

(b)『音曲玉淵集』(本章 (11). 87 頁に該当する条を掲げる。次章以降でも詳しく触れる)
　謡曲に関する解説書で、初版が享保 12 年 (1727) 刊、三浦庚妥（みうらつぐやす）著。その中の謡曲における発音を取り上げた説明に次のような箇所がある。「築ン地　如此傍ニ、ン字ヲ付るは、イノかなヨリヂノ字にうつれば、じノかなニ成安き故に舌を齶ヘ当、慥にぢのかなに聞ゆるやうに、はぬる心に唱ふへきとのをしへ成を、直についんぢトヨムもイカゝ、これ皆音便を不得心故歟」(第一、開合音便巻、15 丁表。読点を付す。原文では、「築」字の右下傍にやや小さく「ン」を付す。) とあり、ヂには鼻音の要素を入れて、ジと区別する唱え方が記されている。

(a) (b) ともに『和字正濫鈔』よりも時代が下るので、その発音法のもと

---

*3　橋本進吉 (1932) に紹介されているものには「つめて<u>出し</u>鼻へかけて」「<u>出し</u>はねるやうに」とあるが、下線部は「少し」が正しい（第 3 章、48-52 頁参照）。

をたどっていくと、『和字正濫鈔』に行き着くという見方が、一つの可能性としては考え得る。しかし、第3章第6節でも論じたように、同じような発音法であっても、文献間の違いがあり、それを比べると、『和字正濫鈔』を出発点としているとみなすのは難しい。また、(b) の『音曲玉淵集』の記事からすると、謡曲ではすでにこのような発音の伝承が習慣として存在している。その伝承の淵源が契沖『和字正濫鈔』にあるとの推定を、時間的順序に抵触しないかたちで立てることは必ずしも不可能ではないけれども、謡曲のような場に新規に契沖『和字正濫鈔』の「説」が取り入れられるというのは事態として考えにくい。それに加え、発音に関する指示内容こそ『音曲玉淵集』『和字正濫鈔』と異なるものの、すでに元禄10年刊（同14年再刊本）『当流謡百番仮名遣開合』にも、謡曲における四つ仮名の唱え方が記されており、その伝統は契沖と別に存在すると考えるのが妥当である（本章後述、および第5章参照）。

　また、契沖独自の発音法が一方的に広まったというのも不自然であろう。それを全く知らない人間が、契沖の上記（**表1**）の説明だけから具体的な発音をどこまで思い描き、理解できるか、はなはだ疑問である。少なくとも、それを受け容れる状況が周囲になければ、この説明は意味をなさない。17世紀末の（京都の）知識人達の間ではジヂズヅの区別は本来守られるべきものであると意識されていた。それをどのように発音し分けるかについても、契沖に限らずある程度知られていたと考えられる。もちろん、よく知らない者も同時にいるからこそ、それを想定し、こうした発音法が記されているのであろうが、その場合には、契沖個人の観察なり、独自の見解なりが、そこに記されているというのとはかなり違っている。

　以上のように考えたとき、そこに一つの興味深い事実が浮かび上がる。『和字正濫鈔』と同年刊の『蜆縮涼鼓集』の著者は、四つ仮名の発音に多大の関心を持つにもかかわらず、**表1**の発音法とは異なる発音法を強く主張する。

　すなわち、「鼻に入る」を区別する特徴として取り上げない。その原文は次節の(4)に掲げるが、ここでは**表1**の発音法との違いを対照させるため、その発音法の要点を整理して先に示しておこう（**表2**）。

表2

	記事内容	記事が示唆する音声実現
ザ行「ジ」「ズ」	「舌頭」を「上顎」に付けず	閉止なし（**摩擦**）
ダ行「ヂ」「ヅ」	「舌頭」を「上顎」に付ける	閉止あり（**破擦**）

『和字正濫鈔』をはじめとする文献の**表1**の発音法は、ヂヅでは鼻音を入れ、舌先を上顎に付けるように唱えよというものである。これが、正しい言葉遣いを導く手本として当時の知識人達に多少なりとも知られていたとすると、四つ仮名に並々ならぬ関心を寄せる『蜆縮涼鼓集』の著者が、その特徴を想起しなかったはずはない。そうだとすれば、どうして「鼻に入る」特徴（前鼻要素に該当）をここに入れなかったのだろうか。しかも、その有無に言及しないだけでなく、ただひたすら、舌頭を上顎に付けるか否か、すなわち、閉止の有無のみを心がけよと言葉を費やし力説している（次節）。その強調の仕方を見ると、**表1**との違いが鮮明である。

なぜ『蜆縮涼鼓集』の著者が「鼻に入る」特徴に触れないのかという問題提起は、これまでなされてこなかった。これは、おそらく、それぞれの内容が、その著者の個人的観察ないし個人的見解に帰着させて考えられてきたことに因ると思われる。個人的著作としての側面を重視すると、結局のところ、文献間に違いがあっても、観察の個人差、あるいは観察された方言の違いとして処理される。しかし、前節に述べたように、これらの内容解釈を一義的に個人の観察に帰するかたちで行うべきではなく、文献間の相違をそのように処理するのは方法論的観点からも安易であろう。重要な問題が隠れていたとしても結果的に目をつぶることになりかねない。

この問題提起に対する答え如何によっては、『蜆縮涼鼓集』の占める位置にも大きく関わることが予想される。やはり正面から取り上げる必要がある。

『蜆縮涼鼓集』の中身を細かく見ていくと、以下に述べるように、たまたま同書が前鼻要素に触れなかったとは考えられない。言及しなかったのには相応の理由がある。しかも、結論を先に言うと、この背景には、一文献の成立事情に限らない、音韻史的観点から無視できない問題が関わっている。次節以下、二つの発音法の差異を中心に据えて、そのことを明らかにしていく。

5. 『蜆縮涼鼓集』の「実態」認識と発音法

　この書の凡例には発音法が詳しく記されており、その内容はよく知られるところである。まず、それを一通り見ておこう。まず、区別の基本を (4) のように説明する。これは、前節の**表2**にその要点をまとめた原文の該当箇所である[*4]。

(4).　一　此四音を言習ふへき呼法〔こはう〕のこと、歯音のさしすせそ、是は舌頭〔ぜつとう／したさき〕、中〔ちう〕に居〔ゐ〕て、上顎〔うはあぎと〕に付〔つか〕ず、舌音のたちつてと、是は舌頭を上顎に付てよぶ也。先(まづ)、これを能(よく)心得て味はふへし。扨(さて)、濁るといふも其(その)気息〔きそく／いき〕の始を鼻へ洩〔もら〕すばかりにて歯と舌とに替ることはなき也。故に此音を濁る時にも亦(また)前のことくに呼べし。即、じぢとずづとの別る、事は、自(おのづから)、だでどとざぜぞの異なるがごとくに言分らる、也。

　　　　(巻上、9丁表・裏。原文の振り仮名は〔右振り仮名／左振り仮名〕のように示す。単独の場合は右振り仮名のみ。原文に適宜、句読点、振り仮名を付す。以下の引用も同)

　しかし、その注意喚起はこれに留まらない。これに続く部分が注目される。当時の都の人々が本来あるべき発音をどのように誤り、またそれをどう直すべきかを説くくだりである。

(5).　((4)の続き) 次にはぬる音には、必(かならず)、舌の本を喉〔のど〕の奥〔おく〕、上顎の根に付〔つけ〕、息〔いき〕をつめ声を鼻へ泄〔もら〕す也。然に、人々音をはぬる時に多くは舌頭〔とう〕を上顎に付てよぶ

　[*4]　(4)の「扨濁るといふも其気息〔きそく／いき〕の始を鼻へ洩〔もら〕すばかりにて」が前鼻要素に該当するか否かについては議論のあるところである。これについては本章第10節に触れる。表1のように、ジズ対ヂヅの区別の手段としていないことは注意を要する。

故に【是、舌音の呼法也】其後に続〔つゞ〕く音、即、舌音に移〔うつ〕る也。譬〔たとへ〕ば天上〔てんじやう〕といふがごとき、天〔てん〕とはぬる時に心を付て、舌頭を中に置て【是、歯音のよびかた也】ていと云様に呼〔よび〕受〔うけ〕て、上〔じやう〕の音に続くれは歯音に移るに障〔さはり〕なし。若、何心なく舌頭を上顎に付て、てぬと云やうによぶ時は歯音の上〔じやう〕の音、舌音に移りて、ぢやうの音になる也。

（巻上、9丁裏・10丁表。【　】部分は割注）

　そして、「天上」に対して、撥音が先行しない場合にどのようであるかついても「最上（さいじょう）」を例に対照させることを忘れない。

(6).（(5)の続き）又、最上〔さいじやう〕といふ時は始より舌を中に置て、さいとよふ故に歯音の移り宜しき也。是、歯舌〔しぜつ〕の分弁〔ぶんべん〕也。

（巻上、10丁表）

　「最上」の場合は、撥ねる音が「上〔じやう〕」の前に来ないから「ぢ」となることはなく、ふつう通りに唱えればそのまま正しい音になるという。ちょうど、『和字正濫鈔』の「常にいふ」、『以敬斎口語聞書』の「常のごとく」に相当することが留意される。なお、(6)の、最後の「是、歯舌の分弁也」は、この条の冒頭からの内容（すなわち、(4)(5)(6)と続く一連の内容）を総括する締めくくりである。
　以上が述べるところは、ジ、ズは直前に撥音が来ると、誤ってヂ、ヅに転じてしまいやすい。しかし、直前に撥音が来なければ（つまり母音に後続するときには）、ジ、ズは正しく、そのままでよい、ということである。そして、このような誤りを防ぐためには次の点に注意を払うべきだと説く。

(7). i. ジ、ズの直前に撥音が来る場合、舌先が「上顎」に付かないように心がけよ。

　　ii. ジ、ズの直前に撥音が来ない場合、ふつうに唱えれば舌先は「上顎」に付かず、そのままでよい。

撥音が先行すると自然に舌先が上顎に付くが、そうでない場合には舌先は上顎に付かないから、それを意識的に制御するように、ということである。

「天上」「最上」のような例を用いた示範はジで終わるが、文脈から判断して、ちょうど逆のことが、ヂに当てはまることが意図されている（なお、ズはジに準じて簡略に従ったように見えるが、ジだけが取り上げられたことには背景的事情がある。それについては第5章第6節）。すなわち、直前に撥音が来ないと、ヂ、ヅは誤ってジ、ズに転じてしまう。しかし、直前に撥ねる音が来ればヂ、ヅはそのままでよい。ヂ、ヅの正しい唱え方は推して知るべし、ということであろう。

上掲 (4) (5) (6)（これらは同一の条）の直前の条には、次の (8) のように、当時の京の「実態」を記していて、ジズ、ヂヅのそれぞれについて、撥ねる音に続く場合とそうでない場合とをすべて列挙し、その対照に基づいて、正誤の全パタンを丁寧に示している（原文の順序では、(8) に (4) (5) (6) が続く。すなわち、京の「実態」を承けて、正しい呼法を記す条を配置する。説明の都合上、引用が原文と逆順であることを許されたい）。

(8). 又、総て京人の物いふを聞に、上〔かみ〕をはぬれば、しすの二字をも、ぢづの音に呼〔よび〕ぬ、亦誤也。〔中略〕 上を引とも、はぬる共、ぢとは言へからず。又、其大概〔たいがい〕を挙〔あげ〕て云に、啓上〔けいじやう〕、孔雀〔くじやく〕、藤氏〔とうじ〕、行者〔ぎやうじや〕【以上は、じの音】。巻軸〔くはんぢく〕、平地〔へいぢ〕、先陣〔せんぢん〕、還著〔げんぢやく〕【以上は、ぢの音】。香水〔かうずい〕、奇瑞〔きずい〕、好事〔かうず〕、通事〔つうず〕【以上は、ずの音】。千頭〔づ〕、万鶴〔づる〕、神通〔じんづう〕、弓杖〔ゆんづえ〕【以上は、づの音】。是等は世間の呼声〔よびこゑ〕其字に叶〔かな〕へり、若〔もし〕、進上〔しんじやう〕、練雀〔れんじやく〕、源氏〔げんじ〕、判者〔はんじや〕、八軸〔ぢく〕、空地〔くうぢ〕、帰陣〔かいぢん〕、執著〔しふぢやく〕、神水〔じんずい〕、天瑞〔てんずい〕、杏子〔あんず〕、綾子〔りんず〕、七頭〔づ〕、命鶴〔みやうづる〕、普通〔ふづう〕、竹杖〔たけづえ〕と言替る時は、其音悉〔ことごとく〕其字に違へり。

(巻上、8丁表・裏。【　】部分は割注)

　各語例は、「啓̇上」と「進̇上」、「奇̇瑞」と「天̇瑞」、「巻̇軸」と「八̇軸」、「弓̇杖」と「竹̇杖」のように、対をなすように配されている。ジズヂヅのそれぞれで始まる漢字をまず選び、それを二字目に配して、先行字を入れ替えることで、撥ねる音に続く熟語とそうでない熟語との組み合わせを作っている。どうしても無理が生じるためか、そろわない対が一部あるが、方針をできる限り貫徹しようとした跡がうかがえる（これらの語例の一覧表は第5章、表2、131頁に掲げる。語の選定に関しては謡曲、『太平記』との関連が指摘できる。第5章第7節7.2に詳述）。こうして具体例を用いて対照させながら、ジとヂ、ズとヅが本来の音から外れて、撥ねる音の有無に連れて誤るようなことがあってはならないことを強調する。

　なお、「平地」は、「空地」と対置されているが、撥音先行例であるべきところを誤ったものであろう（これについては第9節に述べる）。

　以上の関係を整理すると**表3**のようになる。

表3

	記事内容		記事が示唆する音声実現
ザ行「ジ」「ズ」	直前に撥音が来るとき	N＿V	「ヂ」「ヅ」になる→誤
	直前に撥音が来ないとき	V＿V	「ジ」「ズ」のまま→正
ダ行「ヂ」「ヅ」	直前に撥音が来るとき	N＿V	「ヂ」「ヅ」のまま→正
	直前に撥音が来ないとき	V＿V	「ジ」「ズ」になる→誤

（Nは撥音、Vは母音を示す）

　さて、この「撥ねる音」を前鼻要素に置き換えてみると、『和字正濫鈔』や『以敬斎口語聞書』等が説く発音法（**表1**参照）と何ら変わりなくなる。この点をさらに考えていく。

6. 撥音と前鼻要素

　上に見た『蜆縮涼鼓集』の指摘する京の「実態」（**表3**）と『和字正濫鈔』

第4章　前鼻子音から読み解く蜆縮涼鼓集　　81

『以敬斎口語聞書』等が示す発音法（表1）とを比べてみることにしよう。前節でも少し触れたように、撥音と前鼻要素との違いを問わなければ、ジズ・ヂヅと鼻音の関係性は共通している。その二つの違いを問わず、当座、それを先行鼻音と呼ぶことにしよう。すると、その共通点は表4のようにまとめられる。

表4

	先行鼻音の有無	閉止の有無
ザ行「ジ」「ズ」	無	無
ダ行「ヂ」「ヅ」	有	有

　明らかなように、先行鼻音の有無と閉止の有無とが連動する関係にある。この同じ関係性が、一方の『和字正濫鈔』等では正しい発音を導く手段とされ（表1）、他方の『蜆縮涼鼓集』では発音混乱の原因とされている（表3）。このように先行鼻音に正反対の役割を担わせており、同じ時期に、共通点を持ちながらも、趣旨を違えた言説が併存していたことになる。

　我々はこの関係を純粋に音声学的な観点から論じるのではなく、当時の話者がどのように自らの言語を内省していたか、そして、その上で、正しい発音の内容をどのようなものと考えたのかという点から見ていかなければ、問題の本質に近づけそうにない。具体的に言えば、四つ仮名の発音を反省的にとらえ、意識的に発音を正そうとするときに、人はどのような合理化を施すのか、それがどのような背後的事情の下で行われるのかといった点が問題となる。この観点に基づいた上で、表1の発音法、表3の「実態」認識の相互の関係をとらえる必要があろう。

　さて、具体的な内容検討に入る前に、前鼻要素と撥音との違いについて見ておこう。濁音が前鼻子音で実現される場合、たとえば「ふんだ（踏んだ）」と「ふだ（札）」の違いは、鼻音部分の持続時間の長さによって区別される。図1のa.とb.はその違いを模式的に示したものである（あくまで模式図であり、現実の長さの比と対応するものではない）。

図1

a. 撥音＋濁子音　　　| 鼻音部分 | 口音部分 |

b. 濁子音（前鼻子音）　　　　| 鼻音部分 | 口音部分 |

c. 濁子音（口子音）　　　　　　　　　| 口音部分 |

　この関係は、ちょうど「マッチ」と「町」との区別に置き換えて考えるとわかりやすい。「チ」の破擦音の閉止部分（[t] の閉止に該当する部分）の持続時間がより長ければ「マッチ」になるし、短ければ「町」となる。前鼻子音を持つ話者は、ちょうどこれと同じように鼻音部分の長短によって、図1 の a. と b. の二つを支障なく区別する。つまり、このとき b. の鼻音部分は前鼻要素に相当し、a. の鼻音部分は、撥音と前鼻要素に相当する。

　ここで注意すべきことは、前鼻子音を持つ話者にとっては、b. の口音部分と鼻音部分とは一体であって、言語直感としては二つの部分からなることに気づかないはずである。前鼻子音は複合的な構成を持ってはいても、あくまで単一の子音である。このことは、第3章でも詳しく述べた。前鼻子音を持たない方言との二言語併用の話者であれば、「濁音に、撥音のような音がくっついている」ととらえる余地が出てくるが、そうでなければ、そのような認識は生じない。これはちょうど、破擦音が二つの要素から成ることに話者が気づかないのと同様である。現代語でも、相応の音声学的訓練を経ない限り、「チ」や「ツ」の子音（破擦音）が二つの要素から成ることを認識するのは難しい[*5]。

　しかし、前鼻要素が消失に向かうに従って、事態は変わってくると考えられる。前鼻要素を持たない新世代の話者が登場すると、彼らは旧世代の濁音

[*5] チツの子音が二つの要素から成るという認識を一般の日本語話者はふつう持たない。ヘボン式ローマ字 chi, tsu がその手掛かりを与えてくれるようにも思われるが、これはあくまでも文字の上のことであり、音声に対する内省とは異なる。また、さらに、チツの子音（破擦音）に、シスと同じ性質を持った要素（摩擦）が入っているという認識が容易にはできないことも考え合わせられる。

を「撥ねる音のような音が濁音の先にくっついている」と認識するようになる。図1で言うと、新世代の濁音（濁子音）は、旧世代のb.に対し、c.のような形になる。このc.の感覚からは、a.もb.も同じように鼻音部分が余計に聞こえる音になる。実際に、第3章で詳しく論じた『以敬斎口語聞書』や、また(3)で触れた『音曲玉淵集』では、そのことが明確に表現に現れており、それらはc.の状態にある話者の認識を端的に反映するものである。

　このように、その消失に伴って、前鼻要素（鼻に入る特徴）は、濁音とは別の要素として取り出して把握される。いわば分析的な聴き方が自然に発生するようになるわけだが、その半面、先行の撥音の弁別は、a.とc.の間でなされるので、鼻音の持続時間ではなく、鼻音の有無そのものが目印になる。そうなると、結果として、旧世代の、撥音に続く濁音と撥音が前に来ない濁音との区別（a.とb.）には、独特の紛らわしさが感じられるようになる。現に、『以敬斎口語聞書』には、第3章（57頁）でも見たように(9)のような条があった。弟子の質問に対して、師の答えは、「但、つちの仮名ははねてつめるにてはなく侍れど」とあるように、二つが違うことを再確認するようにして応じている。弟子達には「はねる」ことと「すこしはねるやう」なつもりで唱えることの違いが理解されにくい、と案じているようである（実際、(9)の内容自体にもこの違いに関する混乱があるように見える）。

(9).　　網代車（あしろくるま）の事
　　予問、源氏物語湖月抄に網代車のあ文字をあんと少しはねるやうになへ候よしあり、是はつちの仮名をにこる時の格の様に聞へ侍れとも、網代はあちろにはあらす、あしろなれは、ちを濁る格にてはなし、若や此物語のよみくせにて侍る歟、いかヾ、いよいよはねるとなへならは網代車に限らす、網代をもあ文字はねる心にとなへ侍るへきや。師答、此よみくせしらす、<u>但、つちの仮名ははねてつめるにてはなく侍れと、不審のことくはぬれは、ちの仮名のひひきにまよひ侍る、是ははねさるかよく侍らんとそ</u>
　　　　　　　　　　　　　　　　　　（下線は本稿筆者）

　以上に述べたような話者の認識に関する史的変遷の展開が想定されるわけ

だが、『蜆縮涼鼓集』の著者はどちらの世代に属するのだろうか。次節ではその点を問題にしつつ、『蜆縮涼鼓集』の内容の分析をさらに進めていこう。

7.「鼻に入る」を取らない理由

さらに考察を進める前に、第3章から本章前節までの問題の要点を（10）にまとめておこう。

(10).〔ア〕当時、『和字正濫鈔』が示すように、**表1**の発音法（前鼻要素と閉止との両方の有無による区別）が説かれている。
〔イ〕『蜆縮涼鼓集』は、これに対して、**表2**の発音法（前に来る撥音の有無に関係なく、あくまで閉止の有無のみに依る区別）を力説する。
〔ウ〕『蜆縮涼鼓集』は、京の「実態」を**表3**のように認識している。
〔エ〕**表1**の発音法と、**表3**の『蜆縮涼鼓集』の「実態」認識とは、先行鼻音とそれに続く閉止という点で**表4**のような共通点を有する。
〔オ〕前鼻子音の消失に伴い、新世代の話者は、前鼻要素と撥音との違いは明確でなくなる。別の言い方をすれば、旧世代の前鼻要素は、新世代にとっては撥音に接近して認識されるため、前鼻子音で実現された濁音は、撥音と濁音の連続のように聞こえる。

この時期、『和字正濫鈔』のように、鼻に入るか否かの違いで言い分けるべきであると言われている（〔ア〕）。他方、『蜆縮涼鼓集』の著者は、京の「実態」を先掲**表3**のようにとらえ、ジヂ・ズヅの前に撥音が来るか来ないかによってその別が攪乱されると認識している（〔ウ〕）。ところで、『和字正濫鈔』に記されているような発音法と、『蜆縮涼鼓集』が指摘する「実態」とは、鼻音に閉止が続く点で共通する（〔エ〕）。一方では、守るべき要所であり、他方では混乱の元凶ということになるが、趣旨からすれば逆の関係に立つ二つの発音法がこの点で交わることになる。

当時の状況が前節に見た〔オ〕のようであれば、〔ア〕と〔ウ〕は、それ

ぞれが問題にしている先行鼻音が、前鼻要素と撥音で異なっていても、どうしても相性は悪く、認識上ぶつかり合うことになる。二つが距離を保って両立し合えるのは、二つの先行鼻音が紛れることなく峻別される場合に限られる。しかし、前鼻子音が消失し、一旦その鼻音要素が意識に上るようになってしまうと、いわば超越した視点に立つことは——つまり、今我々が整理して違いを把握するような見方は——まずもって困難である。結局のところ、二つを両立させたかたちが容易に理解可能になる状況というのは、のぞめない。

このような中で、あるべき発音法を示すとすれば、二つの先行鼻音の紛らわしさをものともせずそのまま持ち込むか（これは、以下に掲げる『音曲玉淵集』のやり方である）、あるいは、何らかの整理を施して、その内容をすっきりとしたものに整えるか、のいずれかにならざるを得ない。『蜆縮涼鼓集』が主張する、「鼻に入る」特徴を排した〔イ〕は後者である。

もしかりに、前者のように、『蜆縮涼鼓集』が先行する撥音によって区別が乱されることを問題視し、それを回避した上で、なおかつ、『和字正濫鈔』と同じく「鼻に入る」か否かで区別を守ろうとすると、どうなるだろうか。このとき、まず第一に、ヂヅの前に撥音が来ない語では、先行鼻音（前鼻要素に相当）を入れることでジズとの違いをつくることが求められる。その一方で、先行鼻音（撥音に相当）にジズが続く語では、その影響を断つことが要求される。この両様を守るためには、同じく先行鼻音と後続音の連続でありながら、これを場合に応じて巧みに言い分けなければならない。それに伴う困難は、先に掲げた『以敬斎口語聞書』の（9）「網代車の事」の師の答えの中にも具体的に現れている。それによれば、「つちの仮名」を濁る時には撥ねるわけではない（すなわち、「少し撥ねるように」する）が、それにしても「あんじろ」と撥ねると「あじろ」本来のジがヂの音になってしまう、というのである。二つの違いを理解することにはどうしても限界を伴う。このように直感的には撥音の感覚に頼らざるを得ない状況では、撥ね方の違い（鼻音の長さ）を明瞭に言い分け、なおかつ後続音に対して正反対のことが行えるよう注意を始終払うのは相当に難しい。

この点については、『音曲玉淵集』（1727年刊）がさらに参考になる。他

ならぬこの複雑なやり方に従っているからである。謡曲では、このような発音法が伝授されていたらしい。関連する箇所全体を (11) に掲げる（このうちの後半部分は (3) においてすでに提示）。なお、ここでは省くが、これと同類の説明は『謳曲英華抄』にも見える。

(11).　一　はね字より、うつりやうの事
　　　　（中略）
　　　〇さしすせそ　　此かな清濁とも舌をひかへてはぬへし、深くはぬれは下の歯音へ重く当ル也
　　　（例語は省略）
　　　〇ざじずぜぞ　　右清音ノ所ニ記ス如舌先ノハグキニ当らぬやうに唱ふへし
　　　　金山〔キンザン〕　変成〔ヘンジヤウ〕　神水〔ジンズイ〕　神前〔シンゼン〕　先祖〔センゾ〕　源三位〔ゲンザンミ〕　源氏〔ゲンジ〕　三寸〔サンズン〕　現世〔ゲンゼ〕　眷属〔ケンゾク〕
　　　　　げんじの唱へ、はね字の舌をひかへさせんために、傍にイ文字を付るを直にげいじとよむことイカヽ、眷属ヲくゑんぞくト書モ、けヲ拗音にてクヱと唱ふ時は、はね字ヲをのつからひかゆる故、ぞノかなへ舌当らず、又曰、築ン地、如此傍ニ、ン字ヲ付るは、いノかなヨリぢノ字にうつれば、ぢノかなニ成安き故に舌を齶へ当て、慥にぢのかなに聞ゆるやうに、はぬる心に唱ふへきとのをしへ成を、直についんぢトヨムもイカヽ、これ皆音便を不得心故歟。
（第一、開合音便巻、14丁裏・15丁表。読点を付す。例語の〔　〕は原文の振り仮名。「築ン地」の「ン」は原文では「築」の右下傍にやや小さく付す）

　撥音に続く音の唱え方の心得を記した (11) のうち、まず目につくのは、「〇ざしずぜぞ」に添えられた部分「右清音ノ所ニ記ス如（く）、舌先ノハグキニ当らぬやうに唱ふへし」である。しかし、撥音に続く音を問題にした同じこの条に、前鼻要素に該当すると見られる発音法が言及されている。その

直後に続く詳細な注意書きの中の「源氏」「築地」を例にした説明である。とくに注目されるのは、「築地（ついぢ）」を例に、鼻音（前鼻要素に相当）を入れてヂを唱える方法が記されているところで、慥(たしか)にヂの音になるように「はぬる心に」（撥ねるようなつもりで）唱えると言っている。

　撥ねることと、撥ねるようなつもりとは違うというわけであるが、現実にはそこを理解するのは難しい。そのため、「直に『ついんぢ』と読むもいかが、これ皆、音便を心得ざる故か」と付け加えている（この「築地」については後述。ここでいう「音便」はむろん今日の「音便」とは意味が異なる）。

　この注意喚起からも読み取れるように、このやり方は正しく理解するのがきわめて困難であった。実際の誤解の様子もうかがえる。これによれば、学ぶ者は、伝授の指示に従ったつもりでも、結局、文字通り「ん」を「い」に換えて「源氏」を唱えてしまうし（実際、『以敬斎口語聞書』では源氏を「げゑじ」と唱えよと言い切っている。結局はこうなってしまうのだろう。該当箇所は第3章(7)、59頁）、他方、「ついぢ」は、まともに「ん」を挿入させて唱えてしまう。よしんば頭で理解できたとしても、正しくそれを行うためにはさらにかなりの注意力と制御力が要る。

　さて、これに対して、結局のところ、『蜆縮涼鼓集』では手の込んだ方法は取らず、内容をすっきりとしたものに整える道を選んだらしい。歯音と舌音の違いのみという、わかりやすさを強調するのもそのためだろう。舌先を上顎に付けるか否かの違いだけにひたすら注意を向けて、しかも、そのやり方を詳しく説明する。おそらく、この著者も、前節で見た新世代の感覚を持ち合わせているか、あるいは、少なくともその感覚が理解できる、新世代に近いところに位置しているものと考えられる。

　先行する撥音によって生じる混乱を重大視する『蜆縮涼鼓集』にとって、ジヂ・ズヅの区別において先行撥音の影響を徹底して排除することは譲ることができなかった。以上のように見てくると、『和字正濫鈔』と異なる発音法を取るのも、結局、そのためであろう。それでは、なぜ、この著者は先行する撥音をこれほど問題にしたのだろうか。また、『和字正濫鈔』の契沖はそれを問題にしなかったのだろうか。

8. 撥音に注意を向けた理由

『蜆縮涼鼓集』が、『和字正濫鈔』と比べて、先行する撥音の有無に注目していることには、相応の理由が認められる。

この書は、専ら四つ仮名（仮名の綴りとしては「ぜう、ぜふ、でう、でふ」を含む）に的を絞ってその違いを説く書であり、凡例に続く本篇部分では該当語を豊富に集め、いちいちの仮名遣いを示している。収録語の中には和語だけでなく大量の漢語が含まれている。『和字正濫鈔』が原則として和語の仮名遣いを示すのとは対照的である。そして、多くの漢語を取り扱うとなれば、撥音を持つ語が必然的に増えることになる。

『和字正濫鈔』が掲げる四つ仮名の語は228項目ある。そのほとんどは和語で、典型的な漢語（字音語）は「鑰石　ちうじやく」「衛士　ゑじ」があるくらいで、これに漢語起源の「燈心　とうじみ」「雲珠　うず」のような例を加えてみても、10語に満たない。また、228語のうち、漢語和語を問わず、撥音の後に続く場合は「汝　なんぢ」「李衡　かんじのさね（柑子の実）」「上野　かんづけ」の3例に過ぎない。

これに比べ、『蜆縮涼鼓集』は和語と並んで漢語（字音語）を大量に載せる。総項目数（主項目のみ）1627語のうち漢語（字音語）が858語で、半数を超える（漢語サ変動詞「〜ずる、〜じて」を含む）。具体例を挙げると、「じゆくし　熟柿」「しよじやう　書状」「ふじゆう　不自由」「あくじ　悪事」「ぢごく　地獄」「ぢしん　地震」「ぢやうぶ　丈夫」「ぢうしよ　住所」「しやぢく　車軸」「さいぢよ　才女」「さいでう　西条」「じゆかいぢりつ　受戒持律」「ずいき　随喜」「ずず　数珠」「ずんじて　誦（じて）」「せんずる　煎（ずる）」「づし　厨子」等々である。また、撥音に続く四つ仮名の例は全項目のうち266語あり、この中には和語も含まれるが、これだけの数になるのはやはり漢語が多いことに因る。「せんじや　撰者」「せんじゆ　千手」「もんじやう　文章」「じんじやう　尋常」「しんじゆ　真珠」「せんぢやう　千丈」「せんぢん　戦陣」「てんぢく　天竺」「まんぢう　饅頭」「うんぢん　運賃」「さんでう　三条」「けんずい　間炊」「じゆんずる　准（ずる）」「さんづ　三途」で、和語の例としては「びんづら　鬘」「なかんづく　就中」などがある。

また、巻末には「追加　十七条」として字音の一覧を示し、それぞれの字音の所属字が一目でわかるような配慮もされている。たとえば、「〇じん」として「人仁神尋壬参忍腎尽甚衽刃訊迅」を並べ、「〇ぢやう」には「場丈杖仗定」を、「〇じゆつ」には「術述戍恤怵秫」という具合に各字音を仮名遣別に掲げる。このようなところからも、同書が字音および漢語に対し相当の配慮をしていることが見て取れる。

　『蜆縮涼鼓集』が漢語の存在を重視することは、上記のように本篇からうかがえるだけではない。そのような姿勢は、(12)のように凡例にも明らかで、著者自身が直接表明する。

(12). 一　此編〔へん〕しちすつ四音の仮名使〔づかひ〕を専〔もつはら〕とする故に倭訓〔わくん〕の外に漢字〔かんじ〕の音をも書載〔のせ〕ぬ、縦〔たとへ〕ば本清〔ほんせい〕の昌〔しやう〕證〔しよう〕抄〔せう〕妾〔せふ〕の音の連声に引れて濁る時に本濁〔ほんだく〕の上〔じやう〕乗〔じよう〕焼〔ぜう〕の音に紛れ、又本清の長〔ちやう〕重〔ちよう〕貂〔てう〕帖〔てふ〕の音の連声に引れて濁る時に本濁の丈〔ぢやう〕醸〔ぢよう〕条〔でう〕聶〔でふ〕の音に紛る類也、若〔もし〕右の四音を弁〔わきま〕へずは只一音に成へし、仍て手近〔てぢか〕く取あつかふべき文字をばあらあら書記す、猶委〔くは〕しく韻書〔ゐんじよ〕にて考がふべし【詳ニ倭韻字会ニ載セ畢ヌ】、…

　　　　　　　　　　　　　　　（巻上、3丁裏・4丁表。【　】は割注。下線を付す）

別条でも、(13)のように、漢語の存在を読者に訴える。

(13). 一　此四音の事倭語〔わご〕の仮名文字〔かなもじ〕ばかりにて沙汰するにあらず、漢〔かん〕字、本各別也、又文字に書のみにあらず口に唱〔とな〕ふる時にも亦同じからず、…

　　　　　　　　　　　　　　　　　　（巻上、5丁裏。下線を付す）

さらに凡例中の他の箇所でも、(14)(15)のように、漢語に関する説明が目立つ。

(14).　人名に使う次（じ）と治（ぢ）、十（じふ）と重（ぢう）の違いに注意しなければならない（巻上、4丁表・裏）。
(15).　「丁子」「荀子」の「子」はもと清歯音「し」であり、それの新濁（字音の連濁）である以上、同じ歯音の「じ」でなければならず、「ぢ」ではない（巻上、8丁表・裏、第5章第7節117-118頁参照）。

　このように見てくると、明らかに、想定されている語が『和字正濫鈔』と異なっている。『蜆縮涼鼓集』が、先の(8)に見たように、「啓上」と「進上」、「奇瑞」と「天瑞」のように対を例示し、撥音が前に来ない場合と来る場合とを見比べているのも、その理由がよく理解できる。漢語が対象となれば、先行撥音に対する問題に触れざるを得ない。
　ここまで見てきたことをふまえると、『蜆縮涼鼓集』と『和字正濫鈔』とは、**表5**のように、次の三つの特徴に関して対照的かつ平行的であることが明らかとなる。

表5

	主たる対象語	先行する撥音に対する注意	前鼻要素に依る区別
『和字正濫鈔』	和語中心	無	有
『蜆縮涼鼓集』	漢語と和語	有	無

　『和字正濫鈔』が取り上げる対象語は基本的に和語であるのに対して、『蜆縮涼鼓集』は和語に加え多くの漢語を対象とし、実際、漢語に対する注意も明言していた。第二に、先行する撥音に対する注意を喚起するかどうかに関しても両書は異なっている。第三に、前鼻要素に依る区別を求めるか否かに関しても異なる立場を取る。そして、重要なのはこれら三点に関する相違が連関することである。
　以上の分析および考察から、それぞれの発音法はそれぞれの文献の内容と

密接に関わることが明らかとなった。要するに、発音法の違いは、観察の個人差から偶然生じた結果でもなく、おそらく対象とする方言による違いでもない。それぞれの書が持つバイアスが深く関わっている。この結果をふまえると、これらの発音法を不用意にそのまま音価推定の資料として使用することには慎重でなければならなくなる。

　ところで、『蜆縮涼鼓集』が漢語を対象とする中で、撥音の存在を気にせざるを得なくなった背景には、謡曲との関わりも無視することができない。当時、謡曲において、撥音に続くザ行音の唱え方が問題にされているからである。この著者の言語観察力や着眼が優れていたという理由だけではないことに注意が必要である。これについては第5章、第6章で詳しく論じる（高山 2002）。

9.「平地（へいぢ）」誤入の背景としての鼻音

　ところで、『蜆縮涼鼓集』には、撥音と前鼻要素との紛らわしい関係という観点から無視できないのではないかと疑われる箇所がある。第5節(8)のところで見た語例中の誤りである。

　撥音に続くヂが期待される語群の中に、「巻軸〔くはんぢく〕、平地〔へいぢ〕、先陣〔せんぢん〕、還著〔げんぢゃく〕」（〔　〕は原文の振り仮名、）のように、一語、その説明に合致しない「平地」が含まれている。『蜆縮涼鼓集』の説明に従えば、これらは撥音に続くため自然に「ヂ」の音になり、仮名のとおり正しく発音されるとするものである。なぜか、ここに該当しない「平地」が紛れ込んでいる。これは全くの機械的な誤りなのであろうか。

　このくだりは、「巻軸」と「八軸」、「先陣」と「帰陣（かいぢん）」、「還著」と「執著（しふぢゃく）」というように、撥音に続く語とそうでない語とが組になるように選ばれており、「平地」も「空地（くうぢ）」とペアになっている。きれいなペアを作るという制約を自らに課しているにしても、たとえば、「本地（ほんぢ）」のような語はすぐに見つかるはずで、さらに言えば、それの相方が「平地」であってもよい。このように考えると、「ん」が来ない語を機械的に誤って入れてしまうミスは起こしにくいと思われる。

　音韻史的な観点から、この誤入を誘引する当時特有の事情があるとすれば、

やはり前鼻子音と撥音との紛らわしい関係であろう。

　この「平地」は謡曲の詞章中に多くの用例を持つ。たとえば、「百千眷属引き連れ引き連れ、平地に波瀾を立て、仏の会坐に出来して、御法を聴聞する」（春日龍神）、「汐をも浪をも、吹き立てて、平地に波瀾を、立て寄せ立て寄せ」（鵜羽）、「平地に波浪を起し」（大社）、「平地に波瀾を起こし」（九世戸）のような文脈で登場する*6。この書の他の箇所から明らかなように、『蜆縮涼鼓集』の著者は謡曲の素養を有している（謡曲との関わりは亀井 1950a. 参照。および、詳しくは第 5 章で論じる）。実際、この著者が説明のために掲げた語例には、そのすべてではないにしても、謡曲に現れる語句が相当程度入っている。「平地」もそのうちの一つである（例語と謡曲との関連も同じく第 5 章参照）。

　ところで、謡曲においては、(9) に掲げた『音曲玉淵集』に見たように、ヂヅの唱え方に独特の伝承が行われていた。「築ン地　如此傍ニ、ン字ヲ付る」とある箇所がそれである。この箇所からは、謡曲では、明確な撥音でない鼻音を直前に入れることで、ヂを正しく唱えることが求められていたことが知られる。『音曲玉淵集』は 18 世紀初の刊行であり、今問題にしている元禄期の『蜆縮涼鼓集』とは、約 30 年の隔たりがあり、かつ、流派や地域の違いがあるとすれば、この著者が身に付けた謡曲の謡い方と安易には同一視できない。しかし、同じような謡い方が伝授されていた可能性も否定はできない。

　元禄期（17 世紀末）の謡の唱え方の伝授を知る手掛かりとしては、元禄 10 年刊（同 14 年再刊本）『当流謡百番仮名遣開合』がある。しかし、ヂヅの発音は「つめる」とするのみで、鼻に入るとの指示はなく、問題の点については確証が得られない。また、その挙例には「平地」がない。他方で、この書は、「源氏」など、撥音に続く「じ」を「『い』といふ心に」唱えるよう

＊6　「春日龍神」「鵜羽」は『謡曲百番（新日本古典文学大系 57）』（岩波書店、底本は寛永七年黒沢源太郎刊観世黒雪正本）による。「大社」「九世戸」は『謡曲大観』（明治書院）による。『謡曲百番』に関しては各曲のテキストを調査した結果に基づくが、他の謡曲テキストに関しては目に付いた範囲での挙例に留めた。

指示しており、これに関しては『音曲玉淵集』の「げんじの唱へ、はね字の舌をひかへさせんために、傍にイ文字を付る」と対応する（両者で細部の相違がある。詳しくは第5章、第6章）。このように、『音曲玉淵集』の唱え方と重なる点があるのも確かで、それなりにつながりを見出すことはできる。

　もし、鼻に入るヂの唱え方が『蜆縮涼鼓集』の著者が接した謡曲の場においても伝授されていたとすると、軽く鼻音を入れて「築地」や「平地」が謡の中で唱えられていたことになる。そのとき、「へいんぢ」と「直に（撥ねる音を入れて）」唱えてはならないのであるが、しばしばそのような唱え方にどうしても傾きがちになった。第7節での結論に依れば、『蜆縮涼鼓集』の著者もその峻別に困難を感じたと考えられる。

　『蜆縮涼鼓集』の「平地」は、「へいぢ」の「ぢ」の、謡曲における、鼻音を付した唱え方が著者の頭をかすめ、それに誘引されるかたちで、撥音が付く語群の内に誤って加えてしまった結果なのではないか。「築地」同様、ヂに先行するのが前舌母音のイであることも、この場合、大きく影響したかもしれない[*7]。板行に至る過程の問題もあり、これを確実に立証するのは問題の性質上困難であるが、しかし、謡曲の常套表現中の語という点を考慮すると、こうした推測も決して無理なものとはいえない。また、この問題に関しては、さらに謡曲関連の文献が何らかの手掛かりを与えてくれることも予想される。今後、そうした材料を見出すことが課題として残っている。

10.「濁るといふも其の気息の始を鼻へ洩すばかりにて」

　前節までの考察と併せて、『蜆縮涼鼓集』の次の箇所についても取り上げる必要がある。これは、第5節に(4)として掲げた呼法の中の一節である。

(16).　拠、濁るといふも其気息〔きそく／いき〕の始を鼻へ洩〔もら〕すばかりにて歯と舌とに替る事はなき也
　　　（巻上、9丁表。「歯と舌と」は「歯音と舌音と」の意。ここでは閉止の有無の違い、すなわち、摩擦か破裂（破擦）かの違いを指す）

　[*7]　長音の[e:]とは違って、[ei]と発音される場合を想定している。

この箇所に対しては従来、以下の二通りの解釈がなされている。

(A) 当時の濁音の前鼻要素を示すものとする解釈（橋本進吉 1932）
　<u>この書の著者は、発音法については、かなり正しい観察をしてゐるのであるから</u>、濁音は気息の始を鼻へ洩すといってゐるのは、<u>実際の言語に於て</u>、濁音が語中又は語尾にある時、その前の母音が鼻音化して気息を鼻へ漏すから来たのではあるまいかと思はれる。　　　（橋本 [1932] 1950:9 頁、下線を付す）

(B) 必ずしも前鼻要素とは言えないとする解釈（亀井孝 1950a）
　蜆縮涼鼓集の著者が「濁るといふも」云々の語において説く所は、清音に対する濁音の発音法一般なのである。つまり、反省的なたちばで、濁音の発音の練習をこころみるばあひ、まづ、鼻腔の共鳴からすべりこんでみると、濁音といふものが、つかみやすい点に、鴨東氏（著者の筆名）は着目したものであらう。　　　　　　　　　（亀井 [1950a] 1984:311 頁、注 (10)）

　結論から言うと、本論は、第三の解釈を取る必要があると考える。
　『和字正濫鈔』が前鼻要素を「鼻に入る」と記している事実と付き合わせると、この時期の読み手は「気息の始を鼻へ洩す」という表現から、濁音の前鼻要素に相当する特徴を想起すると考えるのが素直であろう。そうだとすれば、結論だけからすると、(A) と同じではあるが、その内容は相当違っている。(A) では、「この書の著者は、発音法についてはかなり正しい観察をしてゐる」（下線部）ことを根拠に、これを「実際の言語に於」ける特徴としているが、本稿の考察をふまえると、これには無理があり、著者が当時の実態をとらえたものと見るところに大きな難点がある。
　第 3 章および前節までに論じたとおり、「都方の人の常にいふは。ちの濁りはじとなり。つはずとなる」とする『和字正濫鈔』の記事からすると、前鼻要素はすでにだれもが自然に行える音ではなかった。それを考えれば、「濁るといふも其の気息の始を鼻へ洩すばかりにて」は当時の発音を示唆すると無条件で見なすことはできない。身の回りの言語の観察結果としてではなく、規範との関わりで考えるべきだろう[*8]。周囲で話題とされる、ある

いは謡曲で教えられるような「鼻に入る」特徴を単に指していると考えればよい。

　さて、今問題の「気息の始を鼻へ洩す」と同じ条には、同じ「鼻へもらす」という表現が、その直後で(17)のように、撥音を表すのにも使われている（これは、第5節に掲げた(5)の部分。(4)からの続きになる）。

(17)．次にはぬる音には必、舌の本を喉〔のど〕の奥〔おく〕、上顎の根に付〔つけ〕、息〔いき〕をつめ声を鼻へ泄〔もら〕す也

(巻上、9丁裏。下線を付す)

　この後で、第5節で見たように、〈世の多くの人は舌先を上顎に付けて撥ねる音を発してしまうので、歯音と舌音とを正しく言い分けることができなくなる〉と指摘する。そして、「鼻へもらす」撥音に左右されることなく、上顎に舌先を付けるか付けないかにのみ注意して、歯音と舌音との別をしっかり守れ、と言っている。(16)に引いたくだりでも、濁音は「気息の始」では「鼻へもらす」ことがあっても、それによって歯音と舌音が替わることはない、と言っているので、結局、この二つは、どちらも同じような趣旨である。二つの「鼻へもらす」は、それが記されている位置が隣接しているだけでなく、内容も並行的である。

　このように見ると、二つの先行鼻音が同じようにとらえられていることになる。これも、撥音と前鼻子音の近接した関係という、ここまでの考察結果と合致する。その意味では、「気息の始を鼻へ洩す」が「実際の言語における濁音の前の鼻音化」（橋本 1932. 傍点を付す）か否かという点よりも、いっそう興味深い。

　「気息の始を鼻へもらすばかりにて」が前鼻要素を指すとすれば、『和字正濫鈔』が唱えるようにヂヅだけがその対象になるので、そもそも歯舌の別を

　＊8　橋本進吉 (1932) は、先述の『以敬斎口語聞書』の前鼻要素の言及に対しても、それを実態の反映と見るなど、この点に関する文献解釈に大きな難点がある（第3章第4節、53頁参照）。

説く必要はない。その点でこの説明は本来不要のはずである。しかし、撥音の連想が常に強く働く状況があるとすれば、その時代的認識の中において読む必要があろう。二つの鼻音の峻別が困難であれば、このような説明も読者にとって意味がないとは言えない。その状況は、繰り返すことは省くが、第6節に述べた『以敬斎口語聞書』の「網代車の事」の条や、第7節で詳しく見た『音曲玉淵集』の注意喚起に具体的に現れていた。

　このように、二つが紛らわしい状況下にあっては、四つ仮名の区別は、歯音と舌音との違い、すなわち、上顎に舌先を付けるか否かだけに心を付けよと強調する必要があり、「濁るといふも其気息〔きそく／いき〕の始を鼻へ洩〔もら〕すばかりにて」のところでもそれを述べることに意義があるわけである。つまり、「鼻に入る」特徴で区別するな、と言っているのと事実上同義である。

　以上のように考えることによって、一見、矛盾するかに見える点も理解することができる。なお、著者が、この前鼻要素に相当する特徴を発音してはならないと言わないのは、これが、古い世代からの伝統的な発音であり、その存在までも否定した発音法は最初から考えられなかったからであろう。

11. まとめ

　この章では、これまで指摘のなかった、「四つ仮名」の資料として知られてきた『蜆縮涼鼓集』の別の側面を明らかにした。すなわち、ジヂ・ズヅの発音の別を説くのに、同年刊の『和字正濫鈔』が、鼻に入る、すなわち前鼻要素の有無の違いにも触れるのに対して、この著者がなぜそれに依らないのかについて考察した。

　この書は、『和字正濫鈔』が和語を中心とした仮名遣いを取り上げるのに対して、和語漢語の別を問わず、四つ仮名に関する語を総体的に扱っている。まず、このことが発音法に反映している。「ふつうに唱えると撥ねる音が前に続くか否かによって、ジズかヂヅかが決まってしまうため、その影響を避け、ひたすら、舌先が上顎に付くか否かのみを意識せよ」と力説し、先行する撥音に対する注意を促している。漢語の場合には「天上」と「最上」の違いに見るように、発音法としてその点を避けて通ることができなかった。こ

れは『和字正濫鈔』が触れない点である。

　他方、当時、前鼻要素は撥音と認識上紛らわしい関係にあった。先行する撥音に気をつけるよう説く『蜆縮涼鼓集』は、そのため、前鼻要素の有無をジヂ・ズヅの区別に持ち込むことを避けたものと考えられる。第3章第7節では、17世紀末には、前鼻要素の消失に伴い、撥音との峻別が困難だったのではないかと述べた。本章で見た『蜆縮涼鼓集』の特徴も、この推定と符合する。この著者も、両音の紛らわしさを感じる世代に属すると考えられる。

　細部の問題としては、「平地」が誤って掲げられた背景、解釈の分かれていた「濁るといふも其の気息の始を鼻へ洩すばかりにて」が何を指すかについても論じた。

　以上の考察結果をふまえると、『蜆縮涼鼓集』は、ジヂ・ズヅの合流に関する資料としてだけでなく、間接的ながらも前鼻子音の消失化の状況をうかがわせてくれる資料として評価することができる。話者の認識を通して変化の局面が垣間見えるという意味では、たいへん興味深い文献である。また、考察の過程では、撥音と前鼻子音の認識上の問題が『以敬斎口語聞書』『音曲玉淵集』の具体的な箇所にも見出された。このような紛らわしさがこれだけ問題になるというのは、この時期特有のものであろう。本章では、そのような具体相を示すことで、前鼻子音の変化の動的側面をわずかながらも明らかにできたと考える。

　本章では、『蜆縮涼鼓集』の著者の優れた言語洞察力に依拠する議論をできるだけ避け、同時代的な背景との関わりからその言語感覚を明らかにすることを重視した。同書に対するこのような接近は意外にもこれまで試みられてこなかった。本稿筆者は、もちろん、人物論的観点を全面的に否定はしないが、それに過度に依拠することには大きな問題があると考える。また、『蜆縮涼鼓集』のバイアスが明らかになった今、これを、ジヂ・ズヅの変化前、変化後の音価を知る史料として使うにあたっては、一定の配慮が必要となる。著者をめぐる同時代の問題については、さらに次の章においても考えていく。

　なお、最初にも断ったように、前鼻子音の消失とジヂ・ズヅの合流とが歴史的にどのように関わったのかという問題は第7章に譲る。

第5章

蜆縮涼鼓集の背景
――謡曲の発音との関わり――

1. はじめに

　この章でも、前章に引き続き、『しちすつ仮名文字使蜆縮涼鼓集』（元禄8（1695）年刊、著者は鴨東萩父と名乗る不詳の人物）の問題を取り上げる。ここでは、この著者のジヂ・ズヅの区別に対する認識と彼の周囲の状況との関係を明らかにする。本考察は、この時代の音韻史的状況を明らかにするための作業の一環として位置付けられる。

　『蜆縮涼鼓集』は、17世紀末の京都においてすでに区別されなくなっていたジとヂ、ズとヅを正しく発音し分け、書き分けるべきことを説く。前章の冒頭でも見たように、その主張を具体的に記した序と凡例には、この著者の音韻、文字に対する優れた認識が示されていると従来見なされてきた。実際、その発音法の説明は、今日の調音音声学の立場から見ても精緻で、抽象的な観念操作に陥ることなくわかりやすい。そのため、著者は鋭敏な言語観察力を持つ人物として高く評価されてきている。しかし、前章に述べたとおり、たとえ著者が鋭い感性を持っていたとしても、言語現象を客観的に観察した結果がこの書に反映されていると見なすのは適切ではない。この著者が、どのような背景の下に、どのような指向を持って対象を見ているのかという課題に答えることが重要である。本章においても、従来の、どちらかといえば人物論的視点に寄りかかった解釈を避け、この著者の言説の背後にある同時代的な言語感覚を読み解くことを中心に考える。この考察は、この時期の音韻史的位置を明らかにするために必要な作業である。

2. 京の「実態」に関する疑問

前章において見たように、著者鴨東薮父は**表1**のように当時の京の「実態」をとらえている。それによると、撥音に続くときにはジズがヂヅとなり、撥音が来ないときにはヂヅがジズとなって誤ってしまうという。

表1（第4章、表3の再掲）

ザ行「ジ」「ズ」	直前に撥音が来るとき　　N＿V	「ヂ」「ヅ」になる→誤
	直前に撥音が来ないとき　V＿V	「ジ」「ズ」のまま→正
ダ行「ヂ」「ヅ」	直前に撥音が来るとき　　N＿V	「ヂ」「ヅ」のまま→正
	直前に撥音が来ないとき　V＿V	「ジ」「ズ」になる→誤

（Nは撥音、Vは母音を示す）

表1に示したように、母音間ではジズ、すなわち摩擦音に、撥音の直後ではヂヅ、すなわち破擦音となると解釈されるので、環境に応じた音声実現がきわめて分析的にとらえられているように見える。亀井孝（1950a）が述べるように、ここから、合流後の音素がいかなる異音を持っていたかをうかがい得るようにも思われる[*1]。その意味では著者の「観察眼」に目を奪われる部分でもある。同書の資料的価値が高く認められてきたのもこの部分に依るところが大きい。

しかし、この「相補分布」は、本当に当時の実際から直接に導き出された結果なのだろうか。京の人々が日常しゃべる生の言語を聞き取ることによって、このような結論に至ったのだろうか。混沌として聞こえるはずの現実から導き出すことができたとするならば、これは出来過ぎているように思われ

[*1] 亀井（1950a）の関連部分を掲げる：「以上によって、われわれは、四つがな混同の結果が当時いかなる音価の音韻に帰したかを窺知し得るであろう。京都の大勢は、けだし帯擦音の方の閉鎖を脱落せしめてこれを摩擦音の「ジ」「ズ」に合せ、その結果 [ʒi] [zu] の二種としたのである。しかるに、撥音につづく場合に限り、却って、「ジ」「ズ」をも [dʒi] [dzu] と発音したのである」（亀井 [1950a] 1984:304頁）。高山知明（1993）もこれを前提として、論じている。この点は見直しが必要である。

る。今日において音声学の訓練をかなりの程度受けた者でも、破擦音と摩擦音との違いをこれだけ聞き分けることは難しい。

　もちろん、前章冒頭でも見たように、著者は「音韻」に対して並々ならぬ関心を抱いた人物であり、その文章から合理的な精神の持ち主であることも確かである。たとえそうだとしても、何らの予見もなく日常言語音を虚心坦懐に観察し、そこからこのような結果を導くことは、相当に困難であろう。しかも、同書の内容を見る限り、この著者はジヂ・ズヅの区別を持っていないようである。つまり、それを持つ話者と同等の識別力は有していないと考えられる。だとすれば、このように正確に聞き分けられることに説明がとくに必要である（次節に引く亀井1950aにそれに対する言及があるにはある）。これまでは、鋭敏な耳を持つ者とする評価によってこの点は済まされてきた。しかし、果たして個人の耳の良さにこれを帰することは適切だろうか。本来、そこから問わなければならない。彼が聞き取るその聞き方に当時の一般的な状況が関わっていないかをまず調べる必要がある。

　一般論として言えば、発音に関する記事が過去の文献中に記されているとしても、当時のことばを客観的に観察して得られた所産と直ちに見なすことはできない。『蜆縮涼鼓集』の上記の箇所もその例外ではない。そこで、著者をめぐる周囲の状況を探る必要が出てくる。

3. 『蜆縮涼鼓集』と謡曲の発音

　『蜆縮涼鼓集』の周囲から、著者鴨東萩父と同時代の、発音に関する認識を探ろうとすれば、謡曲における発音指南に目を向ける必要があろう。鴨東萩父は『蜆縮涼鼓集』の内容からも明らかなように、謡曲の素養を有している。したがって、著者の認識との関連性という観点からも、謡曲関係の文献をあらためて調べてみる価値がある。

　謡曲においては、どのように発音して演ずるべきかに細かな指示がなされている（次節）。指示が必要とされたということは、当然、日常言語の発音と隔たりがあることを意味する。他方から見れば、その当時の、発音に対する認識をそこから知ることも期待できる。

　著者と謡曲との関わりについては、早くに亀井（1950a）が一定の結論を下

している（とくに以下引用の下線部）。そのためか、これ以後、さらに踏み込んだ考察はなされていない。やや長いが、本章の論述にとって無視できない点を含むため、関連箇所の全体を引用しておく。

〈ジヂ・ズヅの区別を持つ九州のみならず〉京都においても、全くその発音が知られてゐないことはなかった。四つがなを伝統的に保守してゐた言語が、当時、方言の相違とは別個に、特殊な伝承として存在してゐたのである。すなはち、「当流謡百番仮名遣開合」（元禄十年刊）によれば、謡曲の謡ひ方においては、当時、四つがなの別を、厳密に、謡ひ分くべきものとなってゐたことが、分るのである。しかし、同時にこの謡ひの指南書が、四つがなの別を注意してゐるといふことは、その発音の別が、一般の口語においては、すたれてゐたことをも、語るものにほかならない。ここにおいて、新に問題となることは、鴨東萩父が四つがなを生得的に身につけた人でなくとも、相当に深く謡曲を嗜んだ人であるとすれば、これによって、容易に四つがなの別を知り得てゐたことになる。そして、発音矯正を目ざすとすれば、上流社会に弄ばれてゐる謡曲のことばに権威を仰ぐことは、一つの方便であり得さうに思はれる。

しかし、鴨東萩父は、たとへさういふものを行論上の用例として援引はしても、実践上の権威に据ゑるやうなことはしなかった。彼が謡曲に関する知識を有してゐたことは、蜆縮涼鼓集のうちから窺はれる。すなはち、その一は、アクセントの区別を説明するに、ゴマ点を応用してゐることである。次には、「高砂」の詞章から例をとって、発音の不正を指摘してゐることである。〈「高砂」の例示とその説明部分を中略〉このやうに、鴨東氏に謡曲のたしなみがあったらうことは窺へるけれども、その素養と、四つがな論とが、いかなる連関を有っていたかは、この蜆縮涼鼓集の記述だけからでは、いまだ知ることは、できない。

結局、本書の中心たる語彙の部についてみても、謡曲を材料に例を挙げた跡は、認めがたい。

（亀井[1950a] 1984：297-298頁。〈　〉部分と下線とを補う）

ここに述べられているとおり、鴨東萩父は、謡曲において四つ仮名を言い分けることに発音上の権威を求めたり、その謡曲での区別を自らの主張の根拠に利用しようとはしない。また、発音法を説く際にも謡曲のそれを援用したりしない。
　しかも、彼が発音、文字の使い分けの混乱を指摘するのは、「高砂」を謡うときの不正だけでない。「このころ板行〔はんかう〕せし草紙物語等」や「家々の暖簾〔のんれん〕、鑑板〔かんばん〕」における仮名の違い、人名に使う「次〔じ〕」と「治〔ぢ〕」の通用、「十〔じふ〕」と「重〔ぢう〕」の通用等々、その射程は広く身の回りの言語に及んでいる。また、九州では文字を知らない「児女子」でさえ日常、自然に区別できるのに、都の人々にはそれができないと口惜しがってもいる。特殊な場における実践に限定されず、日常万般の言語が取り上げられている。
　これを見ると、いかにも日常言語の観察が動機になっているように思われるが、謡曲との関わりがごく限られた点にとどまるのかは、もう少し注意深く見てみる必要がある。亀井 (1950a) は「鴨東氏に謡曲のたしなみがあったらうことは窺へるけれども、その素養と、四つがな論とが、いかなる連関を有っていたかは、この蜆縮涼鼓集の記述だけからでは、いまだ知ることは、できない」とするが、その関連性についてはさらに考えてみるべき材料と問題が存在する。

4. 『当流謡百番仮名遣開合』（『謡開合仮名遣』）

　当時の謡曲における発音の指南を知るためには、上記に見た亀井 (1950a) も触れる『当流謡百番仮名遣開合〔とうりゅうようたいひゃくばんかなづかいかいごう〕』〔元禄10（1697）年刊、再摺本『謡開合仮名遣』元禄14（1701）年刊〕を見る必要がある（以下、『謡百番仮名遣開合』と略す）。
　この書は、おもに、橋本進吉 (1928) がこれを音韻資料として用い、また、岩淵悦太郎 (1932) による書誌、内容の紹介を通して知られている（その他、翻刻・索引に石川国語方言学会編1952, 1953 が、また解説に築島裕 1986 がある）。謡曲における注意すべき発音を記したもので、「オ段長音の開合」「四つ仮名」をはじめ、連声、舌内入声、「いう」「きう」「しう」といった母

図版1 『謡開合仮名遣』「野宮」および「百万」の冒頭部（78丁表）
（『当流謡百番仮名遣開合』元禄14年再摺版、東京大学文学部国語研究室蔵）

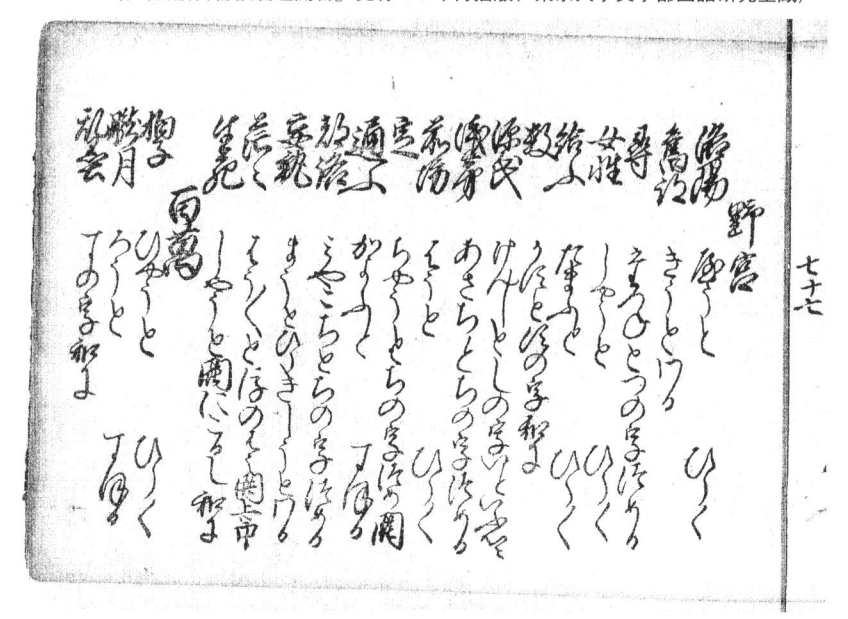

音の「割る」唱えなどを取り上げる。謡曲百曲ごとに、その詞章の中から問題となる語句をまず行頭に掲げ、その下に注意点を続け、これを一条となして、順次列挙していく（**図版1参照**）。

最初の曲「高砂」を例にその冒頭部分を示すと、(1) のようになっている[*2]。

今、四つ仮名に注目すると、(1) の中には、まず二条目に「都を見ず」（以下、引用時には濁点等を適宜付す）の「ず」、四条目に「存じ」の「じ」、

[*2] 以下の議論には関わらないが、最初の曲、高砂の「抑是は九州」「都を見ず」「上り候」あるいは「都路」は、これ以降と若干、表示の仕方が異なる。冒頭ゆえの特徴のようである。

(1).　　　　　高砂
　　　抑是は　　九州　　　きうとわり しうとわる
　　　都を　　　見す　　　すの字 和ニあつかふ
　　　上り　　　候　　　　さふらうと ひらく
　　　存　　　　そんし　　しの字 いといふ心に和ニ
　　　都　　　　路　　　　ちとつめる
　　　今日　　　けふと　　すほる
　　　音信　　　おとつ　　つの字つめる
　　　事問　　　とふと　　すほる
　　　　　　　　　　　　　　　　　（5丁表）

　五条目に「都路（みやこぢ）」の「ぢ」、七条目に「音信（おとづれ）」の「づ」があり、それぞれにごく簡単な注記を付す。注記の内容は、(1)だけでなくこの書の全体を見ると、概略、ジズは「和に（あつかふ）」、ヂヅは「詰める」としている（これについては、岩淵1932などの紹介を通して知られている）。

　従来必ずしも注目されていないのは、「和に」とする指示が、ジズだけでなくザゼゾをも含み、ザ行音全体が対象になっていることである。これには注意を払う必要がある（また、巻頭に掲げられた五十音図にも、ザ行全体を「和に」とする指示が付されていることも見逃せない。この五十音図については本章7.1節で具体的に見る。また、ザ行に関わる問題は第6章で論じる）。

　なお、「和に」は「やわらかに」と読ませるようである。(1)の例のように「和に」と漢字で記すのがふつうであるが、大量の注記の中に、(2)のように仮名で記した条が一例あり、「和に」の読みはこれに従ってよさそうである（文献全体に、漢字と仮名とで表記にばらつきがあり、(2)についても、ここだけ仮名で記した理由は特にないと判断される。なお、この「やはらかに」に続く「ひらく」は、「じゃう（常）」が開音であることの指示である）。

(2).　無常　しやうと　やはらかにひらく　（三井寺　40丁表）

第5章　蜆縮涼鼓集の背景［謡曲の発音との関わり］

さて、議論の本題に入ることにする。これらの条の中に、注目すべき例が少なからず見える。次の (3) から (7) のような指示を付した条である。この種の注記に関しては、これまで問題にされていない。

(3)．存　そんし　しの字いといふ心に和ニ（高砂　5丁表、(1) の再掲）
(4)．源氏　けんとはねる下のし　いといふ心ニ（景清　23丁表）
(5)．御覧し　らんとはねる下ニ心つくへし（俊寛　29丁表）
(6)．天上　てんしやうと　はねる下ノし　和に（姨棄　39丁表）
(7)．観世　くわんと　はねる下ノにこるせは　ゑと云（三井寺　39丁裏）

　とりわけ注目すべきは、「はねる下の」（原文縦書き）、すなわち撥音に続く場合に特別の注記が見られることである。それらの注記の仕方は、表現の細かな差異を別として概ね次の三通りに分けることができる。
　一つは、(5)(6) の「はねる下ノし」などのように撥音に続くことを取り立てて言うものであり、二つ目は、(3) のように、「『い』といふ心に」と指示するものである。三つ目は、これら２点がともに記されている注記で、(4) がそれに当たる。この三つの差異に加えて、「和に」を明言したりしなかったりという違いが付随する。
　しかし、こうした表現上の違いがそのまま指示内容の相違を反映するとは考えられない。**図版１**を見てもわかるように、各条は、限られた紙幅に、しかも必ず一行に収められ、その注記も覚書き程度に簡略化されている。その制約のため、表現にばらつきが生じるのはやむを得ない。また、同一語句が別の曲で挙がる場合にも、表現に細かな相違がある[*3]。たとえば、「源氏」を例に見てみると以下のようになっていて、表現の統一化が施されていない。その中には、(8) のように、今述べたような特別の注記がなく、単に「しを和に」とするものもある。

---

*3　同一語句でも曲が異なれば重複して掲出される。例えば、「紅葉（もみち）」は 15 箇所にある。これは、編集が未整理ということではなく、読者は、自分の取り組む曲の箇所だけを見るだろうから、そうした使い方を想定すれば当然の処置である。

(8).　源氏　けんしと　しを和に　　　　　　　　　（源氏供養　36丁表）
(9).　源氏　けんとはねる下のし　いといふ心ニ　（浮舟　43丁裏）
(10).　源氏　けんし　はねる下のし和に　　　　　（八嶋　47丁裏）
(11).　源氏　けんしと　しを和に　いと云心ニ　　（清経　51丁裏）
(12).　源氏　けんと　はねる下のしハ　いといふ心ニ　（実盛　56丁裏）
(13).　源氏　けんしと　はねる下ノしいといふ　　（玉葛　57丁表）
(14).　源氏　けんしと　はねる下　しをいと云心　（夕顔　63丁裏）

　要するに、表現にやや差があってもその趣旨が異なるわけではない。上の「源氏」について言えば、(8)も含めて、いずれも完全形「はねる下のじは、いといふ心に和にあつかふ」のバリエーションと見てよい（現実には、この長さでは収まり切らず完全形が出ることはない。あくまで帰納的に導き出される形式である）。なお、(8)のような極度に簡略化された形式であっても、「けんしと　しを和に」と問題の箇所を仮名書きするため、撥音後であることが明示化されている。そのため、一見して特に「撥ねる下の」と断りがない場合も、このバリエーションの一つと見なしうる。
　さて、「和に（あつかふ）」とする注記の全体の数を見ておくことにしよう*4。都合により、【ジ】【ズ】【ゼ】【ザ】【ゾ】の順に掲げる。

【ジ】ジの唱え方に対する注は抜きん出て多く、全部で421例（「ぜう」6例を含む）ある。そのうち、直前に撥音が来る場合が90例（「ぜう」3例を含む。3例とも「遍昭」）ある。その90例中の42例、すなわち、ジの注全体（すなわち421例）の約1割が、「和に（あつかふ）」というだけでなく、上に述べた特別の注記を持つ（ただし、撥音後でない

---

*4　例の計上は次の手順に従う。たとえば「数珠　しゆす　しの字もすの字も和（船弁慶、14オ）」のように、一語句（すなわち同一条）中で複数の箇所に注を付す場合は異なる例（すなわち2例）として処理する。つまり、例数は条数と等しくない。
　また、異なり語数には依らない。同一語でも複数回出てくればそれぞれを数える。たとえば、「数珠」は船弁慶も含め計3回掲出されている。いずれもジとズに注を付すので、「数珠」だけについて言うと、例数はジに3例、ズに3例となる。

ジに「『い』といふ心に」と注したものが別に1例ある。「高砂」中の「同じ」の1例）。

　しかし、上にも説明したように、こうした特別の注記を持たない例（すなわち、撥音後のジ全90例のうち残る48例）も、(8)「源氏　けんしと　しを和に」のように撥音に続くことがわかるようになっているため、結果としては特別の注記があるものとの実質的な差はない。

【ズ】91例ある。撥音後に関する注記がなく、すべて「和に（あつかふ）」のみを記す。91例のうち、撥音に続くのは「薫ず」1例で「くんすとすの字和に」と注する。

【ゼ】18例あり、そのうちの5例が撥音後のゼである（「観世」3例、「御覧ぜよ」1例、「万歳（ばんぜい）」1例の計5例）。そのうち、「観世」の1例に、上掲の(7)に示した「くわんと　はねる下ノにこるせは　ゑと云」との注を付す。

【ザ】6例（うち撥音後は「二万歳」の1例）ある。撥音に続くことを示す特別の注記例はない。

【ゾ】に対する注記は15例（うち10例は「ざう」、撥音後は0例）。撥音に続くことを示す特別の注記例はない。

　ところで、ヂヅも含めて四つ仮名に関する条（開合等、他の事項の条を除く）のうち、その混乱例は、「直道　しきたう」（19丁裏　盛久、46丁裏　梅枝）2例（←ヂキ）、「藜蘆れいせう」（45ウ　小原行幸）1例（←ヂョウ〔デウ〕）、「十条　しうせう」（53丁裏　葵上）1例（←ヂョウ〔デウ〕）、「濃州　しやうしう」（50丁表、養老、開合も混乱）1例（←ヂョウ）、「五十　いそし」（41丁裏　女郎花、76丁裏　邯鄲）2例（←イソヂ）、「六十年　むそし」（50丁表　養老）1例（←ムソヂ）があり、いずれもヂをジとするものである。なお、「条」はこの他に6例あるが、いずれも「てう」とし、「つめる」旨の注記を付すので、上の例だけが異例である（「先々（まづまづ）」「四条五条」〈7丁裏、8丁表　湯谷〉の条は問題を含む。これについては第6章）。なお、上記のザ行に関する例数の中にはこれらの混乱例も含めてある。

ここで注目されるのは、先行する撥音にとくに注意を向けた指示がジの唱え方に片寄っていることである。もう少し具体的に言うと、「和に」とする指示はザ行全体に及ぶが、特別の注記は、ぜに (7) の1例がある以外は、ジの場合だけにしかない。撥音に続くザ、ズ、ゾにはこうした特別の注記が見られない。これは、「はねる下のＸは、Ｖといふ心に和にあつかふ」というように、母音になぞらえるのに適したものが、ジ（もしくはゼ）に限られたためであると推察される（詳しくは本章第6節で論じる）。
　さらに、『蜆縮涼鼓集』との関わりに注目すると、次の点を見逃すことができない。第4章で見たように『蜆縮涼鼓集』がジの発音法を詳しく説明するときに用いる語が「天上」である。この語は、(6) をはじめとして、『謡百番仮名遣開合』にも「羽衣」「江口」「姨棄」の各曲に1例ずつの計3例が掲げられている（ジの発音に対する条のみ。この他「天上」の「上」が開音である旨のみ記す条が別にある）。「羽衣」では、シテの「悲しやな羽衣なくては飛行の道も絶え、天上に帰らんこともかなふまじ、さりとては返し賜び給へ」「嬉や、さては天上に帰らんことを得たり」のような文脈に出てくる語である（古典文学大系『謡曲集　下』「その他の能」による）。「江口」「姨棄」の詞章中にも各1例ずつ見えるほか、さらに「楊貴妃」に1例、「小原御幸」に1例使われている（新日本古典文学大系『謡曲百番』〈底本「寛永七年黒沢源太郎刊観世黒雪正本」〉による）*5。「天上」という語の性格上、謡曲を知っている人にとってはなじみのある語であろう。『蜆縮涼鼓集』の著者に謡曲のたしなみがあるとすれば、当然、「天上」を発音法の中心的な例に用いていることに関しても、謡曲との関わりを考えないわけにはいかない。『謡百番仮名遣開合』が示すように、その唱え方が謡曲の中で伝授されていたとすれば、『蜆縮涼鼓集』の著者もそれを知っているはずである。『蜆縮涼鼓集』が掲げるその他の語例についても、謡曲詞章中の用例と一致する

＊5　『謡曲百番』（西野春雄校注 1998）によれば、「姨捨」中の「天上」は、「无上（むじゃう）」を底本・諸本が誤ったものとして、校訂する（同書280頁、注六）。しかし、本稿では元禄期にどのように読まれていたかという点が問題なので、これも「天上」の例として数える。

ものが多いが、それについては、本章7.2節で詳しく見る。

　『謡百番仮名遣開合』の指示は、対象となる語句の量こそ多いものの、発音法を詳しく説明していない。この書は、おそらく、稽古の場での伝授の手控えに相当するものと推測される。細かな説明は口伝に委ねられているか、唱え方についてすでに一定の訓練を受けた者が使うことを想定しているのであろう。実際、手頃な大きさの冊子である[*6]。実地の指導を前提にしたものと考えられ、謡曲の詞章中から主要な該当語句をできるだけ多く載せることが優先されている。上にも述べたように、限られた紙面の一行に一語句が収まるよう配置され、注意事項も簡略化されている。また、その表現にも統一化が施されていない。

　このように、『謡百番仮名遣開合』は発音の仕方の説明が不完全で、素朴さがうかがえることから、その内容が『蜆縮涼鼓集』と質的に大きく異なることは否めない。しかしながら、双方とも、撥音の後で注意を喚起する点は共通し、なおかつ、撥音後のジの発音に関して「い」を援用して説く点でも共通する（本章第6節で述べるように、他の面では差異もある）。これらの共通点は、『蜆縮涼鼓集』の内容形成を探る上で軽視できない。

　むろん、『蜆縮涼鼓集』の著者の知る謡曲の発音指南と、『謡百番仮名遣開合』のそれとが同一であるとは限らない。流儀の違いなどがあって異なる伝承を背景に持つ可能性もある。しかしながら、『蜆縮涼鼓集』の著者の知る謡の具体像を特定することが事実上不可能であるため、次善の策としては、『謡百番仮名遣開合』を参考に、『蜆縮涼鼓集』と謡曲の発音指南との関連性を探るしかない。

　なお、『謡百番仮名遣開合』で列挙されている語句が、どのように選ばれているかについては必ずしも明らかでない。開合、四つ仮名といった問題の要素を含む語が、当該曲の詞章中に出てきても、すべてが取り上げられているわけではない。また、どのようなテキストに依拠して『謡百番仮名遣開

[*6] 元禄10年刊『謡百番仮名遣開合』と元禄14年刊『謡開合仮名遣』とでは、若干大きさが異なるがほぼ同じ。前者は横が約17.9cm縦が約12.2cmであり、後者は横が約18.5cm縦が約12.5cmである（東京大学文学部国語研究室蔵）。

合』が作成されたのかという問題もある。本章はこれらの問題にまでは立ち入らない。

5. 撥音に対する注意と『蜆縮涼鼓集』

前節では、『謡百番仮名遣開合』が主にジについて、撥音の後にそれが来るときに特別の注意を求めていることを見た。一方、『蜆縮涼鼓集』が述べる京の「実態」の核心部分も、先掲表1に示したとおり、撥音の後か否かの違いであった。このように両者は、撥音後に関心を向ける点で共通している。しかも、これらの刊行は『蜆縮涼鼓集』が元禄8年、『謡百番仮名遣開合』が元禄10年（再刊本が14年）であり、同時期のものである。

当時、謡曲において、撥音後の唱え方に特別の注意を払うよう伝授されていたとすれば、『蜆縮涼鼓集』の著者はそこから京の「実態」を容易に推し量ることができる。撥音の後での唱えにとくに気をつけよとの教えを裏返せば、「総て京人の物いふを聞くに、上〔かみ〕をはぬれば、しすの二字をもぢづの音に呼ぬ」（〔　〕は原文の振り仮名）との認識にたやすく至る。これは、京の人々のありのままの発音を観察することによってではなく、謡曲での指南に方向付けられるかたちで導き出せる。高山倫明（2003a, b, 2006）は、『蜆縮涼鼓集』のような文献の「音声観察の記述（記録）」をある程度の距離を以て見る必要があると指摘する。もう少し踏み込んで言えば、そもそもこの種の記事を「音声観察の記述（記録）」と見なしてよいのかという点から問わなければならない。

さて、京における真の意味での実態がこの通りであったかどうかは別途、検討を要する問題である。この「実態」が、謡曲の指南によって誘導された認識であるのであれば、実像でない可能性も考慮しなくてはならない。むろん、音韻史の方法としては、「この種の唱え方の指示がなされるのは、現実がまさにそうでないことを示している」と見るのが定石ではある。だが、単純に、現実の発音を矯正しようとして生じた指南であるのかどうか。他ならぬ謡曲といった特殊な場での伝承が関わっているとすれば、より慎重な取り扱いが必要である。これについては第6章第8節で触れる。

6. 微妙なズレに関する取り扱い

　この節では、『蜆縮涼鼓集』と『謡百番仮名遣開合』の相違点とそれに関わる問題について考える。前節では両者の共通点に注目したが、下記に述べるように相違点がないわけではない。考察の手続きとしては、そのことについても検討する必要がある。
　同じく撥音に続くジの唱え方ではあっても、『謡百番仮名遣開合』のそれは、(15)((4)の再掲)のように、ジを「い」と言うつもりで唱えよとの意味に解される。

(15)．源氏　けんとはねる下のし　いといふ心ニ（景清　23丁表）

　念のため、確認しておくと、条による表現のばらつきもこの点には関わらず、撥音の部分を「い」という心で唱えよと読み得る条はない。これに対し、『蜆縮涼鼓集』は、先行撥音「ん」を「い」と「呼び受けて」舌先が上顎に付かぬようにと説く。このように、「い」になぞらえるのがどちらの部分であるかという点で両者は異なる。『謡百番仮名遣開合』はおそらく謡を習うときの手控えとして使うためのもので、その注記が相当に簡略化されており、唱え方の詳細は口伝に委ねられているようなので、今日では、本来の意図が必ずしもはっきりしない。だが、『蜆縮涼鼓集』の用いる表現と一致せず、内容にこのようなズレがあるのは確かである。これは『蜆縮涼鼓集』の著者が知る謡の伝承と違うためかもしれない。同じく「い」を援用した説明といっても、こうした違いがあるとすれば、当時、この種の伝承にそれだけのバリエーションを発生させる広がりがあったことも考えられる。
　『謡百番仮名遣開合』が、ジに対して、「『い』といふ心に」のように母音 i になぞらえていることは、音声学的観点からも説明しやすい。ジは、その口蓋化した音との親近性から、i に擬することが自然に感じられるためであろう。前舌という点では母音 e を持つゼに対して、1例のみであるが、「ゑ(え)」を用いていることも同様に考えられる（上掲 (7)「観世」）。この場合は、当時の「え」の推定音価が je であり、また「ぜ」が ʒe であることによってより無理のない解釈が可能である。これに比して、ズには「『う』とい

ふ心に」とするような説明がない。ズに関しては、正しい唱え方を示すのに「う」になぞらえることは相応しく感じられなかったのではないか。とくに、ズの母音が中舌化していたとすると、uではうまく適合しない。ザ、ゾについては広いaやoによってその発音を説くことはできない。

　これに関連してさらに興味深いのは、『蜆縮涼鼓集』でも、「(天上の天は)はぬる時に心を付て、舌頭を中に置て…『てい』と云様に呼び受けて、上〔ジヤウ〕の音に続く」と述べるように、ジには丁寧な説明がされているが、ズにはまったく説明がない。「い」になぞらえる対象が撥音か、それともジかという点では異なるものの、ジと「い」の関係に限って説明がされているところは、『謡百番仮名遣開合』と共通する。

　ところで、謡の唱え方で、撥音後のザ行に対する注意は、後の18世紀初刊行の『音曲玉淵集』(下記(16))にも記されているし、さらに『謳曲英華抄』(下記(17))にも見える。『音曲玉淵集』について見ると、「一　はね字より、うつりやうの事」の中の「○ざじずぜぞ」の中に、語例提示の後、細かな注意が記されている。ここから、「げんじの唱へ、はね字の舌をひかへさせんために傍にイ文字を付る」という習慣のあったことを知ることができる。

(16).　一　はね字より、うつりやうの事
　　　　　　(中略)
　　　　○さしすせそ　此かな清濁とも舌をひかへてはぬへし、深くはぬれは下の子音へ重く当ル也
　　　　満参〔マンサン〕　親子〔シンシ〕　澗水〔カンスイ〕　安全〔アンセン〕　親疎〔シンソ〕　身三〔シンサン〕　錦繡〔キンシウ〕　年数〔ネンスウ〕　甘泉〔カンセン〕　玄宗〔ゲンソウ〕
　　　　○ざじずぜぞ　右清音ノ所ニ記ス如舌先ノハグキニ当らぬやうに唱ふへし
　　　　金山〔キンザン〕　変成〔ヘンジヤウ〕　神水〔ジンズイ〕　神前〔シンゼン〕　先祖〔センゾ〕　源三位〔ゲンザンミ〕　源氏〔ゲンジ〕　三寸〔サンズン〕　現世〔ゲンゼ〕　眷属〔ケンゾク〕

げんじの唱へ、はね字の舌をひかへさせんために、傍にイ文字を
　　　付るを直にげいじとよむことイカヽ。眷属ヲくゑんぞくト書モ、
　　　けヲ拗音にてクエと唱ふ時は、はね字ヲをのつからひかゆる故、
　　　ぞノかなへ舌当らず、又曰、築ン地、如此傍ニ、ン字ヲ付るは、
　　　いノかなヨリぢノ字にうつれば、じノかなニ成安き故に舌を齶へ
　　　当て、慥にぢのかなに聞ゆるやうに、はぬる心に唱ふへきとのを
　　　しへ成を、直についんぢトヨムもイカヽ、これ皆音便を不得心故
　　　歟。
　　（『音曲玉淵集』第一、開合音便巻、14丁裏・15丁表。句読点を付す。〔　〕は
　　　原文の振り仮名。「築ン地」の「ン」は原文では「築」の右下傍にやや小さく付
　　　す）

(17).　○さしすせそ　ざじずぜぞへ移るはね字は舌をひかへて、いトむトノ
　　　間に刎べし
　　　　　電　満参〔マンサン〕　　七　親子〔シンシ〕　　桜　澗水〔カンスイ〕
　　　　　俊　寒蟬〔カンセン〕　　歌　親疎〔シンソ〕
　　　　　笑　南山〔ナンザン〕　　半　源氏〔ケンジ〕　　舎　沈水〔ジンズイ〕
　　　　　阿　神前〔シンゼン〕　　大江　眷属〔ケンゾク〕
　　　（『謳曲英華抄』（稿本）、明和8年二松軒自序、京都大学蔵、高羽五郎氏蔵の両
　　　本を参照。天・16丁表。〔　〕は原文の振り仮名を示す。読点を補う。高羽本は
　　　「源氏」の振り仮名を欠く）

　これに対し、(17)『謳曲英華抄』では、ザ行に続く撥ねる音の唱え方を
「『い』と『む』との間に」撥ねよとする点で異なっている。この場合、「南
山」以下の語例のように、ジだけでなく、ザズゼゾも含めたザ行全体が対象
になっている点が決定的である。確かに、これでは「い」だけで済ますのは
無理である。
　『蜆縮涼鼓集』で「い」を援用することについては、音声学的にさらに考
慮すべき点がある。「天（てん）」はその母音が前舌 e であるからこそ、続く
撥音を「い」のように唱えよとする説明が比較的無理なく成り立つ。(16)

『音曲玉淵集』の、「源氏」を「げいじ」になぞらえる伝授では、「源」geN の母音が e であり、『蜆縮涼鼓集』の「天」と同じ条件にある。この点でも、(17)『謳曲英華抄』の説明は異なっていて、その語例を見てわかるように、撥音の前に来るのは特定の母音に限定されない（u の例がないが、すべての母音をそろえることは配慮されていないようなので、偶然であろう）。

さて、『謡百番仮名遣開合』の語例についても先行母音の観点から検証しておこう。「い」になぞらえるのが撥音ではなく、ジであるとするならば先行母音は i, e に片寄らないはずである。掲載項目数としては、先にも示したように撥音後のジが 90 例あるが、このうちには、たとえば「信じ」「源氏」「三十（さんじう）」「金色（こんじき）」「群集（くんじゆ）」のように同一語が複数出てくる。異なり語数で見ると 81 語となり、その先行母音別の内訳は、i が 14 語、e が 29 語、a が 21 語、o が 10 語、u が 7 語である。念のため、「『い』といふ心に」と注された語（異なり語数）だけを取り出せば、i が 3 語、e が 5 語、a が 5 語、o が 2 語、u が 2 語である（計 14 語。撥ねる音の存在しか注さない略式型は含めない。そのため、語数はかなり少なくなる）。ここからすると、i あるいは e が多いわけではない。

このように、『蜆縮涼鼓集』に指摘できるような、先行母音の条件が存在しないことからも、「い」になぞらえているのが撥音ではなく、ジ（の子音）であることが確かめられる。両者の発音法の内容に差があることが明らかとなる。

以上のように見てくると、『謳曲英華抄』はまた別として、『蜆縮涼鼓集』『音曲玉淵集』が共通するのに対し、『謡百番仮名遣開合』の指示は明らかに異なっている。この違いの背景となるべき具体的事情は今のところ明らかにし得ない。

指摘できることがあるとすれば、この種の謡い方の伝承の難しさであろう。(16)『音曲玉淵集』の説明にもうかがえるように、舌が上あごに当たらないよう注意を促すために、イ文字を付しているのに、「源氏」を「げいじ」とついついそのまま「い」と唱えてしまうなど、この指示の本来の意図は理解されにくく、伝授に困難を伴ったようである（第 4 章第 7 節も参照、88 頁）。『謡百番仮名遣開合』の段階でもおそらく同様の状況であったとすると、伝

授の過程や流派の違いで、バリエーションが発生しやすかったことも考えられる。

　ところで、これらの文献に関しては、先行研究によると、発音伝授の背景となる方言の違いが問題にされている。岩淵（1932）は、『謡百番仮名遣開合』の著者池上幽雪なる人物が大坂出身であると推定されることから、「大阪方言を下に踏まえて謡曲における発音を教えたものであると言う事が出来る」と述べる。しかし、謡曲の伝承という性格上、直ちにそのように見なすことは疑問である。少なくとも、今問題にしている点に関しては方言の影響は関係しないようである。また、『音曲玉淵集』についても、江戸方言を土台にしているとするが、同様に問題である*7。

　以上に見たように、『謡百番仮名遣開合』『蜆縮涼鼓集』に関しては両者に差異が存することから、直接に結びつくものではなさそうである。しかし、差異はあっても、撥音後を問題にする点が一致することは注目すべきである。『蜆縮涼鼓集』の京の「実態」認識が謡曲における発音指南に従って導かれたとする前節の考察結果を覆す材料とはならない。

　最後に、両者の文献の位置づけに関して確認しておくことが、もう一点ある。撥音後という位置を問題にし、かつ「い」を用いた説明が現れる最も古

---

　*7　岩淵（1932）の関連部分は次のとおりである。「この池上融雪は大江南岸の住人なる由の記載が見えるが、大江南岸とは、本書が大阪で出版せられた点から考えて、大阪天満橋南詰辺の大江であると考えられる。もしこの推定にして誤りがなければ、本書は大阪方言を下に踏まえて謡曲における発音を教えたものであると言う事が出来る。謡曲の謡い方に関して述べたものとしては、既に三浦庚妥の『音曲玉淵集』五巻が世の中に広く知られて居るが、これは江戸方言を土台として謡の発音を教えたものである。しかして『音曲玉淵集』の初板が享保12（1727）年であるのに比すれば、本書はそれより三十年を先んじて開板せられて居り、又本書の出現以前既に室町時代末期ごろの謡の伝書などに謡の発音について注意したのが見えるが、まだ断片的なものに過ぎないのであって、まとまったものとしては本書をもって最古として差し支えないと思われる。」（岩淵［1932］1977：343-344頁）。

　なお、上記文中で、出版地が大坂であるとするのは、奥付に、元禄10年刊本が「北久太郎心斎橋筋、大坂書林梅春平兵衛」とあり、また、元禄14年再刊本が「大坂本町難波橋筋、高谷平右衛門梓」とあることに依っている。

い文献が元禄8年刊（1695）の『蜆縮涼鼓集』であり、これに遅れて、『謡百番仮名遣開合』が元禄10年（再摺本が『謡開合仮名遣』元禄14年）に出版されている。この先後関係から、この伝承の始点を『蜆縮涼鼓集』とする見方も論理的には考え得る。しかし、『蜆縮涼鼓集』の言説が謡曲界に影響を与えて、短期間のうちにそれが広まったと見ることは現実的ではなかろう。『蜆縮涼鼓集』の社会的影響力がおそらく大きくなかったことと、先ほど述べた表現の洗練の方向性を考えても、謡曲での指南から『蜆縮涼鼓集』へと考えるのが蓋然的である。

7. 謡曲との関係性の内容面の検証

　前節までに、『蜆縮涼鼓集』が示す京の「実態」と謡曲における発音指南との関係について見てきた。本節では、その他の面からも謡曲との関連が見出せないかをさらに検証する。その内容、発想の中に関連性を示唆する材料があれば、前節の結果に加えて、異なる角度からの確証を得ることができる。

　本章で中心的に取り上げている「又、総て京人の物いふを聞くに上〔かみ〕をはぬれば、しすの二字をもぢづの音に呼ぬ」が文脈の中でどのような内容と前後するのか、その全体の流れ、展開を把握するために、まずこの箇所を含む条の全文を見ておこう。そのうちの一部は第4章においても掲げたが、行論上の必要から重複をいとわず引用する。

(18).　一　此四音元来各別也、抑、音韻の義に依て是を論ずるに、しすは歯音〔しおん〕にて、さしすせその一行〔いつかう／ひとくだり〕也、ちつは舌音〔ぜつおん〕にて、たちつてとの一行也、濁りても亦同じからず、されば詞に過現未下知〔くはげんみげち〕等のはたらき有、又体用正俗〔たいようしやうぞく〕の品有、それによりて其一行の内にて音を変〔へん〕じて通用する事はあり、縦は、致〔いたす〕をいたし、いたせ、いたさんと云、勝〔かつ〕をかち、かて、かたんと云、恥〔はぢ〕をはづる、出〔いづ〕るをいでゝ、いだすなど言替るがごとし、又、働〔はた〕らくまじき物の名なれども語勢〔ごせい〕によりて雨〔あめ〕をあま、夜風〔かぜ〕をかざ車゛木〔き〕を木〔こ〕

の葉〔は〕、数〔かず〕をかぞふる、などゝ言通はす也、され共、其音より他の行〔かう〕に交〔まじ〕へて歯舌相通〔しぜつさうつう〕する事は有まじき也【詳ニ扶桑切韻ニ載セ畢ヌ】、此だぢづでど、ざじずぜぞの二行同じからざるにて両音相通すまじき事を知べし、然るに今だでどざぜぞの六音をば能言分て、じぢずづの四音をは則ち得ず成り来りし事、最も訝〔いぶか〕し、或人の仮名文字を使へるを伺〔うかが〕ひ見るに詞の上〔かみ〕にはいつもぢを書〔かき〕、中下には定りて、じを用ふ【時分をぢぶん　藤氏をふじうじと書たる類也】、誤也、又、総て京人の物いふを聞に、上〔かみ〕をはぬれば、しすの二字をもぢづの音に呼〔よび〕ぬ、亦誤也、惣じて、子〔し〕の字は歯音〔しおん〕にて、しの音也、丁子゛荀子゛といふ時には連声にて濁る間、じの音也、是を新濁〔しんだく〕といふ、即、清歯音〔せいしおん〕の字を仮〔かり〕に濁りて濁歯〔だくし〕の音に成す迄也、上を引とも、はぬる共、ぢとは言へからず、又、其大概〔たいがい〕を挙〔あげ〕て云に、啓上〔けいじやう〕、孔雀〔くじやく〕、藤氏〔とうじ〕、行者〔ぎやうじや〕【以上は、じの音】、巻軸〔くはんぢく〕、平地〔へいぢ〕、先陣〔せんぢん〕、還著〔げんぢやく〕【以上は、ぢの音】、香水〔かうずい〕、奇瑞〔きずい〕、好事〔かうず〕、通事〔つうず〕【以上は、ずの音】、千頭〔づ〕、万鶴〔づる〕、神通〔じんづう〕、弓杖〔ゆんづえ〕【以上は、づの音】、是等は世間の呼声〔よびこゑ〕其字に叶〔かな〕へり、若〔もし〕、進上〔しんじやう〕、練雀〔れんじやく〕、源氏〔げんじ〕、判者〔はんじや〕、八軸〔ぢく〕、空地〔くうぢ〕、帰陣〔かいぢん〕、執著〔しふぢやく〕、神水〔じんずい〕、天瑞〔てんずい〕、杏子〔あんず〕、綾子〔りんず〕、七頭〔づ〕、命鶴〔みやうづる〕、普通〔ふづう〕、竹杖〔たけづえ〕と言替る時は、其音悉〔ことごとく〕其字に違へり、剰〔あまつさへ〕還城楽〔げんじやうらく〕の舞〔まひ〕、萬歳〔ばんぜい〕の小忌衣〔をみごろも〕、萬歳楽〔まんざいらく〕などと謡〔うた〕ふ時に是を習はぬ人は多分は舌音〔ぜつおん〕に呼成す也、聞悪〔にく〕き事也、田舎人の越前をゑつでんといひ　瀬〔せ〕といふべきをちゑといへるにひとしかる

118

べし

(巻上、7丁表から9丁表。口絵参照。原文の振り仮名は〔右振り仮名／左振り仮名〕に示す。単独の場合は右振り仮名のみ。【 】は割注部分。ここで上下線で示した「ちゑ」は、原文では「ち」字から「ゑ」字にかけて左右の両傍に線を付している。これとは別に本稿筆者によって二重下線を付す。また、適宜、読点を入れる)

　この後に続くのは、「一　四音を言習ふべき呼法のこと」で始まる条である。これは、第4章で見たように発音法を記した条で、「舌頭」の位置をどのようにすべきかについて、直前の撥ねる音の有無に注意を喚起し、「天上」「最上」を例に詳しく解説している（前節でもそれについて論じた）。上記の(18)の条と、内容上も密接に連関する部分である。
　さて、(18)の内容分析の手始めとして、その内容を項目化して条全体の構成を示す。分析では内容の展開を追う必要があるので、原文の順序に従う。以下の各節ではこの順序に沿って謡曲との関わりを見ていく。

(19).　〔ア〕五十音図（五音図）に基づくジズ（歯音）、ヂヅ（舌音）の位置づけ
　　　〔イ〕用言の活用、語の派生等が五十音図の行に従うこと
　　　〔ウ〕ジヂ、ズヅの不正の実際（京の「実態」の部分）
　　　〔エ〕先行する撥ねる音に対する注意喚起（字音における新濁）
　　　〔オ〕実際の発音が、仮名の区別と一致する、正例の提示（**表1**参照）
　　　〔カ〕実際の発音が、仮名の区別と一致しない、誤例の提示（**表1**参照）
　　　〔キ〕謡曲「高砂」を例に引く世間の混用に対する著者の見解

7.1. 五十音図の問題

　(19)のうち〔ウ〕〔エ〕〔オ〕〔カ〕が撥音の後のジズに注意を喚起する部分である。まず、これに先だつ〔ア〕〔イ〕に注目しよう。ここは、五十音図に基づいて、ジヂ・ズヅの区別の根拠を説明するところである。

亀井（1950a）は、〔ア〕〔イ〕および発音法の部分を引きつつ、この著者について、「五十音図の各同行に属するそれぞれの音韻の清濁の対立をよく反省せしめることによって、四つがなの発音を教へたものである。同時に、音価推定論としてみれば、五十音図をふまえて合理的な解釈を施したものである」（亀井［1950a］1984：294頁）とし、その考察の土台にあるのは「五十音図に対する鋭い認識」（同：296頁）であると言う。五十音図に基づいて音の区別の根拠を的確に示した点に『蜆縮涼鼓集』の大きな特色があるとの評価である。また、釘貫亨（2007）は、さらに踏み込んで、『蜆縮涼鼓集』は日本語音韻をとらえる基本の位置に五十音図（なかでも同書が掲げる「新撰音韻之図」）を据えた点で、『和字正濫鈔』とともに学史展開上、画期的な著作であると評価する。しかし、この書が日本語の音韻をとらえるための基礎に五十音図を用いていることに対しては、彼個人の評価にとどまらず、彼をとりまく社会的周辺にも目を向ける必要がある。
　その中でとくに注意すべき事実は、謡曲においては発音の仕方を示すのに音図を用いる習慣がこの時期に確立していたことである。前節で問題にした『謡百番仮名遣開合』の巻頭にも、簡略なものだが、**図版2**のような音図が掲げられている[*8]（謡曲関係の文献における音図については豊島正之1984の言及がある）。これは、謡曲で言う「仮名づかひ」（これについては後述）を理解するための図である。すなわち、仮名の綴りと音との関係を類型的に把握するためのもので、必ずしも仮名一字と音の関係を示す配列図としてのみ使われたわけではない。
　まず、図中の「たちつてと」を見ると、その下に「此上中之三字詰」との注記が付されている。これは、夕行の中三字の「ち」「つ」「て」を指し、これらを「詰める」ように唱えよとの指示である。もちろん、濁音ヂヅに関わる場合を示したもので、「て」がこの中に入るのは「でう」あるいは「でふ」があるからである。また、「さしすせそ」の下に「此上五字　和（に）あつかふ」とあるように、「さ」「し」「す」「せ」「そ」の五字が対象になっている。前節でも述べたように、この書ではジズだけでなくザ行全体が対象にさ

[*8]　ワ行の「を」とア行の「お」は原文のまま。その他の仮名も原文どおり。

図版 2 『謡開合仮名遣』 序に続く巻頭の音図
（『当流謡百番仮名遣開合』元禄 14 年再摺版、東京大学文学部国語研究室蔵）

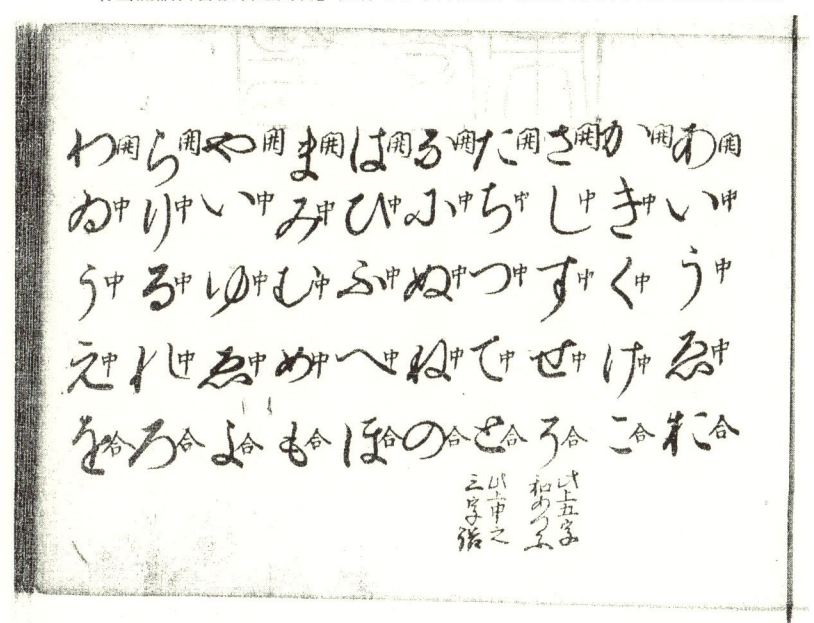

あ開	か開	さ開	た開	な開	は開	ま開	や開	ら開	わ開
い中	き中	し中	ち中	に中	ひ中	み中	い中	り中	ゐ中
う中	く中	す中	つ中	ぬ中	ふ中	む中	ゆ中	る中	う中
ゑ中	け中	せ中	て中	ね中	へ中	め中	ゑ中	れ中	え中
お合	こ合	そ合	と合	の合	ほ合	も合	よ合	ろ合	を合

（さ行「此上五字和あつかふ」／た行「此上中之三字詰」）

第 5 章　蜆縮涼鼓集の背景［謡曲の発音との関わり］

れている。この点は従来、問題にされてきていないが、注目する必要がある（第6章で詳しく論じる）。

　この音図は、この書の本体部分に列挙された各曲の語句の唱え方を、組織的に理解するために掲げられている。つまり、謡曲における現実の要請に応えるための道具である。謡曲における音図の役割とその歴史についての詳細な考察は別途必要になるが、本論ではそこに深く立ち入ることはせず、以下ではその役割の一端について、『謡百番仮名遣開合』に即して見ていこう。

　たとえば、当時の謡曲でさかんに取り上げられる、オ段長音の開合を例にすると、開音を包括的に理解するためには音図上のア段に着目すればよい。そうすれば、「あう」「かう」「さう」「たう」といった仮名の綴りを類型化し、視覚的にまとめて頭に入れることができる。実際、この音図のア段の各仮名の右横に「開」と注してあるのは、それを容易に導くための役割も考慮されている。

　四つ仮名についても同様で、音図上で、サ行（ザ行）とタ行（ダ行）が並置されれば、相互の関係が一目瞭然で、分析的かつ包括的な理解を促すことができる。実際の場で、音図に従って教えるとすれば、「行が異なるのであるから、その行の別に従って、清む場合と同様、濁る場合も区別して唱えるように」と説明することは十分にあり得る。『蜆縮涼鼓集』は、「しすは歯音〔しおん〕にて、さしすせその一行〔いつかう／ひとくだり〕也、ちつは舌音〔ぜつおん〕にて、たちつてとの一行也、濁りても亦同じからず」（前掲）、「然るに今だでどざぜぞの六音をば能言分て、じぢずづの四音をは則ち得ず成り来りし事、最も訝〔いぶか〕し」（前掲）、「じぢとずづとの別る〻事は、自〔おのづから〕、だでどとざぜぞの異なるがごとくに言分らる〻也」（第4章(4)に示す）などと述べているが、これに近い説明は謡曲においてもなされていたに違いない。表現が洗練されているか否かという点はあるにせよ、その差は実質的に小さく、発想の基本は共通している。

　『謡百番仮名遣開合』が、個々の語句の唱え方を曲ごとに列挙するだけでなく、冒頭に音図を掲げたのは、それが見取り図として便利であるためである。「いろは」のみでは全体の見通しは容易につかめないが、これによって格段に明快になる。図を使った視覚的類型化は、伝授する側にとっても教え

る際の強力な武器になったであろう。現に、この音図にすぐ続いて、次のような例解を掲げている。

(20). 　本開　初心大概之教
　　　鶯〔あう〕雛有　縅〔かう〕江有　荘〔さう〕賀有　滔〔たう〕天有
　　　悩〔なう〕三井有　彭〔はう〕俊有　盲〔まう〕蟬有　影〔やう〕高有
　　　臈〔らう〕葵有　往〔わう〕楊有
　　　　本合
　　　翁〔おう〕白有　猴〔こう〕界有　摠〔そう〕自有　燈〔とう〕蟻有
　　　農〔のう〕善有　蓬〔ほう〕卒有　蒙〔もう〕数有　遙〔よう〕海有
　　　楼〔ろう〕羽有　応〔おう〕呉有
　　　　中かなのすほり
　　　央〔ゑう〕楊有　嶠〔けう〕姨有　證〔せう〕通有　眺〔てう〕融有
　　　氷〔へう〕天有　妙〔めう〕錦有　寥〔れう〕当有　藋〔せう〕鸚有
　　　焼〔せう〕善有　綾〔れう〕卒有
　　（冒頭1丁裏。なお小字は割注で、出典曲名が略記されている「藋〔せう〕」は
　　〔てう〕（デウ）とあるべきもの）

　とくに注目されるのは、「本開」「本合」「中かなのすほり」の各語の配列が、「あかさたな…」「おこそとの…」「ゑけせてね…」と、五十音図の段の順序に従っていることである。これらは、五十音図を用いて、仮名の綴りと音との関係を類型的に把握させようとしたものである。さらに、四つ仮名についても、「しちすつの分濁ル□かな違事」（第6章図版1参照、144頁）として、「しちすつ」の順序に従って同様に例解する。
　音図上で発音の問題がどこに位置するのかを頭に入れておけば、個々の語句の具体的な仮名綴りを目にしても、発音との関係は容易に理解できるようになる。『謡百番仮名遣開合』の音図は、こうした実用上の意図があるのは間違いなく、しかも、おそらく実際にそのように使われていた。謡曲における音図の使用は、この後も途絶えていない。
　一般に、当時の人々が仮名について省みるときは、まず「いろは」を思い

浮かべたと考えられるが、それに頼ってしまうと発音上の要点がわかりづらくなる。実際、この文献でも「いろは」は全く出てこない。しかし、音図については、(20)のように序文（序一、自序）から触れており、理念上の中心でさえある。

(21).　　序
　　夫、和歌は神代より始り、仮名つかひ広大無辺にして限りなし、春の鳥の囀り、秋のむしの音、風声、水音、<u>皆あかさたなはまやらわの縦横の五十字に洩る事なし</u>、浩々然として学得事かたかるへし、予少かりし時より古人の糟醨を甘んし*9、以寸心の大海の一滴をしり、管を天にうかかひて、あきらかなるを見、九牛か一毛とかや、故偶書林に謡百番の開合仮名つかひ鋟梓畢、　　　南海漁夫（池上幽雪の印）
（冒頭1丁表・裏、序一、下線を付す）

　和歌は古代より始まり、「仮名づかひ」は「広大無辺」で限りなく、「春の鳥の囀り」をはじめとする万物の音は「あかさたなはまやらわの縦横の五十字」によってすべて表現されるという。「仮名づかひ」を語るのに五十音図を以てし、「いろは」にはまったく言及しない。
　この序文の内容は、観念的な表現に終始するように見えるが、「浩々然として学得事かたかるへし」というのは抽象的な意味のみではなく、謡いにおける具体的な語句の唱え方の難しさを強調し、その奥深さを修辞的に述べたものであろう。すなわち、「五十字」によって書き記された謡曲を実際に唱えるとなると、簡単ではなく、十分な心得なしにはうまく達成できない、そして、本書はその心得を示したものである、ということである。そのことは自序に続く、(22)の「門人野坂氏」の文章（序二）にも示されている。

---

　*9　「糟醨」の「醨」字は原文では「酉」と「離」とを組み合わせた字体。著者は自らを「南海漁夫」と名乗るところからもわかるように、「楚辞」の「漁父」にあやかって「古人の糟醨を甘んじ」としている。

(22).

蓋聞、言之所レ不レ能レ尽、而発二於咨
嗟咏歎之餘一者、必有二自然之音響一、
節簇一而不レ能レ已焉也、夫神代之昔、
者音節雖レ為二自然一、澆季之今者、
簇簇不レ淫傷一、唯以二歌謡一略雖レ改
之然、是亦茫洋而得者稀也、于レ愛大
江南岸有二池上幽雪先生一、自二志学
至二耳順一、苟且必諷レ之須臾、必昧レ之
終熟レ得、開合呂律之妙術一、因レ茲集
万家之秘一、撮二枢紐之密一、欲下近教二
弟子遠一、便中後世而百番、隠微以逐一
一選述而編得二三峡一、鳴呼学二諷一
謡者必由レ是、学焉則其功不レ可三勝
計二哉、于時元禄丁丑仲秋良辰門人
野坂氏謹跋

序二

（冒頭2丁表・裏、序二）

　ところで、ここで言う「仮名づかひ」の意味については注意を要する。『謡百番仮名遣開合（当流謡百番仮名遣開合）』はその書名ゆえに、広い意味で仮名遣書のうちに数えられることがあるが（築島裕1986）、ふつうに言われる仮名遣書とは明らかに異なる。

　謡曲で言う仮名遣は、仮名の綴りそのものではなく、音、すなわち、どう唱えるかを問題にする（岩淵（1944）が言う「文字扱い」と同義）。本書の「仮名づかひ」も、もちろんその意味で使われている。参考のために、謡曲関連の文献において「文字」「仮名づかひ」がどのように使われているか、一例を掲げておこう。『謡百番仮名遣開合』『蜆縮涼鼓集』と同時期の元禄9（1696）年刊の『当流謡指南抄』冒頭の末尾部分である。

(23). …早き物は　はやくして　そらず　うはばしらす　文字いかにもゆるゆるとして　よはからず　つよからず　したるからずして　たゞうつくしくやさしく　口の内ほけやかに　かなつかひ開合清濁分明に謡事かんようなり

古歌に　　もんまう（文盲）のわさにはいかてかなふへき
　　　　字のあつかひの音きよくの道

(『当流謡指南抄』、元禄9 (1696) 年刊。2丁裏・3丁表。下線を付し、括弧内に漢字を補う)

そして、「かなつかい」「字のあつかい」に続いて (24) のような音図を掲げていることも目に留まる。

(24).

口中開合の事

ア	カ	サ	タ	ナ	ハ	マ	ヤ	ラ	ワ
イ	キ	シ	チ	ニ	ヒ	ミ	イ	リ	ヰ
ウ	ク	ス	ツ	ヌ	フ	ム	ユ	ル	ウ
エ	ケ	セ	テ	ネ	ヘ	メ	エ	レ	エ
ヲ	コ	ソ	ト	ノ	ホ	モ	ヨ	ロ	ヲ
鼻喉ニツウス	歯ニツウス	腮(あきと)ニツウス	腮ニツウス	鼻ト腮ニツウス	唇(くちひる)ヲフル	唇アフ	鼻ヨリ出	舌(した)ヲフル	鼻喉ニツウス
口ヲスホム	歯ヲカミ口ヲホソム	舌ヲ出シ口ヲ中ニ開ク	歯ヲカミ唇ヲヒラク						歯モ唇モ開ク

(『当流謡指南抄』、3丁表・裏)

謡曲における音図の使用は、さらに、18世紀以降の『音曲玉淵集』『謳曲英華抄』等にも継承され、発音の説明の仕方も音図を使って体系化、精密化されたかたちに発展している。それらでは音図の役割はより明確で、語句の唱え方も、『謡百番仮名遣開合』のように曲ごとに列挙するのでなく、問題となる事項ごとに各語句が集約され、細かな説明が付されている。先に(16)(17)に示した箇所もその一部である。音図は、やはり発音の要点を理

解する上での効用が大きい。その役割は『謡百番仮名遣開合』の図版1のような簡便なもので十分に果たし得る（むしろ簡便なもののほうが用途に適している）。

　以上のように見てくると、音図をもとに音と仮名との関係を説くことは、当時、『蜆縮涼鼓集』のような、いわゆる語学書に限られるものではない。音図が、同時代の謡曲のような領域で、実用に根ざした重要な位置を占める事実は軽視できない。『蜆縮涼鼓集』の背景を理解する上でこうした文化的状況の持つ意義は大きい。学的系譜の側面からのみ『蜆縮涼鼓集』の音図に基づく音韻認識をとらえると、過大な評価に傾き、本質を見誤るおそれがある。この著者が、謡曲を嗜んでいれば、そうした場でも音図を頻繁に使い、唱え方を理解する道具として日頃接していたはずである。もちろん、『蜆縮涼鼓集』の著者の謡曲がどのようなものであったかについての細かな事実を明らかにし得ない憾みはあるが、謡曲において、実用上の利便性を持って音図の使用が一般化していたとすれば、そのつながりを否定することはできない。

　もちろん、彼の掲げる二つの音図「五韻之図」「新撰音韻之図」（石井久雄1983参照）をはじめ同書の内容から判断すると、彼の音韻に対する学的興味が、謡曲においてのみ培われたわけでないことは確かである。とはいえ、謡曲の伝授の場がジヂ・ズヅの発音に関する認識を深化させるうえで重要な役割を持ちうることは無視できない。

　また、謡曲での「仮名づかひ」が音そのものを指すことも、彼の仮名遣と音韻の関係についての認識に影響を与えていることも考えられる（これについてはさらに考察が必要であり、今後の課題である）。

　このように、『蜆縮涼鼓集』の内容がどのように形成されたかを知る上で、周囲の社会的状況はかなり重要な意味を持つ。それを見ることなくして同書の評価を正当におこなうことはできない。『蜆縮涼鼓集』の説明が理論的洗練の施されたものであることは疑いを容れないが、仮名遣の問題理解への音図の積極的導入を、ひとえに著者の卓見に依るものと見るのは適切ではない。

　ここまで見てきたことからすると、『蜆縮涼鼓集』は、謡曲での四つ仮名の別を、限られた範囲の伝承として留めず、彼自身の問題意識に基づいて、

さらに要点を整理した上で、広く日常万般の言語に及ばせようと意図したものと見ることができるかもしれない。この著者の立場に即して、謡曲と日常万般の言語との関係をどうとらえるべきかについては、あらためて7.3に述べる。

7.2. 京の発音「実態」を示す語例の出自

第4節では、『蜆縮涼鼓集』が発音法の説明に用いる語「天上」が、謡曲詞章中にも少なからず使われていることを指摘した。ここでは、他の挙例語についても、同じように謡曲詞章中に用例がないかどうかを見ることにする。ここで問題となるのは、発音法での例ではなく、京の「実態」を示すために引かれた例のほうである。これによって、謡曲との関連性をさらに探る。

まず『蜆縮涼鼓集』の問題の箇所を再度確認する。(19) に掲げたものを再び示す（下掲 (25)）。

(25).〔ア〕五音図（五十音図）に基づくジズ（歯音）、ヂヅ（舌音）の位置づけ
　　〔イ〕用言の活用、語の派生等が五十音図の行に従うこと
　　〔ウ〕ジヂ、ズヅの不正の実際（京の「実態」の部分）
　　〔エ〕先行する撥ねる音に対する注意喚起（字音における新濁）
　　〔オ〕実際の発音が、仮名の区別と一致する、正例の提示（**表1**参照）
　　〔カ〕実際の発音が、仮名の区別と一致しない、誤例の提示（**表1**参照）
　　〔キ〕謡曲「高砂」を例に引く世間の混用に対する著者の見解

全体の流れを整理すると、まず、音図に基づいて問題点を示す〔ア〕〔イ〕があり、これに続く〔ウ〕〔エ〕〔オ〕〔カ〕では先行撥音の有無に注意を向ける。そのうちの〔ウ〕は、京におけるジヂ・ズヅの混乱の「実態」を指摘した箇所で、〔エ〕では、音図に基づきながら、「丁子」「荀子」が連濁で濁っても「子（シ）」は本来が歯音であるため、ジであるべきで、撥音が前に

来てもヂに転じることはないと説明する。そして、〔オ〕〔カ〕は、撥音の有無と混乱の関係を実際の語例によって、正例と誤例のパタンをわかりやすく示す箇所である。

さて、この〔オ〕〔カ〕で列挙されている語が本節の対象である（131頁に掲げる表2を参照）。これらは、ジヂズヅを頭に持つ同一の漢字について、その字の前に撥音が来る熟語と来ない熟語を示し、比較したものである。たとえば、「上（じやう）」には、撥音が前に来る「進上」とそれが来ない「啓上」を掲げる。同様に、「奇瑞」対「天瑞」、「巻軸」対「八軸」、「弓杖」対「竹杖」のように巧みに対を作っていく。ある程度の無理を伴うので、そのペアが崩れているところもあるが、全体としてはよくできている。

これらの語はどこから思いついたのであろうか。漠然と普段耳にする日常語から拾い出されたのであろうか。全体的に見て、そうとは言えなさそうである。もちろん、ペアを作るため無理をしているので、つじつまを合わせようとの苦労はうかがえる。

いずれにせよ、先に論じた、発音法の「天上」が謡曲と関わりの深い語であったことを考えると、これらについても同様のことがあるのではないかと思われる。そして、実際見てみると、そうした例が少なからず見出される。

京の実態を説明するために掲げられているのは全部で32語ある（原文(18)参照）。その内訳は、4つの仮名「じ」「ぢ」「ず」「づ」の各々について、先行撥音が来る場合と来ない場合の2通りの、それぞれに4語ずつ挙げるというかたちなので、$4 \times 2 \times 4 = 32$ となる。

この32語のうち、謡曲の詞章中に所在が確認できるのは以下の12語である（各数字は例数）。これらの中にはもちろん『謡百番仮名遣開合』が掲げる語も含まれる（具体的には「啓上」「孔雀」「源氏」「行者」「八軸」「先陣」「還着」「奇瑞」）。

「啓上」（鞍馬天狗1）
「孔雀」（姨棄1、西王母1*）
「源氏」（源氏供養12、八島3、野宮2、浮舟1、清経1、実盛1、玉葛1、
　　　　忠度1、夕顔1、景清3、小原御幸1、須磨源氏1*、絃上1*、半

蔀 3*、簸 1*、摂待 2*）
「行者」（葵上 4、船橋 3、誓願寺 1、道成寺 1、当麻 1、善界 1、寝覚 1*、
　　　谷行 4*、葛城天狗 2**）
「八軸」（通盛 1、愛宕空也 2**）
「平地」（春日龍神 1、鵜羽 1、大社 1*、九世戸 1*）
「先陣」（頼政 1、藤戸 1）
「執着」（土車 1*）
「還著」（田村 1）
「神水」（御裳濯 1*）
「奇瑞」（誓願寺 1、養老 2、和布刈 1*、鍾馗 1*、皇帝 1*、大江山 1*）
「神通」（鉄輪 1*、一角仙人 3*、寝覚 1*、鱗形 1*、放下僧 1*、落葉 1*）

　以上は、「寛永七年黒沢源太郎刊観世黒雪正本」（西野春雄校注 1998『謡曲百番』）の各曲の詞章を調査した結果に基づく。ここでは所載の曲名と例数を掲げた。これに加えて、*を付した例は、この『謡曲百番』に収められない曲で、『謡曲大観』（佐成謙太郎 1930-1931）の収録曲によって用例を補っている。また、『謡曲大観』になく、『謡曲二百五十番集』（野々村戒三・大谷篤蔵 1978）の収録曲は**を付す。これら補足分の調査は、『謡曲大観』「謡曲語句総覧」、『謡曲二百五十番集索引』（大谷篤蔵 1978）、および『謡百番仮名遣開合』所載語を手がかりにしておこなったもので、全収録曲本文を通覧した調査結果ではない。なお、西野（1998）所載「古今曲名一覧」によって『蜆縮涼鼓集』（元禄 8）以前刊の近世版本収載曲に限定した。『蜆縮涼鼓集』の著者が目にした謡本がいかなるものであったかという問題を確実に明らかにし得ない以上、このような方法に依る。
　このようにして所在の確認できた語とそうでない語の一覧を**表 2**に掲げる。
　これを見てとくに興味深いのは、ジヂのすべての対、またズヅのうち 3 対において、少なくともその一方に所在が見出されることである（各語の謡曲中の所在に関しては、さらに広範な調査範囲によって新たに見出される可能性はある）。

具体的に見ていくと、著者が最初に掲げる語は、「上（じゃう）」を使った熟語で、「啓上」と「進上」が選ばれている。おそらく、これらは書簡からの連想に依るものであろう（「啓上」は謡曲中に見出せるが、その「鞍馬天狗」の例も「一筆啓上せしめ候古歌に曰く、けふ見ずは悔しからまし花盛、

表２『蜆縮涼鼓集』の例語の謡曲中における所在

		先行撥音が無い群		先行撥音が有る群	
ジ	啓上（けいじゃう）	○	進上（しんじゃう）	×
	孔雀（くじゃく）	○	練雀（れんじゃく）	×
	藤氏（とうじ）	×	源氏（げんじ）	○
	行者（ぎゃうじゃ）	○	判者（はんじゃ）	×
ヂ	八軸（はちぢく）	○	巻軸（くゎんぢく）	×
	空地（くうぢ）	×	平地★（へいぢ）	○
	帰陣（かいぢん）	×	先陣（せんぢん）	○
	執着（しうぢゃく）	○	還着（げんぢゃく）	○
ズ	香水（かうずい）	×	神水（じんずい）	○
	奇瑞（きずい）	○	天瑞（てんずい）	×
	好事（かうず）	×	杏子（あんず）	×
	通事（つうず）	×	綾子（りんず）	×
ヅ	七頭（しちづ）	×	千頭（せんづ）	×
	命鶴（みゃうづる）	×	万鶴（まんづる）	×
	普通（ふづう）	×	神通（じんづう）	○
	竹杖（たけづえ）	×	弓杖（ゆんづえ）	×

○…所在が確認できる語
×…所在が未確認の語
★…「平地」は誤って挙げられた例（誤りの発生理由については第４章第９節「『平地』誤入の背景としての鼻音」を参照）
（注）表中、各語に付した振り仮名（原文）は必ずしも歴史的仮名遣いに従わない。

咲も残らず散も始めず」のようなものである)。ところで、この「上」については、次条の発音法の説明で「天上」「最上」の対を用いる。先にも見たように、このうちの「天上」は謡曲中によく現れる語である（羽衣、江口、姨捨、小原御幸など)。「啓上」「進上」は、同じ「上」を使いながらも、直後の説明で使う「天上」「最上」と重複しないように配慮されているようである。

　上にも指摘した、各対の一方の語が謡曲に使われているという、興味深いパタンについては、謡曲で使われている語をもとにして、それと対になる語を探すという作業をおこなった形跡ではないかと疑われる。そこまでは確実に言えないにしても、これだけの例が拾えることから、京の発音の実態を示すはずの語例の重要な供給源の一つが、謡曲であることはほぼ間違いない。もちろん、可能性としては、**表2**のような謡曲中の語句との一致を偶然と見ることもできなくはない。しかし、これだけの一致があった上で、なお、彼がこれらの語を挙げるに際して、逆に、謡曲を頭に浮かべなかったということはまず考えられない。

　ところで、先行撥音の有無を違えて対を作るとなると、漢語に頼らざるを得ないのだが、ズヅについてはどうしても無理が生じる。「香水（かうずい)」と「神水（じんずい)」、「奇瑞（きずい)」と「天瑞（てんずい)」、「普通（ふづう)」と「神通（じんづう)」では漢語の対ができている（それぞれ「神水」「奇瑞」「神通」は謡曲中に用例が確認できる)。しかし、「好事（こうず)」、「通事（つうず)」に対しては「杏子（あんず)」「綾子（りんず)」を挙げており、対を揃える原則を諦めざるを得なかったらしい。

　ヅの例は「七頭（づ)」対「千頭（づ)」、「命鶴（みやうづる)」対「万鶴（づる)」、「竹杖（たけづえ)」対「弓杖（ゆんづえ)」とそれなりに対ができているが、ジヂに比べてそろえるのに苦心しているようにも見える。ただ、「七頭」「千頭」「命鶴」等からは別の供給源が垣間見える（後述)。

　「好事」「通事」「杏子」「綾子」などからすると、必ずしも語例を探すのに謡曲にのみ依ったわけではなさそうである。ズヅの場合は、「奇瑞」「神水」「神通」のように謡曲中に確認できる語もあるが、同一字で先行撥音の有無を違える条件を満たす対を作ろうとすると元々探しづらい。ただし、このう

ちの「好事（こうず）」については、同じ漢字を使った別語「好事（こうじ）」が「藤戸」に出てくる（「好事、門を出でず。悪事、千里を行けども」）。この「好事（こうじ）」からの連想で「好事（こうず）」が導かれた可能性も考えられなくはないが、むろんこれは想像の域を出ない。

　細かな問題はあるにせよ、全体としては、謡曲との関連は明らかであろう。当時、謡曲の場では、ジを唱えるに当たって撥ねる音に続くか否かが意識されていたという状況があり、著者が謡曲を嗜んでいるとすれば（本章冒頭の亀井1950a参照）、このような関連が出てくるのはむしろ自然である、ということになる。

　第4章で指摘したように、『蜆縮涼鼓集』の著者は、和語だけでなく漢語についてもジヂ・ズヅの区別が大事であることを力説している。実際、とくにジヂには数多くの漢語がある。漢語の重要性を説くことは、謡曲との関連においても無視できない。謡曲には多くの漢語が使われている。『謡百番仮名遣開合』が掲げる語の中にも、他に「鬼神（きじん）」「生死（しゃうじ）」「無常（むじゃう）」「今生（こんじゃう）」「宣旨（せんじ）」「五濁（ごぢょく）」「同塵（どうぢん）」「戦陣（せんぢん）」「数珠（じゅず）」「逗子（づし）」等々、多くの漢語に「しちすつ」の唱え方の指示があり、とくにジを中心に撥音後の唱え方も問題にされていた。

　以上の考察から、結論として、『蜆縮涼鼓集』の言う京の「実態」が、この著者によるごくふつうの日常言語の個人的な観察によって導かれたとすることは考えられない。

　最後に、ヅの例「七頭」「千頭」「命鶴」について述べておく。これらは、まず間違いなく『太平記』から取られたものである（「今、千頭王鬼ト成テ、七頭ノ牛ニ乗レリ」〈巻23　大森彦七ノ事〉、「饗庭命鶴丸」〈巻29、巻31〉、古典文学大系による）。また、「弓杖」もいろいろな場面で『太平記』に頻出する語であり、表2の他の語についても『太平記』にも多く目にするものが少なくない（「源氏」「藤氏」「先陣」「平地」「奇瑞」「神水」「神通」など）。このように謡曲と並んで、『太平記』との接点が見出されることは注目に値する。元禄当時、京において、「太平記読み」がさかんにおこなわれたようで、著者もそうした講釈に触れる機会が少なからずあったのではないかと推

測される。著者が接したと考えられる「太平記読み」がどのようなものであったかについては、いちがいに「太平記読み」といってもその内容は単一ではなく、より慎重に構えたほうがよさそうではある（加美宏1997参照）。とはいえ、謡曲と併せて考えたとき、口誦芸能における言語が取り上げられているとしたら、同書の背景を考える上でこれもまた重要な事実である。

いずれにしても、このように見てくると、「総て京人の物いふを聞に」として指摘されている実質は、ありふれた日常の言語を観察する中から導き出されたものと言えない。また、「太平記読み」との接点は、かえって著者について知る手がかりが別の角度から得られる可能性もあり、今後さらに考えるべき課題となる。

7.3.「高砂」

以上の、(19)(=(25))の〔ア〕から〔オ〕までの流れを承けて、条の最後に置かれた〔カ〕を取り上げる。これは、謡曲「高砂」の章句を引用した、京の「実態」を咎める締めくくりの部分である。京の人は撥音が来るか来ないかによって間違いをしていると例を挙げた上で、「剰〔あまつさへ〕還城楽〔げんじやうらく〕の舞〔まひ〕、万歳〔ばんぜい〕の小忌衣〔をみごろも〕、万歳楽〔まんざいらく〕などと謡〔うた〕ふ時に是を習はぬ人は多分は舌音〔ぜつおん〕に呼成す也、聞悪〔にく〕き事也」と述べている。(18)に掲げた原文に沿って、条全体の流れに注目して見ていきたい。

興味深いのは、謡曲「高砂」で正しく謡えず聞き苦しい結果に陥らないためにも、正しい呼法を習う必要があるとしていることである。「高砂」を引き合いに出して、逆に、日常におけるその習得の重要性を強調する。「剰へ」はそのような文脈の意味で取ることができる（以下に述べるように亀井1950aと解釈が異なる）。

ここで、問題のジ（還城楽）だけでなく、他のザ行音を取り上げていることも、ザ行音全体を問題にする『謡百番仮名遣開合』（ザ行全体に対し「和にあつかふ」とすること）と一致する。その意味でも謡曲における発音と符合する。

『謡百番仮名遣開合』の指示は、ザゼゾがダデドにならないように注意せ

よとの意ではなく、直接にはザ行を耳立つ破擦音で唱えることを戒めたものと考えられるので、『蜆縮涼鼓集』の「多分は舌音に呼び成す」もその意味で解釈すれば、必ずしも「万歳（ばんぜい）」がはっきりとしたバンデイになったり、「万歳楽（まんざいらく）」がはっきりとしたマンダイラクになることに限定されない（いずれも撥音の後であることに注意される）。これに続く、「田舎人の越前をゑつでんといひ瀬（せ）といふべきをちゑといへるにひとしかるべし」は、「還城楽」「万歳」「万歳楽」を、舌を上顎に当てて唱えては、「越前をゑつでん」と言う田舎人のような聞き苦しい音になってしまう、と指摘しているのではないだろうか。都人にとって極端な例を示すことで、問題にしている呼法の重要性を説こうとしたのであろう。この部分について亀井（1950a）は、「この記事の冒頭に『剰ヘ』といってゐるのは、ここに指摘する所が『還城楽』の『城（じやう）』の発音のみならず、『万歳』の『歳（ぜい）』、『万歳楽』の『歳（ざい）』に亘ってゐるためであって、これは、恐らく、当時、京都の一部に、撥音につづくザ行音を、すべてダ行音に転訛して発音する者のゐたことを、語るものと解し得る」（亀井［1950a］1984：298頁）とするが、上のように見てくると、「剰ヘ」をこのように解する必要はなくなる。

　以上、五十音図、挙例語、「高砂」について見てきたように、『蜆縮涼鼓集』の(18)の条全体として、謡曲における発音との関連性が多く認められる。著者は、謡曲における発音指南を意識しつつ、本条を著したものと推測される。また、読む側にとっても、謡を知っていれば、本書の中身を少し読んだだけで、その唱え方が想起されたに違いない。実態として引かれる例にも謡曲で目にする語が少なからず目に入ってくるし、五十音図の説明も謡曲を知っている者にとってはそれなりになじみのあるものである。条の最後に引かれた「高砂」も、そうした読者を想定して挿入されているのであろう。正しい呼法に習熟していない人は、誤って謡ってしまう。これは、田舎人の発音と同じくらいみっともないことなのだと強調する[*10]。これでは論理が

　＊10　「田舎人」を引き合いに出して意識を喚起させるやり方は、第3章で指摘した『和字正濫鈔』の説明とも共通する。

逆転しているようにも見えるが、そのような論法で日常の発音に目を向けさせるほうがより説得的だったのではないか。「高砂」で耳障りな唱え方をすることの、みっともなさを強調的に言うことで、謡曲のみならず、日常万般において音の区別、仮名の書き分けに心がけることの重要さを説く。「晴れの場でのスピーチで恥をかかないためにも日頃から正しい日本語を身につけておきましょう」という発想と通じるものがある。以上のようにして、誤りを指摘する条を締めくくり、「一　此四音を言習ふへき呼法〔こほう〕のこと、歯音のさしすせそ、是は舌頭〔ぜつとう／したさき〕、中〔ちう〕に居〔ゐ〕て、上顎〔うはあぎと〕に付〔つか〕ず、舌音のたちつてと、是は舌頭を上顎に付てよぶ也」（第4章（4））と正しい発音法を示す条に続けている。

8. まとめ

『謡百番仮名遣開合』のザ行（とくに撥音後のジゼ）に対する注記は、当時の謡曲における発音指南の様子を伝えている。それは、撥音後のジズの呼法を力説する『蜆縮涼鼓集』の内容とも通底する。謡曲の嗜みがあるこの著者の説が、謡いにおける伝授とまったく無関係になされたものとは考えられない。また、『蜆縮涼鼓集』が指摘する、当時の京の「実態」認識（撥音の後ではヂヅになり、撥音が来なければジズに呼ぶ）もこの発音指南と裏返しの関係にあり、謡曲の唱え方から示唆を受けたと考えるのが蓋然的である。

本章では、資料評価と著者の洞察力とを直接的に結びつける前に『蜆縮涼鼓集』の背景的状況をまず確実に押さえる必要があるとの立場に従い、主に、この書と『謡百番仮名遣開合』を対象に、その内容の分析を進めた。

その考察結果に基づけば、著者鴨東萩父の洞察力は、京の「実態」を看破したところにあるのではなく、謡曲の唱え方の教えをもとに、問題の要部を押さえ、相補分布に相当する全体のパタンを的確に整理したところに現れていると見るべきである。ただし、それが「実態」そのものかどうかに関しては別に検証が必要である（第6章第8節、および第7章、第8章を参照）。

また、『蜆縮涼鼓集』について、これまで十分に顧みられてこなかった、さらに具体的な謡曲との関連性を指摘した。

その一つとして、まず、謡曲においても、発音上の問題を五十音図をもとに整理、理解していることである。『蜆縮涼鼓集』は、いわば謡曲という限られた場の外に出て、当時の日本語を対象に音図に基づく音韻構造の把握をおこなっている。しかし、謡曲の発音指南において、五十音図が利用されている当時の状況は、背景的事実として無視すべきでない。この書が示す、五十音図を基盤とする音韻認識に関しては、ひとえに著者の卓越性のみに帰するのでなく、その評価に際し、より慎重な取り扱いが求められる。
　二つ目は、同書「凡例」に掲げられた解説中の語例に、謡曲の詞章（さらには太平記）に現れる語が少なからず見出せることである。これによって、同書が京の実際の発音とする内容は、日常のふつうの言語の観察に基づくものと言えないことが明らかになった。また、これとの関連で、同書がジヂ・ズヅの区別を説くのに和語のみだけでなく漢語を強調することも、漢語が謡曲に多く現れることとの関連において無視できないことを指摘した。
　この書が生み出される土壌を考える上で、謡曲との関連はこれまで考えられてきた以上に深いものがある。この書については、(26)のような評価もされている。

(26).　『蜆縮涼鼓集』は、この書の著者にとって最近まで維持されて来た四つがな音声を復元しようとする立場から記されたものであって、日常語を多く含んだ収録語彙の性質から見て古典古代音を展望するものではない。著者の記憶の範囲内にある音声学的内省が効果的に本書を力づけている。
　　　　　　　　　　　　　　　　　　　　　　（釘貫亨 2007：76頁）

　「著者の記憶の範囲内にある音声学的内省」に関して、本稿の立場からすると、その中身が問題となる。著者の「記憶の範囲」の中心に謡曲があるということになる。(26)で言う「日常語」は主に同書本篇の収録語彙を指しているが、本章で見たように、京の実態として凡例に示されている一群の語からは、直ちに「日常語」に基づく内省と認めるのは難しい。これを「音声学的」と呼ぶことについては具体的にどの点を指してそう評価するのかに依るだろう。

さて、以上のように、謡曲での発音指南と『蜆縮涼鼓集』との間に関連が認められることはその成立背景の面では興味深いが、音韻史としてそれがいかなる意味を持つかについては詳しく述べてこなかった。これに関しては、さらに考えるべき問題が残されている。すなわち、なぜ、当時、撥音の後という点がこのように問題にされたのかということである。『蜆縮涼鼓集』にとって、謡曲の唱え方が重要な情報源であったとしても、この著者自身の中にも、それに共感しうる言語的直感があるはずである。つまり、謡曲における唱え方にしろ、この著者の認識にしろ、それを導く同時代的な問題が背後にあると考えられる。たとえば、現代語では、話者の多くが、撥音の後のザ行音が耳障りに感じることもないし、破擦音と摩擦音との違いに敏感に反応することもない。というより、一定程度の音声学的訓練を受けた者でも、それを聞き取ることすら相当に難しい。それに比べると、当時は極めて敏感にそれに反応している。とくに鼻音が絡む点には注目すべきものがある。そこに、この時代に特有の音韻史的問題が存在すると見られる。これは、社会言語的な現象であり、そうした観点からの考察が必要である。この言語感覚が生じる背景を突き止めることが音韻史にとって重要な課題となる。これについては次章で取り上げる。

第6章

耳障りなザ行音の「発生」

1. はじめに

　人はふつう、母語の発音をいちいち意識したりはしないものだが、何らかのきっかけで、特定の音が気になり出すことがある。そのような意識の発現は、過去の文献を通してもうかがうことができる。それが、ごく個人的な感覚にとどまるのではなく、同時代的な共感に訴えうるものだとすれば、当然、母語の音に敏感になったその契機も、多数の人間によって共有されているはずである。音韻史としては、そのようなきっかけの正体をよく見極めることが重要である。

　他方、発音に関する記事が文献中にあったとしても、それが言語の記述それ自体を目的にしたものでない以上、当時のことばを客観的に観察して得られた所産ではありえない。その内容には、それを記した背景、別の言い方をすれば、バイアスが色濃く反映されているはずである。文献が持つこの特質は、研究においては、しばしば、資料としての限界、除去補正されるべき雑音と否定的にとらえられる。しかし、その「ゆがみ」にこそ個々の文献（もしくはその記事）の本質があるとすれば、そこに独自の価値を見出すことに意義を認めることができる。つまり、時代のその時々において、人がことばをどのように認識したのかを問題の中心に据えることである。母語の発音に気づく契機がいかなるものであるのかも、そこから明らかになると考えられる。本章はこのような立場に立って、『蜆縮涼鼓集』、および『当流謡百番仮名遣開合』（以下、『謡百番仮名遣開合』と略する）に関する前章の考察を受けて、音韻史の問題について考える。

2. 問題の所在

　前章では、『蜆縮涼鼓集』と謡曲における発音指南との関連について明らかにしてきた。『蜆縮涼鼓集』の作者は「総て京人の物いふを聞くに、上〔かみ〕をはぬれば、しすの二字をもぢづの音に呼ぬ」と述べるが、この「実態」認識が容易に導けたのは、謡曲において、撥音後にとくに神経を払う習慣が存在し、それが重要な手がかりになったことを指摘した。謡曲では、撥ねる音に続くザ行音（『謡百番仮名遣開合』で明確に確認できるのはジゼ）の唱えにとくに気をつけよと教えられているので、それを裏返せば、京の人々がどのように誤っているかを「認識」することができる。その意味では、これは、京の人々の発音をありのままに観察して得られた結果ではない。

　そうだとすれば、こうした謡曲の唱え方の伝承はどのようなところから発生したのだろうか。それを生み出す同時代的な言語感覚がその背後にあるとすれば、それを明らかにする必要がある。この点が本章の中心となる課題である。

3. 謡曲における発音の取り扱い

　『謡百番仮名遣開合』は、第5章で詳しく見たように、謡曲中の語句についてその謡い方（発音の仕方）を示したもので、曲ごとに注意すべき語句を列挙し、各々に簡単な注記を付している。この書について岩淵悦太郎（1944）は次のように述べている。

> 　謡曲においては、謡い物としての性質上、言葉の発音方面の事が重視される。（この発音方面に関するものを、謡曲家は文字扱い又は仮名扱いと称し、これに対して節まわしに関するものを節扱いと言う）。…【中略】…時代が遷るにつれ、伝承を重んずる守旧的な謡曲の発音と、自然の推移に委せられた一般口語の発音との間に次第に隔たりが出来、その差が大になるに従って、文字扱いに一層留意したものが現われるに至った。元禄10（1697）年刊の『当流謡百番仮名遣開合』（池上幽雪撰、大阪刊）は、全巻謡曲の発音方面を取り扱ったものであり、……
>
> （岩淵［1944］1977：347頁）

しかしながら、注意されるのは、これが必ずしも一般的な意味での発音と言えない点である。その内容はむしろ、言語音と謡曲独特の謡い方とが混然としたものである。一見すると、次のような条は「守旧的な謡曲の発音」に該当すると言えそうである。

(1)．少将　　　せうとすほり　しやうと開　　　〔斑女　8丁裏〕
(2)．長　　　　ちやうと　ひらく　　　　　　　〔斑女　8丁裏〕
(3)．高野　　　かうと　ひらく　　　　　　　　〔卒都婆小町　12丁表〕
(4)．僧　　　　そうと　すほる　　　　　　　　〔卒都婆小町　12丁表〕
(5)．明神　　　みやうとひらき　しの字和に　　〔春日龍神　32丁裏〕
(6)．囀り　　　さへつりと　つの字つめる　　　〔卒都婆小町　12丁裏〕
(7)．神輿　　　しんよをしんによといふ　　　　〔兼平　10丁表〕

　すなわち、(1)～(7)は、オ段長音開合の区別、四つ仮名の区別、あるいは連声に該当し、古い世代の発音が謡曲において伝承されたもののように見える。謡の伝承を通して、より以前の発音がいかなるものであったかをうかがい知ることができそうである。ところが、これら(1)～(7)の類と何ら差別なく、次のような項目も混在している。

(8)．孝行　　　かうと開　かうと開共上は中開ニ下開　　〔湯谷　8丁表〕
(9)．王城　　　わうしやうと二ツ開共　上中　下開　　　〔兼平　10丁裏〕
(10)．成仏道　　是はしやうたう共開　仏の字中有故
　　　　　　　　　　　　　　　　　　　　　　　　　　〔自然居士　79丁裏〕
(11)．先々　　　まつまつと前のつの字つめ後はつめす　〔湯谷　7丁裏〕
(12)．四条五条　てうと上はつめ下はつめす　　　　　　〔湯谷　8丁表〕

　一見してわかるとおり、(8)～(12)は、過去の発音がそのまま伝承されたものと言えない。具体的に言うと、(8)(9)では、一語に重複して出てくる開音について、それぞれ、一字目の「孝」「王」は「中開」に唱え、二字目の「行」「城」は「(本)開」にするよう指定している。また、(10)では、

これとは対照的に、中に「仏」の字があるため、「成」「道」ともに開音で唱えるようにと言う。また、四つ仮名に関しても、(11) のように「まづまづ」と繰り返す場合には最初の「づ」はつめても、二度目の「づ」はつめずに唱えよと言う。(12) についても、「四条五条」の二つの「条」字（ぢょう〔でう〕）は、最初と二番目とで、差をつけて、先頭はつめて、二番目はつめないようにと指示されている。このように本来の区別からでは説明できない指示が、本書全体を通して数多く記されている。これらの唱え方も、本来の区別に合致する指示とともに、「詰める」か否かの問題であることにかわりない。すなわち、これらの総体が、謡曲で言う「仮名遣ひ」（岩淵1944でいう「文字扱い」「仮名扱い」）の内容になっている*1。(1) ～ (7) を古い時期の発音を伝えるものと見なし、音韻史の材料に選ぶ一方、(8) ～ (12) を最初からその考察対象より除外するというのでは、全体の性質を見誤るおそれがある。各項目は、ふるいにかけるように、古い時代の発音が伝承された部分とそうでない部分とに分類可能である、と速断できない。

　この点に関しては、すでに岩淵 (1969) も、「古くから謡曲に見られる発音法は、謡曲の大成した室町時代の一般の言葉の発音を反映したものなのか、それとも、謡曲の音楽としての要請から生じたものなのかどうか、このことについてよく考えてみる必要がある」（岩淵［1969］1977：157頁）、とか、「音楽上の要請で生まれた発音法のあることも忘れてはならない。口誦資料で知られるものを、すべて、過去の一般の言葉の発音と受け取ることは、もちろんつつしまなければなるまい」（同：164頁）と方法上の注意を促している。しかし、問題は、「音楽上の要請」によるものと「過去の一般の言葉の発音」を反映するものとに明確に分けることが、果たして妥当であり、また、可能であるかである。当時の謡曲にあっては、上にも述べたように、この二者の区分が本質的にその「仮名遣ひ」の内部に存在するわけではない。むしろ、種々の要因が混然としたかたちで、個々の「仮名遣ひ」に反映されている。とくに、謡曲における「仮名遣ひ」は、舞台言語に属するものであり、それゆえの特性がどのように顕現しているかに注意を払う必要も出てく

---

　*1　謡曲で言う「仮名遣ひ」は、発音の仕方を指す（第5章7.1参照）。

る。
　謡曲関連文献を音韻史の資料とする際の、従来の基本的な考え方は、おおむね (13) のような見方に基づいているようである。

(13)．謡曲の伝承過程を通じ、成立時の発音が受け継がれたため、その間に生じた音変化によって失われた部分もあるものの、その保守的な性格ゆえに、より古い時期の状態が保持されている（部分がある）。

　この見方には、研究史的な背景として、国語史（日本語史）において、まず、古い時期の発音を知ることが第一の目的であり、資料の価値もその目的に応じうるか否かによって判断されたという事情が関係している。
　しかし、ここではそのような点だけに限定せずに、こうした発音の伝承が求められる契機がいかなるものであるかに検討を加える必要がある。

4．謡曲におけるザ行音の取り扱いとその問題点

　『謡百番仮名遣開合』には、第5章でも述べたように、ザ行音を対象に (14) 〜 (20) のような注記が見られる。項目数としては (14)(15) に示す、ジズ、なかでもジを対象とするものが大半を占めるが、それらと並んで、(16) 以下のように、ザゼゾも同様に対象になっている（具体的な項目数については、第5章第4節）。

(14)．老人　　　らうと開しんのしの字和　　　　　　〔天鼓　82丁裏〕
(15)．梢　　　　こすへとすの字和ニ　　　　　　　　〔賀茂　26丁裏〕
(16)．二万歳　　にまんさいとさの字和ニあつかふ　　〔白鬚　18丁表〕
(17)．衆罪　　　しゆさいとさの字和に　　　　　　　〔善知鳥　65丁表〕
(18)．是非　　　せの字和に　　　　　　　　　　　　〔頼政　15丁表〕
(19)．増上　　　そうと和にすほりしやうと和開　　　〔善界　80丁裏〕
(20)．仏像　　　さうとさの字和にひらく　　　　　　〔千手　11丁裏〕

　具体的に言うと、これらには「和に（あつかふ）」（「やはらかに（あつか

ふ）」、読みに関しては第5章第4節参照）との指示が付されている。また、撥音後か否かにかかわらず、付されている点も注意される。

　要するに、謡において「和に」唱えないザ行音は耳障りであったらしい。第5章第7節7.1（121頁）で見たように『謡百番仮名遣開合』の巻頭には音図が掲げられているが、その図にも「さしすせそ」の「五字」を「和（に）あつかふ」と注しており、本編部分の取り扱いと合致している。ダ行については、前節（6）のように「つめる」と注するのはヂヅのみで、音図においても、「たちつてと」の仮名のうち「ちつて」の「三字」のみを「詰」と指示する（「て」が入るのは「でう」「でふ」があるため）。

　そのため、四つ仮名の区別という観点だけでこれを理解することはできない。むろん、謡曲では当時、濁る「しちすつ」を言い分けること（すなわちその区別）が必要とされており、現に『謡百番仮名遣開合』にも、音図に続いて注意事項を項目化した箇所に＊2、「しちすつの分濁ル□かな違事」と題した一項が掲げられている（図版1参照）＊3。しかし、他方ではザ行全体を「和に」と指示するのであるから、「しちすつ」を言い分ける以上のことが求

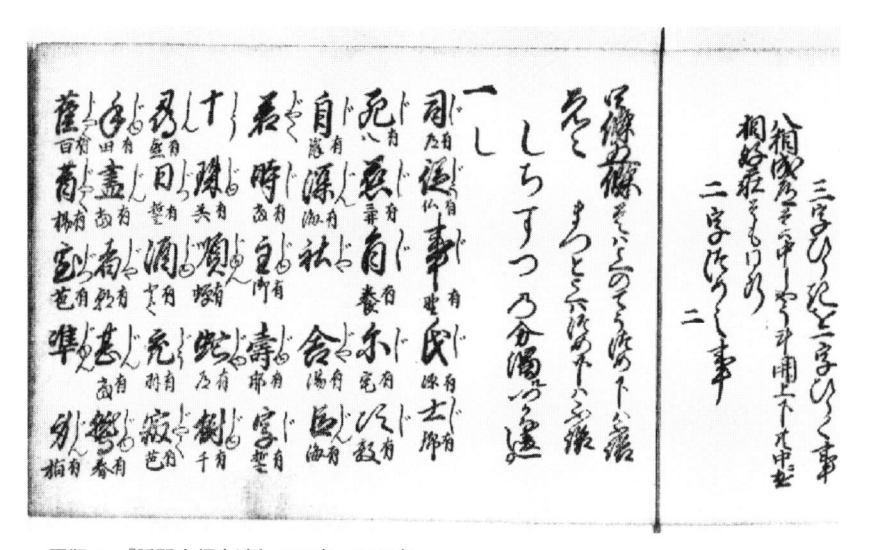

図版1　『謡開合仮名遣』2丁裏、3丁表
　　　　（『当流謡百番仮名遣開合』元禄14年再摺版、東京大学文学部国語研究室蔵）

められている。

　さらに、第3章で見たように『和字正濫鈔』によれば、当時、ジズは「常のごとく」濁れば問題ないのであるから、区別の観点から言えば、いちいち「和に」と指示する必要はない。また、『蜆縮涼鼓集』も、撥ねる音さえ先行しなければジズはそのままの唱えで正しいと言っているので、撥音が来ないジズないしザ行音にまで「和に」と指示する必要はない。しかし、それでは舞台言語として不十分なのであろう。

　ダ行との対比から、ザ行に付された「和に」は、破擦音ではない、摩擦音の実現を指し示したものであることは間違いない。ただし、摩擦音であればよいというのではなく、聴き手にもすぐわかるような、いかにもやわらかに響く、誇張した発音が意図されているのだろう。おそらく、日常言語との差異化が目指されており、言葉の響き自体が審美の対象になっている。

　このように見ると、「和に」は舞台言語としての要請に基づくものであると言うことができる。従来の基本的な考え方に従えば、「音楽上の要請」によるものと見なすことになる。しかし、たとえ舞台の上での誇張した発音であろうとも、ザ行に対するそのような美的感覚が何に由来するのかを探ろうとすると、どうしても、何らかの社会言語学的要因の存在を考えざるを得ない。たとえば、これには、歌唱指導などの場で、近年まで日本語を「美しく」響かせるためにガ行を鼻音で発するように教えてきた（あるいは、今でもそのように教えている）ことが想起される。

　とはいえ、発音の古態が保存伝承された結果であると言うには困難がある。たとえば、(17)「衆罪」の「ざ」のザ行子音は、母音間のものである。これを、もともと摩擦音であったザ行の子音が破擦音化したため、その古い音が17世紀末まで伝承維持されたと結論づけるには相応の説明が要る。母音間のガ行鼻濁音の場合には、より前の世代の東京語にその特徴があり、それが

　＊2　(14)〜(19)のような本編部分に入る手前の、かつ音図に続く位置に、注意事項を項目化した箇所がある。ただし、本編で指示されているすべての発音上の問題がそこに網羅されているわけではない。

　＊3　□の部分は判読が難しく、これまで「四」あるいは「仍」かとされている。「可」と考えられなくもないが、依然不明である。

失われるに抗って強調されるようになった。当時のザ行全体に関わる美意識の発生とそのメカニズムには、これとは異なる経緯を考える必要がありそうである。

このように見てくると、前節で指摘したように、謡曲における個々の発音法は、「音楽上の要請」によるものと「過去の一般の言葉の発音」を反映するものとに明確に分けることは必ずしも有効ではない。場合によっては、二者が混然としたかたちでそこに反映されていることも考慮しなければならない。ザ行に対する指示について速断はできない。

さて、ザ行音に関する美意識の背景を考えるにあたっては、さらに、第5章で詳しく見た、撥音に続く場合の特別の注記にも目を向けなければならない。『謡百番仮名遣開合』を通して知られる、謡曲におけるザ行音の唱え方は、ザ行全般を「和に」と指示することに加え、撥音後のザ行（明示的な注記はジゼに限られる）に特別の注意を向ける点が特徴的であった。以下では、これも手がかりにして考えていく。

5. ザ行の過剰訂正

前節に見た謡曲におけるザ行音に関して、これらは、もともといかなるきっかけで意識に上り、謡曲の場に取り入れられたのだろうか。あらためて問題を整理することにする。これに対する解釈には、次の二通りが考えられる。

(21).〔ア〕この発音は、ある時期までのザ行音の発音を反映している。
　　　〔イ〕この発音は、必ずしも過去のザ行音の発音を反映してはいない。

〔ア〕を具体的に敷衍すると、(22)のようになる。これは、先ほど述べた、古い発音が保持されたと見なす考え方から導かれる解釈である。

(22).　元来、ザ行子音が摩擦音であったことがこの伝承によりうかがえる。摩擦音で発音する古い世代の感覚が、破擦音の実現をとがめたものである。

ザ行の音価に関しては、さらに古くは破擦音と推定されるサ行とどのような関係にあったのか、また、他の濁音とどのような関係にあったのか（とくに前鼻子音の問題）といった考えるべき問題があり、その歴史的な経緯の精確なところをつかむのは必ずしも容易ではない（第7章第3節でも触れる）。そのような中で、サ行子音の歴史との関わりから、小倉肇（1998）は、次のような推定をおこなっている（小倉［1998］2011:152-154頁）。それによると、ジヂ・ズヅ合流直前のザ行子音では、破擦音と摩擦音が異音関係にあり、語頭（および撥音の後）では破擦音で、非語頭では摩擦音で実現されていたという。本来、清音のサ行もこれと同じ現れ方をしていたが、サ行では、語頭が摩擦音化していったのに対し、ザ行の側では、同様に摩擦音化を生じなかったと見ている（中世のザ行に破擦音が残っていたのではないかとする点に関しては、さらに、亀井孝他［1964］2007:104-105頁、丸山徹1981をも参照）*4。

　そして、このような異音関係を保ったままのザ行に、破擦音化したヂ、ヅが合流していった（合流の結果、非語頭のヂ、ヅは最終的に摩擦音として実現されるようになった）。つまり、ジヂ・ズヅの合流は、ザ行の元からの異音分布に吸収されていくかたちで進行した、というわけである。第3章、第5章で述べた、ヂヅがジズに対して前鼻要素を持って区別される状態は、その合流の一歩手前の段階である（つまり前鼻破擦対非前鼻摩擦）。おそらく異音に取り込まれる流れに対して、前鼻要素は有力な区別の特徴になったと考えられる。それが、文献を通して伝えられているのだろう。

　ちなみに、語頭の摩擦音化が清音（サ行）に限って生じたのは、和語では濁音が原則として語頭に来ないことと、ジとヂ、ズとヅの機能負担量が小さいことのために、濁音（ザ行）ではヂヅの破擦音化からのpush chainが強く働かなかったことによるとの考えである（これらの機能負担量については高山知明1993参照）*5。また、現代語のザ行子音に、破擦音と摩擦音とが

---

　*4　亀井孝他（1964）の、「ここでは、詳しい話をいっさいはぶかなければならないが、サ行（清音）が摩擦音化してのちも、ザ行（濁音）のほうは、かなりのちまで——おそらくは室町時代においてさえ——破擦音であったのではないかと思われるふしがある。」（［1964］2007:104頁）を参照

異音として現れていることも、このような過程を経たと考えることによって容易に説明がつく。

さて、もし (21)〔ア〕の解釈に従うとすれば、ザ行のすべてが、以前はすべて摩擦音であっことを意味する。17世紀の京都でも、次節に述べる高知方言の変化と同様の過程をたどったとすると、こうした解釈があてはまる。ザ行に破擦音が異音として現れるようになって、その新しい響きが耳障りに感じられ、謡ではザ行を「和にあつかふ」よう指示するようになったというわけである。一見すると、こちらの方が解釈としては単純である。

しかし、上記のように、先行研究をふまえると、少なくともこの時期の京都に関しては、ザ行子音（の一部）に破擦音の実現をまったく認めないとするのは難しい。そうだとすれば、もう一方の〔イ〕の立場に依らなければならない。

このとき、なぜ、ジズ以外の、ザゼゾに関わる微細な差異までもが注意の対象になっているかである。現代の、ある程度の音声学の訓練を受けた者にとっても、ザ行の個々の音声が破擦音か摩擦音かを聞き分けることはたやすくない。しかし、当時は、この違いに敏感である点で今日と異なっている。しかも、〔ア〕とは違って、ザ行には元々破擦音が異音として存在したとするのであるから、なおのこと、この点に答える必要がある。

この問題をふまえて、〔イ〕の立場に立って考えるとすると、一連の経緯として次の推定が成り立つ。

> ジヂ・ズヅの混乱に伴って、ジとヂ、ズとヅの違いを明瞭に発音することが意識され始めると、ジズのみならず、ザ行音全体の発音が敏感に感じられるようになった。ザ行音の中にはもともと破擦音の実現もあったため、ザゼゾのそれも意識されるようになり、その実現を耳障りに感じる感覚が生じてきた。要するに過剰訂正 hypercorrection の発現である。これは必ずしも古い発音を保持しようとの意図から出るものではないし、

---

*5 小倉 (1998) の推定は、高山知明 (1993) で示した変化のプロセスと異なるが、本稿で扱っている諸々の文献の材料から判断し、今は小倉 (1998) に従う。そのため、本章の結論も高山 (1993) と異なっている。

また、全くの「音楽的な要請」に因るものでもない。

　もちろん、舞台言語である点は考慮しなければならない。先にも触れたように、もともと、謡曲のような舞台言語ではその性格上、ことばの響きそのものに敏感になることが考えられる。そのような場では過剰訂正が起こりやすい。
　しかし、見誤ってならないのは、これが、舞台言語という特殊な場に限定される問題でないことである。この種の過剰訂正は、潜在的であるにしろ、その時代の母語話者一般に広く共有される感覚を基盤として発生するものである。舞台言語の中で現れることではあっても、時代性を反映する社会現象としての側面を持つ。この場合の時代性とは、言語史の立場からとらえられるこの時期特有の言語感覚である。こうした過剰訂正の発現は、言語変化の重要な一局面であり、それが文献を通して捕捉されるとすれば、見逃すことはできない。この種の現象に対しては、日本語音韻史において従来、必ずしも十分に関心が向けられてこなかった。

6. 合流の過程としての撥音後における対立の中和

　前節では、ジズだけでなく、ザ行音一般の発音指示がなされるのは過剰訂正に因るものであると推定した。次に、とくに撥音後に注意を向けるのはなぜかについても論じる必要がある（『謡百番仮名遣開合』での各例数は第5章第4節参照）。
　前節で述べた小倉（1998）の推定に従えば、ザ行では破擦音と摩擦音とが異音の関係にあり、そこに吸収されるようにして、ジヂ・ズヅの合流が進行した。撥音に続く場合は、ザ行も元から破擦音（ないし破擦音に傾いた音声）で実現されていた。そこに、ヂヅの破擦音化が起これば、撥音の後の場合には、とくにジズの側が摩擦音に逃げない限り、そのまま区別を失う。つまり、母音間の位置よりも区別が失われやすい条件にある。これは、完全な合流の一つ前の段階であり、共時的に解釈すれば、音韻論的対立自体は存在するが、特定の環境（撥音の後）では中和する状態であった、ということである。

以上のような音韻史的背景があったとすると、謡曲における、撥音の後のザ行音の唱え方の指示も（とりわけジの場合に集中するのは、拗音も含まれ、漢語が多いことが影響していると考えられる）、その発生事情の説明が可能になる。その指示が見える『謡百番仮名遣開合』は元禄10（1697）年刊〔再摺本『謡開合仮名遣』元禄14（1701）年刊〕であるが、伝授の習慣は元禄期よりもさらに遡るはずである。それが発生した頃は、まだ合流が完了する一つ前の段階にあったのではないか。
　このように考えた場合、その発音指南は、やはり、(20)〔ア〕の、より古い世代の音を謡曲において保持しようとしたものではない。もともとザ行子音が撥音の後で破擦音で実現される傾向にあったとすると、この唱え方は、ジ、ズの古音を伝承しようとしたのではなく、ヂ、ヅとの違いを際立たせようとの動機から発生したということになる。その際、撥ねる音がとくに耳立ったということであろう（この点はさらに考えるべき問題があり、次節で述べる）。
　また、ジズ以外の撥音後のザゼゾについては、これも前節と同じように過剰訂正の現れと見ることになる（ただし、撥音後のゾの語句は『謡百番仮名遣開合』の条には挙げられていない。撥音後のザ行全体を明示的に注意するものとしては次節に掲げる『音曲玉淵集』『謳曲英華抄』がある）。
　ところが、小倉（1998）の推定とは異なる変化のプロセスが、現代の高知県方言に関して明らかにされている。久野マリ子・久野眞・大野眞男・杉村孝夫（1990, 1991, 1995）の調査、分析によれば、その過程は次のようなものである。その分析は多角的な観点で行われているが、ここでは本論にとくに関係する点に絞る。
　すなわち、高知県中村市、安芸市ともに、ジヂ・ズヅが安定して区別されている老年層では、ジズは語中（母音間）のみならず、語頭、撥音後のいずれにおいても摩擦音であり、対するヂヅは破擦音で実現されている（ただし、ヅは「破裂の要素の大きな破擦音 [d^{z}u]」までの幅の異音を持つ。話者や語例によっては、[du]のような破裂音に限りなく近く聞こえることがある」と指摘されている。なお、ヂヅともに軽い前鼻要素を伴う。同：94頁参照）。このように明瞭な音韻論的対立が老年層では認められるが、年齢層が若くな

るにつれて、ジズでは語頭・撥音後での破擦音化率が上がっていき、ヂヅでは語中（母音間）での摩擦音化率が上がっていく。この結果から、ジヂ・ズヅの合流は、ジズの語頭・撥音後における破擦音化と、ヂヅの母音間における摩擦音化の二つから成ることが指摘されている。こうした過程を経て、最終的に、語頭と撥音後で破擦音、母音間で摩擦音という異音関係に落ち着く。

　もし、16世紀後半から17世紀の京都方言も同様の道筋をたどったとすれば、撥音に続くザ行音について、古くは摩擦音で実現されていたものが破擦音に変化したため、新しい音に対する規範からの反発が話者の感覚面に生じ、謡ではそれを矯正する伝承が発生したということになる。これは〔ア〕の解釈によって処理が可能である。

　しかし、本稿では、前節にも述べたように、この時期の京都方言を主な対象とした音韻史の先行研究をふまえて、ザ行子音（の一部）に破擦音の実現を認める見方に従っている。以下もその線で考察を進める必要がある。

　むろん、材料の不足から決定的な判断は難しく、かつての京都も上記の高知県方言と同様のプロセスを経たという見方を強く否定し去ることはできない。ただし、これに関連してさらに考慮すべき点があるとすれば、高知県方言（土佐方言）との違いであろう。むろん、同じく土佐と言っても地域差があり、大雑把に言うことは慎まなければならないが、ジヂ・ズヅの区別は最近まで（要するに標準語化、共通語化の影響を受けるまで）安定していたようである。高知県方言における対立の崩壊が、共通語化の影響によるものだとすれば、その点で京都とは条件を異にしている。また、ザ行が総じて摩擦音であり、そのことが区別の安定に資していたとすれば、京都とは違って、ヂヅの破擦音化よりも先にザ行の摩擦化が完了していたことも考えられる。他方、山田幸宏（1983）によれば、中村方言（百笑の南・四万十川橋の東袂の地域、明治32年生まれの話者）においてサ行、ザ行の子音に破擦音の実現がかなり顕著に認められるとの指摘もされている。こうした点をどのように総合すべきかについて、ここではこれ以上深く立ち入ることは避ける。中世末期の京都方言との相違点、共通点についてはさらに検討が必要である。

7. 撥音後が意識される更なる理由

　以上の考察によって、撥音後という位置に注意が注がれる理由もいちおう理解することはできる。しかし、これほどまでに撥音の後をうるさく言う言語文化現象の出現については、さらに考えるべき問題がある。漠然とした発音の乱れの指摘にとどまらず、種々の音環境の中から問題の箇所が特定されている。謡曲が音の差異に敏感な場であるとはいえ、前節で述べた、ジとヂ、ズとヅの区別を明確にするためという動機だけでこのような反応が生じるものだろうか。元来、撥音の後では当のザ行子音も破擦音だったとすれば、それ自体は聞き慣れた音のはずである。そこに耳障りな響きを聞くのには、さらに何らかの事情が関わっているのではないだろうか。

　まず、その考察に入る前に、撥音後のザ行音に対する注意を示す材料にどのようなものがあるのかを振り返っておこう。『謡百番仮名遣開合』については、本章に加え、第5章でも詳しく見たとおりである（第5章第4節）。これに加えて、(23)に示す『音曲玉淵集』、(24)の『謳曲英華抄』がある（いずれも第5章にも掲げた。以下では例語の部分は省略に従う）。また、すでに詳しく見てきた『蜆縮涼鼓集』も広い意味では、撥音後についてとりわけて注意を促していた（第4章、第5章参照）。

(23).　一　はね字より、うつりやうの事
　　　　　　　　　（中略）
　　　〇さしすせそ　　此かな清濁とも舌をひかへてはぬへし、深くはぬれ
　　　　　　　　　　　は下の子音へ重く当ル也
　　　　　　　　　（例語は省略）
　　　〇ざじずぜぞ　　右清音ノ所ニ記ス如舌先ノハグキニ当らぬやうに唱
　　　　　　　　　　　ふへし
　　　　　　　　　（例語は省略）
　　　　　げんじの唱へ、はね字の舌をひかへさせんために、傍にイ文字を
　　　　　付るを直にげいじとよむことイカヽ、眷属ヲくゑんぞくト書モ、
　　　　　けヲ拗音にてクエと唱ふ時は、はね字ヲをのつからひかゆる故、
　　　　　ぞノかなへ舌当らず、又曰、築ン地、如此傍ニ、ン字ヲ付るは、

いノかなヨリぢノ字にうつれば、じノかなニ成安き故に舌を齶へ当て、慥にぢのかなに聞ゆるやうに、はぬる心に唱ふへきとのをしへ成を、直についんぢトヨムもイカヽ、これ皆音便を不得心故歟。

(享保12 (1727) 年刊『音曲玉淵集』第一、開合音便巻、14丁裏・15丁表。〔 〕は原文の振り仮名。句読点を補う。「築ン字」の「ン」は原文では「築」の右下傍にやや小さく付す)

(24). 〇さしすせそ ざじずぜぞへ移るはね字は舌をひかへて、いトむトノ間に刎べし

(例語は省略)

(『謳曲英華抄』(稿本)、明和8年二松軒自序、京大蔵、高羽五郎氏蔵の両本を参照。天・16丁表。〔 〕は振り仮名を示す。読点を補う。高羽本は「源氏」の振り仮名を欠く)

このように、『音曲玉淵集』では撥音に続くザ行は「右清音ノ所ニ記ス如(く)、舌先ノハグキニ当らぬやうに唱ふべし」と注意し、『謳曲英華抄』ではサ行、ザ行へ「移るはね字は舌をひかへて、いトむトノ間に刎べし」と注意する。ザ行の子音に注目するか、撥音に注目するかの違いはあるが、いずれもこの連続が問題にされている。

ちなみに、『音曲玉淵集』では「はね字より、うつりやうの事」として、上記「〇さしすせそ」「〇ざじずぜぞ」に続き、「〇たちつてと」「〇だぢづでど」についても言及し、これらは「はね字を深くはぬれば音便叶」のように、サ行ザ行と対照的な説明を付す(他に「〇らりるれろ」もタ行ダ行と同様「はね字を深くはぬれば音便叶」とする)。

このように、謡曲において撥音後のザ行音全般を注意の対象とする伝統が存在していたのは間違いない(なお、第5章第6節にも述べたように、注意の仕方には文献間で微妙なズレがある)。

また、謡曲関連の文献以外にも、第3章で見た、和歌関係の事項を扱った『以敬斎口語聞書』(以敬斎有賀長伯1661-1737)に、(25)のような条がある。

(25). 源氏物語の源氏となへやうの事
　　　源氏物語をげんじ物語とはねるはわろし、げゑじ物語と聞ゆるやうにとなふへし、源氏のおとゝ、ひかる源氏なといふも皆、げゑじと聞ゆる様にとなふへし、けんしと、はねるはわろし、

(李花亭文庫本、81丁裏・82丁表)

　この説明には『音曲玉淵集』が「げんじの唱へ、はね字の舌をひかへさせんために、傍にイ文字を付るを直にげいじとよむことイカヽ」と戒めるような周到さが見られないが、ここから、謡曲以外にもその伝承が広がりを見せていたことがわかる。
　さて、このように撥音後の位置に注意が向くことの音韻史的背景として、さらにどのようなことが考えられるだろうか。第4章で論じた『蜆縮涼鼓集』に関する議論をふまえると、撥音と同じ鼻音という点で、前鼻要素の存在に目が向く。
　残念ながら、ジヂ・ズヅの区別について『謡百番仮名遣開合』は、ジズを「和に（あつかふ）」、ヂヅを「つめる」とするだけで、前鼻要素については具体的に示さない。ただし、同書は、謡曲百番中の語句を大量に掲載することを主としており、発音の仕方の詳しい解説はなく（たぶん口頭での伝授に委ねている）、簡略な表示にとどめている。そのため、具体的に触れないことが直ちに、前鼻要素を使わない発音法を意味するとは言えない。前鼻子音に相当する鼻音によって区別する仕方が謡曲において伝授されていたことは、資料としては時期が下るが、(22)『音曲玉淵集』の「又曰、築ン地、如此傍ニ、ン字ヲ付るは、いノかなヨリぢノ字にうつれば、じノかなニ成安き故に、舌を齶へ当て、慥にぢのかなに聞ゆるやうに、はぬる心に唱ふへきとのをしへ成を」（傍点を補う）によって確かめることはできる。
　他方、よく知られているように（また、本書でも何度か触れてきたように）、同じく元禄の『和字正濫鈔』も同様の区別を記す（(26)にその趣旨を示す。参考のために、(27)に『以敬斎口語聞書』の該当部分の趣旨も示す）。

(26).『和字正濫鈔』（元禄8年、1695年刊）

都でふつうに発音される（常にいふ）のはジ・ズであるが、本来の
ヂ・ヅは「あたりて鼻に入る」ように発音する必要がある。
(27).『以敬斎口語聞書』（以敬斎有賀長伯 1661-1737）
ふつうに発音される（常のごとく濁る）ジ・ズに対し、ヂ・ヅは「つ
めて少し鼻へかけて」（あるいは「少しはねるやうに聞こゆる」よう
に）発音する必要がある。

　前章までに論じてきたように、このような規範は知識階層（言語的に保守
的な人々）にある程度の広がりをもって共有されていたと考えられる。
　この発音法の存在は、音韻史の問題として見れば、ジズが前鼻要素を欠く
摩擦音、ヂヅが前鼻破擦音で実現され、その違いによって対立した、(28)
のような段階があったことを示唆している（亀井 1950a および第 3 章参照。
またこれについては第 7 章でも論じる）。

(28).　ジズの子音：摩擦音　　　fricative
　　　ヂヅの子音：前鼻破擦音　prenasalized affricate

　むろん、こうした違いがそれなりに実効性を以て行われていた頃には、意
識化されず、発音法というかたちをとって現れて来ることもなかったはずで
ある。発音法として登場するのは、それを自然におこなうことが難しくなっ
てきた時期以降のことであろう。このときには、すでに、区別を保とうとし
ても、作為的な実現にならざるを得なかったに違いない（遠藤 2001 参照）。
その意味において、発音法という存在そのものが不自然さを伴うものである
のは確かである。『音曲玉淵集』の「傍ニ、ン字ヲ付るは、いノかなヨリぢ
ノ字にうつれば、じノかなニ成安き故に、舌を齶へ当て、慥にぢのかなに聞
ゆるやうに、はぬる心に唱ふへきとのをしへ」との言い方からは、いかにも
区別のための工夫が意図的に後から加えられたかのような印象を受ける。し
かし、これは、後代になってその教えの目的を明確化する必要から、説明と
して、こう述べているものである。こうした発音法はゼロから人工的に編み
出されたものではなく、少なくとも、その淵源は区別の実際に由来すると見

るべきであろう。ただ、残された資料の限界から、17世紀末よりも古い確実なものがなく、具体的な材料に沿って遡ることができない。そのため、いつ頃からこれが人々に意識されるようになったかについては詳らかにできない憾みはある。

　さて、結論に入ろう。発音の仕方が、このように人々の意識に上るようになると、今述べたように、本来の自然さはすでに損なわれ始めている。この時期には、それまで一子音の構成要素であった前鼻要素が、聴覚上、独立した鼻音として受け取られるようになっていたのではないだろうか。区別の指標として前鼻要素が入ることは、ヂ、ヅをとくに鮮明にする聴覚上の効果を持ったと推測される。これは、第4章第6節で述べた新しい世代の段階に属するものである。本来は、前鼻要素と口音要素とは一体であり（ちょうど現代語のチャツの閉止要素と摩擦要素のように）、分離して認識されることはなかったはずだが、発音の仕方が意識に上る段階では、ヂヅの子音は、もはや鼻音とそれに続く音の二つに分かれて聞こえてしまっていた。

　第4章第6節にも論じたように、このような状況下では、前鼻要素と撥音とは認識上近接し、その違いは明瞭でなくなってくる。その結果、ジヂ・ズヅの音の違い（これは前鼻要素の有無が問題になる母音間での違い）が意識されればされるほど、それにつれて、撥音後のジズとヂヅの混乱もいっそう耳障りなものに感じられるようになる。同じ鼻音からの連続は、直ちにヂヅを連想させるものとなったからである。「源氏を〈げえじ〉と聞こえるように唱えなければちゃんとした発音にならない」との教えも、こうした背景の下に発生したものであろう。このように、前鼻要素と撥音の認識上の近接が、撥音に続く音に対する反応を促し、そこに集中的に価値的な意識が注がれる結果となったものと考えられる。

　ジズの場合については、このようにして説明されるが、合流に関わらないザゼゾまでもが撥音の後でとりわけ耳障りに感じ取られた状況が、謡曲の唱え方の伝承の中にうかがえた（上に見た(23)(24)、第5章参照）。これは、ヂヅを強固に印象づける鼻音の聴覚上の効果が、ジズだけではなく、他のザゼゾにも及んでしまった結果と考えられる。かりにザゼゾが撥音の後で破擦音に傾いたとしても、破裂音のダデドとの差は依然損なわれていないから、

いわばとばっちりを食らった格好である。

　「とばっちりを食らった格好」という点に着目すれば、これと類似のメカニズムを持つ現象として、現代の可能動詞における次の事象を挙げることができる。

　一段動詞等における「ら抜き」が広まると、他方、あらたまった文脈では「ら抜き」の与える舌足らずの印象を避けようとの意識がかえって強く働く。すると、もともと「ら抜き」ではないが、これと見かけ上よく似た形態を持つ、四段の「しゃべれない」「(スキーが) すべれない」「(スイッチが) ひねれない」までもが「ら抜き」であるかのような錯覚が起きる。そのために、ぞんざいな印象になることを警戒する話者の心理によって、本来はそれには該当しないのに、ついついそれらをも避けようとする。

　かたや形態、かたや音韻の違いはあるものの、同じようなメカニズムで特定の環境下のザ行子音に敏感になり、修正する動きに及んだと考えられる。注意すべき「ら抜き」表現のリストに、思わず、ラ行四段から派生した可能動詞をも加えてしまうのに似ている。いずれも変化の過程で起こる社会言語学的現象である。

　現代では聞き分けることすら難しい音声の違いが敏感に感じ取られたことも、このようにして、この時期特有の条件を考慮すると説明することが可能になる。ここで扱った文献からうかがえる社会言語学的現象は、音価の変遷を直接示すものではないが、変化に伴う動きを示してくれる。その意味で、たいへん興味深い史料であると言うことができる。

8. まとめ

　本章の内容をあらためて整理する。ここで具体的に取り扱ったのは、第一に、『謡百番仮名遣開合』においてジズだけでなくザ行音全般にわたって発音指示がされていることはこれまで問題にされてこなかったが、これがどのような背景のもとでおこなわれるようになったのか、ということ、そして第二に、『謡百番仮名遣開合』および『音曲玉淵集』『謳曲英華抄』などに見える、撥ねる音に続くザ行音を対象とした発音指示が、どのような背景のもとでおこなわれるようになったのか（この点についてもこれまで問題にされて

こなかった)、ということの、二つの問題である。
　従来の史料の扱い方に従えば、これらはいずれも、たんに古い音を保存しようとしたためであるとの結論になるが、これに対しては、大きく言って、①謡曲関連の文献に記された唱え方に関してより慎重な取り扱いが必要なこと（具体的には、その伝承内容を「音楽上の要請」によるものと「過去の一般の言葉の発音」とに二分することに問題のあること）、②これまでの音韻史の先行研究の成果をふまえると、そのような結論は必ずしも支持できるものではないこと、の二つの問題点を指摘した。
　本章ではこれらの批判に基づいて、発音の古態保存というのではなく、言語変化に伴う話者の言語感覚という側面から、この問題を明らかにしようとした。本章の考察の特色はこの点にある。
　その結果、ザ行音（とくにジズ以外）に対する発音指示（『謡百番仮名遣開合』で言えば「和にあつかふ」）は、その古態が摩擦音で実現されていたためであるというのではなく、ザ行の子音の中にもともとあった破擦音（異音の一つ）を耳障りに感じる感覚が発生したことによる過剰訂正であるとの結論を得た。つまり、ジヂ・ズヅの混乱に伴い、かえって、ジとヂ、ズとヅの違いを明瞭にしようと意識された結果、ジズのみならず、ザ行音全体の発音までが敏感に感じられるようになったということである。
　また、撥音の後のザ行音については、ジズと、前鼻要素が伴うヂヅとの、区別が失われるにつれて、認識上、前鼻要素と撥音とが近接した関係に陥るようになり、前鼻要素の伴うヂヅの印象の強さが、撥音の後のザ行音にも影響を与え、そこに話者の意識が集中したために、これが敏感にとらえられるようになったとの結論を得た。これによって、撥音後においてザ行が摩擦音で実現されていた古態を保存しようとしたものとの見方は成り立たないことになる。以上が、本章の考察の骨子である。この推定によれば、当時の京都の変化は、現代高知県方言で確認されているプロセスとは異なっている。
　さて、ここで取り扱った『謡百番仮名遣開合』は、音韻史においては、ジズを「和にあつかふ」、ヂヅを「つめる」とする指示があることから、これまで、四つ仮名の区別のあり方を示す一材料としての資料的評価で済ませられてきたようである。岩淵（1932）以降、とくに内容面の更なる分析が行わ

れていないのも、おそらく、それ以上に見るべきものがないと見なされてきたからであろう。

　しかし、音価の復元に資するか否かという観点にとらわれず、あらためて、そこに記されている発音法を見ると、その背後に、話し手の認識という興味深い問題が隠れていることに気づかされる。本考察は、そこに注目し、話者の言語感覚の発生の局面に光を当てることを目指した。これまでの史的考察の作業の中では、抽象化の過程で、むしろ削ぎ落とされてきた側面ではないかと思われる。伝承されている唱え方が「過去の一般の言葉の発音」を反映するものではなくとも、あるいは、だからこそ、言語史にとって重要な価値を有していると言える。最初にも述べた、母語が意識されるようになった契機を問うことの意義を再確認しておきたい。この問題に関する史料はわずかしかなく（それでも音韻史においては恵まれているほうであるが）、必ずしも確定的でない点も少なからずある。しかし、変化に伴う、話者の認識に即した動的側面をわずかながらも明らかし得たのではないかと考える。

　また、結果として、『謠百番仮名遣開合』に示された発音の指示は、音価を直接示す材料とならない（あるいは、控えめに言っても音価を示す材料とするには大きな問題がある）ことが明らかとなった。これに基づいて、ザ行子音が摩擦音であったと推定することは難しいであろう。

　なお、『蜆縮涼鼓集』が、京の「実態」とする内容については、前章の考察を通して慎重に取り扱う必要があることがわかった（第5章第8節）。これについて、最後に触れておくことにする。

　その「実態」に基づけば、母音間で摩擦音、撥音の後で破擦音との音価推定ができそうである。しかし、本章の考察で述べたように、当時の彼らは、撥音が来ると過敏に反応した。つまり、撥音が先に来るだけでヂヅを連想する聴き方をしていたことが考えられる。かりにその後に明瞭な破擦音が現れなくても、ヂ、ヅに聞いてしまう事態が想定される。こうした点をいちおう考慮に入れる必要があるだろう。他方、また同時に、撥音の後では破擦音になりやすかったことがこれによって否定されるわけでもない。これらに関する問題点については、次の章であらためて整理し、詳しく触れることにする。

第7章

二つの変化の干渉

1. はじめに——偶発性

　本来異なる複数の事象が、たまたま発生した時期が重なるために関わり合うという事態が歴史一般には存在する。そのため、歴史上の出来事について考える場合には偶発性も無視できない要素となる。一言語の歴史においても、偶発的に起こる事態が相応の意味を持つ場合があるはずである。もしそうだとすれば、言語史の問題を扱うときにも、偶発性のありかを正しく見極めることが重要な作業になる。

　あらためて言語変化における偶発性と言われると、言語構造面の問題ではなく、むしろ言語を取り巻く生活圏に関することがらとの関わりが思い浮かぶ。たとえば、特定言語（方言）の話者の大規模な移動や、中心地の遷移といった出来事である。一般的に言って、集団的な人の動きに伴い、言語接触が起こり、それがしばしば言語変化のきっかけになる。また、中心地の遷移について言うと、具体的には、近世以降、上方に対する江戸の力が政治経済文化の面で相対的に強くなったことが挙げられる。この社会的変化が、以降の日本語の歴史に様々な面で大きな影響を及ぼしている。このように、言語を取り巻く社会の出来事は、言語変化に深く関わってくるために、言語史にとって無視し得ない意味を持つ。しかし、言語史ではそれらの出来事の発生はもとより偶発的であるとしか位置付けようがない[*1]。言い換えれば、言語は社会の変化を一方的に受ける関係に立つ[*2]。このことはあらためて指

　[*1]　この種の出来事が偶発的と位置付けられるのは言語史における取り扱いである。たとえば政治史において同様の位置付けがされることを含意しない。

摘するまでもないであろう。本章が中心的に取り上げようとするのは、この種の偶発性ではない。

　ところで、実際の言語変化について考察を進めると、どうしても言語事象間の体系的関連性に目が向いてしまう。そこでは偶発性が問題化されることはあまりない。実のところは、構造上の有機的関係と偶発性とは相反するものではないが、両者はあたかも対立的な関係に立つかのような錯覚に陥りやすい。

　本章が問題として取り上げるのは、言語内部の事象に関する偶発性である。具体的事例としては、濁音の前鼻子音消失化とジヂ・ズヅ合流の二つの現象の関係を考察対象とする。結論を先に述べると、二つの変化は、たまたま発生時期が重なったために、関わり合いを持った（干渉した）。その意味では、この歴史的現象をまともに扱える場は、個別言語史をおいて他にない。

　二つの変化の関わり合いは、変化の結果の、音の構造のあり方にも関係する。そのため、単に出来事としての歴史的個別性だけでなく、同時に、一般的特性が関わる面ももちろん持っている。これを正しく位置付けようとすれば、現象が持つ複数の面を適確に切り分けて処理する必要がある。従来、この点の整理が不十分であったために、議論に混乱や錯綜が生じたのではないかと考えられる。本章は、それに関する先行研究の問題点についても詳しく見ていく。

　さて、第3章から第5章、および第6章において文献の内容を分析し、それに基づく考察をおこなってきた。本章の内容はその結果を土台としている。以下では、各章を適宜参照し、論点をあらためて整理しながら論述することにする。

　全体の構成は次の通りである。まず、第2節において、一般論のかたちで個別言語史の持つ価値（ないし意義）について述べる。それをふまえて、以下、具体的な事例に即した論述に入る。第3節では前鼻子音に関する諸点を整理し、第4節、第5節では前鼻子音の変化に関して整理し、前章までの考

---

*2　もっとも、言語の状況が社会構造に与える影響関係も当然考え得る。ここでは、社会と言語の関係を包括的に述べる場ではないので、詳しくは述べない。

察結果を振り返る。第6節では、前鼻子音の変化とジヂ・ズヅの変化との関わりをどう考えるかについて、本章の見解を示す。ここは本章全体の要の部分になる。第7節、第8節は二つの変化の関わりについての先行研究の検討をおこなう。第9節では、第6節で残された問題をとくに取り上げる。ここでは、文献の現れ方と変化の経過との関係について明らかにする。第10節も、第6節で論じ残した問題を扱い、二つの変化の関わりとその構造的側面について述べる。第11節は総括をおこなう。

2. 個別言語史の価値

　事例に即した具体的な考察に入る前に、個別言語史の持つ意義について、従来論じられてきたことをふまえつつ、一般論の形であらためて本論の基本的な考え方を明らかにしておく（亀井孝1971、コセリウ1973など参照）。
　とりわけ20世紀の後半期は、人類言語の一般的特質ないし普遍性により多くの関心が向けられるようになった[*3]。その動きは言語研究の様々な部門、場を刺激し続けて今日に至っており、日本語研究のあり方にも大きな影響を与えてきている。潮流として見れば、一般性、普遍性の探求は、その動機が人間にとって言語とはどのようなものであるのかという根本的かつ魅力的な問いに根ざしている以上、今後深められることはあっても後退することはないだろう。
　とはいえ、個々の言語現象を相手にしたとき、我々は、直面する具体的問題から何らかの一般性が易々と導き出せるとは限らない。また、当面そこに直結しないというだけの理由で、問題としての重要度が低く、探求するに値しないと最初から決めてかかるのも早計である。なぜなら、個々の事象が持つ個別性を通して言語現象が見せる幅の広さを見出そうとする接近のしかたもありうるからである。それは、一見遠回りであるようでいて、言語に対する認識を深めるもう一つの魅力ある道筋である。
　その向き合い方は、言語研究における様々な分野でそれなりの有効性を持

---

*3　一般性への指向はもちろん近代言語学の形成、発展の問題と関連させる必要があるが、ここではそれがより顕著になる20世紀後半を念頭に置く。

ちうるだろうが、とくに、普遍性の追究と明確に一線を画す位置にあるのが個別言語の歴史である。言語現象に関する一般化との関係で言えば、個別言語の歴史は、言語一般の問題に資することはあっても、原理的に言って、それ自体をまるごと一般化の対象とすることができないという特質を本来的に備えている。

二つの立場の相違についてもう少し具体的に見てみよう。ここでは、史的現象を対象とする研究に限ることにする。

もちろん、現実には、個々の研究内容に関して、次の (I) (II) のいずれの関心に基づくのかを截然と選び分けられるとは限らず、とくに個別言語の現象を対象とする場合には、一つの研究の中においてさえ二つの関心が混在することはめずらしくない。しかし、自覚されているか否かにかかわらず、接近の方向性において両者が根本的に異なることに変わりはない。

(I) 　一般理論的関心
(II) 　個別言語史的関心

この違いは、研究対象として音変化を例に取るのがわかりやすい。まず、(I) の関心に従えば、個別の音変化は一般的な傾向の表れとして扱うことができる。ごく単純な例でいえば、口蓋化、有声化といった一般的な変化パタンに抽象可能である。このとき、音変化ないし音韻構造の一般的性質を探求する立場にとっては、個々の史的変化は一般性を明らかにするための事例（データ）であり、個別言語を対象とする研究は、一般化の理論研究に対する情報提供者の位置に立つ。もちろん、個別の事例の提供によって、一般性の内容は確証されるだけでなく書き変えられることも少なくないが、その結果の如何に関係なく、役割上の関係は変わるところはない。実際には今日、「一般性」の内容は著しく高度化されており、口蓋化とか有声化というのは一つの喩えでしかないが、本質的にはこの構図でとらえてよいだろう。

このように、(I) に従えば、現象間に見られる類型性やそこからうかがえる普遍的性質の解明に向かうことになり、個々の変化はそれを検証する事例として用いられる。そのとき、一般化の手続きの過程で必要な抽象化が施される。一般化に資するところがないと判断される個別性は取り除かれることになる。

これに対し、(II)は個別言語の歴史の構築自体が目的であり、容易に一般化できない側面や、一般化になじまない側面を含め、その事象とそれを取り巻く歴史的文脈の追究をおこなう。いうなれば「事件」の解明を取り扱う。(II)の立場から現象を眺める場合もそれが歴史を標榜する以上、一定の抽象化は必要とされるが、(I)の抽象化とは方向性が異なり、質的に相違する。

　個別言語史にとっては、個々の現象が見せる複雑さや個性に重要な意義を見出すことも少なくない。現象の複雑性や個有性は、歴史的事象がしばしば見せる動的な本質をあからさまに反映している可能性がある。一つの変化それ自体は自己完結的な構造を持たない。もちろん、変化の結果として言語体系が組み替わったり、変化が一定の規則性の下に進行するなど、そこにある種の調和を見出すことはできる。その意味で言語構造と変化とは切り離して考えられない関係にあるが、だからといって、変化それ自体の中に組織（あるいは仕組み）が宿っているわけではない。そのため、実際の変化は、いろいろな要因のために、規則化になじまない、あるいは規則化しても意味のないような複雑な様相を示すことがある。

　一つ一つの出来事はそれぞれが個性を備えた一回きりの現象である。つまり、その個別性はその出来事を規定する要件である。同じように見える変化、同じ規則でとらえられる変化でも構成要件は異なり、複雑さに差が出たり、経過に違いを見せることもある。そして現象としての一回性には偶発性の問題がついてまわる。

　言語の歴史では複数の現象が有機的に関連し合う側面が強いため、通例その関連性の解明に力が注がれるが、以上のように考えると、偶発性についても無視すべきでない。出来事に関わる偶発性は、(I)の立場では抽象化（一般化）の段階で関心の対象から除外されるが、(II)の立場からは、言語史の成立に関わる重要な概念となるはずである。事態の偶発的発生は、個別的にしかとらえることができない。複数の事例を集めて抽象化を施そうとしても、それらを包括しうる有意な一般化は見出せず、現象をとらえるには個別的な条件を押さえる以外にない。個別言語史の存在意義が出来事の個別性を取り上げることにあるとすると、偶発性はその恰好の対象である。次節以下では、このような考え方に基づいて具体的な事例を扱っていく。

なお、最初に断っておくが、第1章（序論）にも述べたように、一般性の追究が重要でないと主張するわけではない。本書の意図は、それだけでは言語現象の十全な解明にならないことを示し、具体的にそれがどのような点であるかを明らかにすることにある。

3. 前鼻子音

　当時の京都にも、濁音に、現代の東北方言、高知方言に見られるような鼻音の特徴があったことは、橋本進吉（1932）が17世紀初刊行のロドリゲス『日本（大）文典』をもとに論じて以来、日本語史の有名な事実となっている（第3章参照）。ロドリゲスによれば、日本語のローマ字綴りの読み方として、ダ行、ガ行に相当する d, dz, g（綴字上はダヂヅデドが da, gi, dzu, de, do、　ガギグゲゴが ga, gui, gu, gue, go となる）は、その直前の母音に半分の til（鼻音化符号の~）を付けて発音しなければならないと言う。当時の日本語学習者にとって身近なヨーロッパの言語に同様の特徴がないために、注意喚起したものである。また、日本語のローマ字正書法ではこの特徴をとくに文字化しないためでもある。これによって、この時期の濁音（少なくとも母音の間の濁音）が、おおよそ（1）のような音声で実現されていたことが推定される（ロドリゲスは、バ行についても、その一部に認めているが、一般的なものでないと言っている）。

(1).　（バ行　[~b]）　　ダ行　[~d]　　ガ行　[~g]

　このうちガ行に関しては注釈が必要である。亀井孝（1954）の指摘のように、（1）の前鼻子音 [~g] の他に、鼻音 [ŋ] の実現も考えられる。バ行に対しては同じ調音点の唇音 /m/ が、また、ダ行には同じ歯茎の /n/ が音韻体系内に存在しているが、ガ行にはそれに相当する（/ŋ/ といったような）鼻音の音素がない。そのため、[ŋ] も併せてガ行の変異に入っていても不思議ではない（詳細は省くが、上代の文献上の事実も判断材料に含まれる）。
　以下、本論に関係すると考えられる、濁音の前鼻子音に関する具体的な問題点を簡潔に整理しておく。

3.1. 古代語の前鼻子音

現在までの研究によると、より古い時期の濁音に関しては、直接的な資料に乏しいものの、前鼻子音の実現を持っていたとおおむね考えられている。ただ、ザ行に関しては説明が必要であろう。

清音サ行の音価は、少なくとも上代より平安初頃まで、破擦音であったと推定されている（有坂秀世 1936、亀井孝 1970、小倉肇 1998、林史典 1998 など。また問題となる『在唐記』に関しては竹内信夫 1995 を参照）。サ行、ザ行ともに破擦音であったとすると、古代語の音韻体系の阻害音の類（清濁とも）は、すべてが破裂音・破擦音で、閉止を持つ音からなることになる（異音まで含めるともう少し複雑な様相が想定されている）。閉止を持つ点で共通することは、濁音が総じて前鼻子音で実現されていたとする見方を側面的に支持する（ただし、森山隆 1962 はサ行頭音の連濁例が他に比して顕著に少ないことから、鼻音要素に関してはザ行のみ異なるのではないかと述べている）*4。

この他、古代語の濁音および前鼻子音については、起源に関する問題、弁別的特徴に関する問題など議論が多岐にわたり、論考の数も多いが、ここでは上記の、本論に直接関連する点に留め、詳しく触れずに済ませる（一連の議論について詳しくは高山倫明 2012/1992 参照。また、清濁対立の発生に関する新見に肥爪周二 2003 がある）。

3.2. 17 世紀のザ行

17 世紀のザ行子音では、上に見たロドリゲス『日本大文典』がそれに言及しないことから、前鼻要素を持たなくなっていた、あるいはそれが弱まっ

---

*4 森山隆（1962）によれば、上代語に関して、サ行からザ行への連濁例が他に比べて顕著に少ないとの興味深い指摘がある。音価の推定にあたっては、こうした点がどう関係するかについても（あるいはしないのかも含めて）考える必要があろう。森山論文には、「ザ行は他のガダバ行に比して鼻音的わたり音に先行されなかったかも知れない。そのことが連濁形の形成に際して、他のカタハ行の連濁形ほどに多数の事例をもち得なかった一つの原因ではなかったかと推測する」（森山 [1962] 1971:288 頁）とある。

ていたと考えられる（中国資料、朝鮮資料をもとにザ行にも前鼻要素を認める立場に大友信一1962がある。ただし、ダ行、ガ行に比べ弱い点は否定しない）。また、第3章で論じた『和字正濫鈔』『以敬斎口語聞書』に、ジズに対しヂヅのみに前鼻要素が伴うとすることも、ロドリゲス『日本大文典』の事実と符合し、この推定を支持する。これには、橋本進吉（1932）以来、現代高知方言において前鼻要素がダ行、ガ行に限られることも参照されてきた（橋本1932の該当箇所は第3章に引用した。高知方言の調査に基づく近年の研究としては久野眞2006を参照）。

ただ、一つ問題があるのは、同じロドリゲス『日本小文典』の解説である。そこではザ行の文字にも言及し、「時にI, Z」（池上岑夫訳：上72頁）にも鼻音要素が来るとしている。ここからも、ダ行、ガ行に比べるとそれほどではないということにはなるが、大文典に対して、これを書き加えた明確な理由は明らかでない。

以上からすると、ザ行子音が鼻音要素を持たない、ないし、微弱であったと考えられる。さらに、これと併せ、それが、破擦音であるか摩擦音であるかが問題になる。第6章では、ザ行は破擦音と摩擦音とが異音関係にあった（音声実現にそのような傾向があった）との推定に従った（小倉肇1998）。これに基づけば、母音間では摩擦音に傾いていた。この点と鼻音要素の違いとを合わせると、(2) の推定が成り立つ。

(2). 母音間のザ行：　摩擦音　　　　fricative
　　　母音間のダ行：　前鼻破擦音　　prenasalized affricate

これに関連して、一般的見地から前鼻子音を扱った研究を見ると、Steriade（1993）のように、通言語的に前鼻摩擦を認めないとする立場がある（Riehl and Cohn 2011をも参照）。問題となる言語のデータと理論的見地から、前鼻摩擦と記述されている事例も口腔内での閉止（鼻音部分での閉止）を持ち、実質的には破擦音と見るべきものであるとして、一般的に、前鼻破擦と前鼻摩擦は音韻論的対立をなし得ないと指摘する。前鼻摩擦の位置付け、性質に関してはいろいろと問題がある。もちろん、論理的には日本語

から反例が出てくる可能性はあるけれども、上記に基づく推定 (2) はこれと齟齬しない。

とはいえ、通言語的な観点に関しては、前鼻子音を持つ言語といっても、それぞれの内部における音声学的な実現、音韻論的な現れ、形態論的現象には多様なものがあり、そうした全体の中で日本語の場合が相対的にどのあたりに位置するかは、今後さらに詳細に検討する必要がある（通言語的な研究として他に Ladefoged 1996, Herbert 1986 を参照）。

3.3. 語頭の濁音

語頭の濁音では、前鼻要素がどのようであったかは、ロドリゲス『日本大文典』『日本小文典』を見る限り、言及はなく不明である。ただし、現代の近畿周辺については、兵庫県淡路島、徳島県、高知県の方言に、語頭の濁音における前鼻子音、ないし鼻音化が存在することが報告されている（土居重俊 1958, 柴田武 1960b, 1962. 近年の調査報告に岸江信介・吉廣綾子 2006 がある）。そうした方言の状況を考え合わせると、母音間に比べればたとえ微弱ではあっても、語頭においても前鼻要素の実現があったことは考えられる。柴田 (1962) のように、中央語に関して「いづ」（出）、「いだく」「うだく」（抱く）などの表記には、語頭の鼻音要素が関わっているのではないかとの指摘もある。もちろん、17 世紀初の状態と、さらに歴史的に遡った場合については別に取り扱う必要がある。

この問題に関しては、さらに、福井玲 (2013) の興味深い論考が目を引く。『捷解新語』の日本語のハングル音注について見ると、語頭濁音に対応する、鼻音字を加えた複合字母表記が、それを加えない表記に比べて、とくに京阪アクセントの高起式に片寄って現れるという。この事実は、語頭濁音の音声実現についても何らかの重要な示唆を含むものと考えられる（福井 2013 では、この問題に関して慎重に結論を控えている）。

以上のように課題は存在するが、本書では当面、語頭の濁音については不明としたまま論述せざるを得ない。

4. 前鼻子音のゆくえ

　本書で取り扱っている前鼻子音の変化に関する問題をここであらためて整理すると、(3) の a, b, c に分けることができる。以下、これに従って、第3章から第6章までの内容を簡単に振り返る。

(3)．a．前鼻子音の消失について
　　 b．前鼻要素の有無とヂジ・ヅズの区別について
　　 c．前鼻子音の消失とヂジ・ヅズの合流との関係について

　このうち a. の問題は、第3章を中心に論じた。『以敬斎口語聞書』にあるような、前鼻要素を撥音のアナロジーでとらえる認識の発生は、その消失がすでに最終局面に入っていることを示すものであると指摘した。この文献自体は18世紀初のものと見られるが、その認識の発生はこれよりもさらに遡る。また、『音曲玉淵集』に記されている謡曲の唱え方の指南の中にも、前鼻要素が失われ、撥音との違いが理解できなくなっている様子をうかがわせるものがあった。加えて、第4章で論じた『蜆縮涼鼓集』が、撥音に対して特段の注意を払うように力説するのも、同様の現れと位置付けられる。資料となる文献は、いずれも17世紀末以降のものしかないが、文献の時期が、実際のこうした認識の発生より遅れることを考慮すると、その消失は、おおよそ17世紀半ばと推測される。

　17世紀以降の前鼻子音の動向に関する見解に、橋本進吉（1932）がある。これによると、『以敬斎口語聞書』を「濁音の前の母音が鼻音化する習慣があった為ではあるまいかとも考へられるのであって、元禄享保頃の京都方言に、猶鼻母音があったかを疑はせる一資料である」（橋本［1932］1950 : 7頁）と見ているし、また、『蜆縮涼鼓集』の「濁るといふも、其気息の始を鼻へ洩すばかりにて」をもとに、「実際の言語に於て、濁音が語中又は語尾にある時、その前の母音が鼻音化して気息を鼻へ漏すから来たのではあるまいかとおもはれる」（同追記 : 9頁）とも述べている。いずれも、これらの時期になってもまだ前鼻子音が存在したのではないかとの説である。本書は、前者に関しては第3章第4節および第5節において、後者は第4章第10節に

おいて検討し、それぞれに対し否定的な結論を出した。

この問題に関する先行研究にはさらに亀井孝（1950a）があるが、その内容はc.の問題との関わりで述べられている。もっぱらa.の問題を論じたものとして扱えないため、c.に関する次節で触れる。

次に、b.の問題についてである。従来通り、前鼻要素の有無がジヂ・ズヅの区別に一定の役割を担った史的段階が存在したと考える。繰り返しになるが、根拠資料は、おもに『和字正濫鈔』『以敬斎口語聞書』に見える発音の説明である。その発音法は、これらの文献よりも遡る、過去の状態を反映したものだろう。第3章およびそれ以降の考察は、この史的段階の存在を認めた上でおこなっている。

3.1節でも述べたように、この推定にはロドリゲス『日本大文典』も間接的に関わる。間接的というのは、同書は、『和字正濫鈔』『以敬斎口語聞書』のように直接ジヂ・ズヅの区別だけを取り上げ、その前鼻要素の違いを述べるわけではないが、全体的な綴り字の発音説明の中で結果的にそれを示しているからである。第3節でも見たように、ロドリゲスはd, dz, gを読むときには、その前の母音に半分のtilを加えるよう注意する。すなわち、前鼻要素を以て発音しなければならない文字はd, dz, gであり、そこにはザ行に対応するj, zは加えられていない（この点、『小文典』では上述のような問題がある）。半分のtilを付加すべき語例として、「まづ（先）」「あぢわい（味わい）」を挙げており、これによって結果的にザ行（すなわちj, z）との発音の違いが示されている。ローマ字の読み方のきまりとして整理すれば、このように処理したとしても異とするに当たらない。

その他、資料の面から問題があるとすれば、四つ仮名に言及する『法華経随音句』『新撰仮名文字遣』が前鼻要素に触れないことであろう。この問題については後で触れる。

さて、残るc.の問題は次節で詳しく見る。

5. 二つの変化の重なり

前鼻要素の消失とジヂ・ズヅ合流との関係を指摘したのは、亀井孝（1950a）である。とくに（4）の下線部が、前節（3）c.に対応する中心部分で

ある。

(4). この時代においては、もはや四つがなは、完全な混一へいま一歩の段階にまで、到達してゐたのである。しかるにその完全な混一を成就するに、ここに一つの故障があったのではないかと思ふ。それは、ヂ・ヅと鼻母音との関連である。すなはち、江戸時代の最初期において、語中のガ行音およびダ行音は、それに先行する音節の母音を鼻音化する力を有してゐたのである。ただし、この鼻母音の存在は、当時、かなり微弱なものであったらしい。そして、これを歴史的にみれば、恐らく衰退の途上にあったものであらう。そこで、もし江戸の初期にこの現象が滅びて行ったとすれば、それによって四つがなは、最後の混一へ思ふままに突進し得たこととなる。ダ行音において、それに先行する鼻腔の共鳴が存してゐるかぎり、ヂ・ヅはかかる鼻音的色調に妨げられて、[d] の部分を脱落せしめがたかったのである。けだし、かかる鼻腔の共鳴は、母音を鼻音化すると同時に、軽微な [n] をもって、[d] を修飾したことであらうから。

(亀井 [1950a] 1984:300-301 頁。下線を付す)[*5]

　これは、従来、ジヂ・ズヅの対立が前鼻要素の消失によって最終的な合一に至ったとする説として理解されてきたものである。これに関する先行研究の議論と問題点についてはまとめて後述する。
　ただ、下線部「もし江戸の初期にこの現象が滅びて行ったとすれば」云々を見ると、前鼻子音消失の時期（すなわち a. の問題）については断定を避け、慎重な立場を取っているようにも見える。これは、前節で見た橋本 (1932) の、前鼻子音の存在を 18 世紀初頭まで認められるとする見解を考慮してのことかもしれない。しかし、続く箇所では、(5) のように述べており（第 3 章において扱った）、結論としては、ジヂ・ズヅ合流と同時期の変化と

---

*5　前鼻子音を先行母音の鼻音化としてとらえ、それを「ダ行音」とは分けて表現するところは、第 3 章で見た橋本進吉 (1932) の見方を引き継いでいる。

見る立場を取る。

(5). (『和字正濫鈔』の)「但し、ちとつとの濁り、よく叶へんとすれば、なだらかならでわろく聞ゆるなり。」といふのは、<u>この濁音に先行する鼻母音の陰影を、すでに、十分、あらはし得なかったことを、物語るものであらう</u>。「ぢとづとは、当りて鼻に入るやうにいはざれば叶はず」とは、つまり、その正しい発音を述べたものと解される。しからば、なだらかならずとは如何なることを実際に指してゐるかといふに、それは、むしろ、先行する修飾的鼻音の脱落によって生ずる音節間の粗剛な対立よりは、はっきりと撥音［n］を挿入しすぎて起る緊張ないし逼迫感の方であらうと思ふ。　　　（亀井［1950a］1984:303頁。下線を付す）

　本書では、a.「前鼻子音（前鼻要素）の消失」については、撥音との認識上の接近を示す、より直接的な表現が現れる『以敬斎口語聞書』、および『音曲玉淵集』を重視した。これによって、「はっきりと撥音［n］を挿入しすぎて起る緊張ないし逼迫感の方であらう」とする点がより明確になるからである。前鼻子音の消失が、ジヂ・ズヅが最終的に合流に至ったのと同じ頃であらうとの推定もより確かになる。
　さらに、第6章で論じたように、撥音後のザ行音に敏感になり始めたのが、ジヂ・ズヅの完全な合流の一つ手前（一歩先に撥音後で区別を失うという段階）であり、前鼻要素と撥音の認識上の接近は、合流の途上で生じ始めていたと考えられる。これも、二つの変化の、最後に至る過程が時期的に重なるとする推定を支持する。
　時期に加えて、変化の過程としても、最終的な合流の一歩手前で、前鼻要素の有無の支えで区別されていたジヂ・ズヅが、前鼻要素の消失とともに合流したとする点には合理性がある（第9節も参照）。亀井孝（1950a）の (4) の推定はやはり妥当なものと認められる。

6. 史的過程としての干渉

　前節でその関係を見た二つの変化は、ともに濁音に関わる現象であるが、

その生じ方、発生の歴史的脈絡は異なっている。ジヂ・ズヅの合流は、清濁双方で生じた破擦音化に続く現象として、より限定的に起こっている。これに対して、前鼻子音の衰退、消失は濁音の系列に関わる現象である。それぞれ異なる契機を背景に持つと見られる。前節で述べたように、その二つが関わるとすれば、歴史にどのように位置付けられるべきものなのだろうか。

その関わりについては、(6) のような懐疑的な見解も出されている。前節で言及した亀井孝 (1950a) に対し、高山倫明 (2003a, 2006, 2012) は一定の留保を付けた、より消極的な立場を取っている（ここでは 2012 から引用）*6。

(6). 四つ仮名の混同と前鼻音消失は時期的に重なっているようでもあり、両者に何らかの関連があった可能性を否定するものではないが、それを裏付けるためには、この時代のこの方言における鼻音のありようといった、個別の根拠を探る必要がある。

　　その際、奥村三雄 (1955) や迫野虔徳 (1987) における過去の撥音の音価をめぐる思弁が参考となるはずであるが、現在の筆者にはこれ以上を論じるだけの用意がない。　　　（高山倫明 2012:160 頁。傍点は原文どおり）

ここで問題にされているのは、(3) におこなった整理に従うと、b. と c. の両方の点であろうと思われる。具体的な議論が提示されていないので、どのような意味において「裏付け」が必要であるのか判然としない。少なくとも、b. の事実「前鼻要素の有無とジヂ・ズヅの区別」は動かしがたく、c. についても前節に述べた通りである。また、この批判は直接には「鼻音が後続音に閉鎖性を要求する」とする見方に対してなされたものだが、これについては

---

*6　本章は高山知明 (2010) をもとにしている。その論文は、高山知明 (1993, 2000) に対する高山倫明 (2006) からの批判に答えるものでもあった。その後、高山倫明 (2006) は、内容が改稿され、同 (2012) として発表された。しかし、それを見ると、批判に答えたはずの高山知明 (2010) への言及がない。そこで、本章では、高山倫明 ([2006] 2012) で改稿された点に留意しつつ、あらためて取り上げている。なお、本章執筆に当たって問題点を整理し直した。

問題がある。この点を含め、先行研究に関する詳しい検討は第7節でおこなう。

　ここで問題にしなければならないのは、二つの変化の関係の本質である。これに関する本稿の考え方を提示することにする。二つの変化の発生は、上にも述べたように、各々契機が異なっており、何らかの必然的な関連性は見出せない*7。高山倫明（［2006］2012）が言う「何らかの関連があった可能性」がそのような意味での関連性を暗に指すとすれば、本稿筆者はそれに対して否定的である。また、発生し始めた時期がたがいに異なることは大いに考えられる（すなわち、前鼻子音の衰弱化の始まりとジヂ・ズヅ混乱の始まりの時期）。しかし、前節で論じたように、最終的な動きとしては、二つの変化は重なっていたと見て差し支えない。一時的にしろジヂ・ズヅの区別を支えていた前鼻要素がなくなるにつれて、その対立も解消していったことは十分に考えられる。

　この関わりは、二つの変化がたまたま同じような時期に進行しており、現象面で関わり合う機会を持ったという意味で偶然的なものである。もう少し説明を加えると、両変化は時期的な重複に加え、生じた箇所も体系内で部分的に重なったために、関わりうる状況にあった。そして、実際にそれが生起した。誤解を恐れずに言えば、関連しないが関係したということである。ここでは、そのような現象を干渉と呼ぶことにしよう。「干渉」とは、他者に対する妨害、介入の意味でなく、物理現象における意味を念頭に置く。二つの波が、打ち消し合ったり、強め合ったりするような場合になぞらえる。本稿で扱っている事例は、打ち消し合いではなく、区別の仕方が一致したために起こった増幅作用のほうになる。個々の言語の歴史において、関連を持たない複数の変化が、こうした事態に至るというのは現象としてたいへんおもしろい。

　むろん、複数の音変化が、同じような時期に進行することはめずらしくな

＊7　もっとも、この場合、日本語の音韻体系およびその歴史のあらゆる観点から関連性が皆無であると断定しているわけではないが、直接的な連鎖性は認められない。当面の課題にとって偶然的と考えるのが適切である。

い。実際、オ段長音開合の合流とジヂ・ズヅ合流とは、ズレがあるにせよ、時期が重複している。たとえば、『天草版平家物語』（巻第三、207頁。猫間中納言に対する木曾義仲の言）には、有名な混乱例 'Necoua xŏgiqinayo：xijte vomairiareto, iuarete gozatta.' がある（「猫は小食なよ」なら、xôjiqi「ショウジキ」とあるべきところが「シャウヂキ」になっており、一つの語の中に二つの混乱が現れている。亀井［1962］1984：242-243頁、亀井他［1964］2007：97-98頁参照）。このように、同一の語に二つの変化が関わる場合はいくらもある。しかし、この場合は、一方は母音の、他方は子音の変化であって、時期が重なっても関わり合う面を持たず、干渉することはなかった。これに対して、前鼻子音の消失化とジヂ・ズヅ合流は音韻体系内で重なり合う。歴史の中で起こるこうした個別の出来事は、言語史にとっては恰好の対象であるはずである。二者の関係をこのように考える立場としては、(6)の高山倫明（［2006］2012）の評言は、少なくともそのままのかたちでは、対象に適した問題提起であるようには思われない。

　もちろん、この二者の関係は当面、京都方言に限られる。方言によってはこれと同様の過程をたどらず、合流に至ったものもあったと考えられる。濁音がもともと前鼻子音でなくとも、破擦音化が起これば、それに続いて合流は発生しうる。かつて前鼻子音を持たない方言が具体的に存在したことを確かめるのは容易でないが、間接的な材料はある。すでに知られているように、ロドリゲス『日本大文典』は、備前方言（現在の岡山県東部）がガ行で前鼻要素（半分のtil）を欠いていたことを記している*8。備前方言のガ行子音は、問題の鼻音を欠いていて、そのことが（おそらく都の人々に）知られていた

---

*8　ロドリゲスの述べるところに依れば、「〔都では〕gの前の母音は半分の鼻音を以て発音するのであるが、備前のものの発音ではそれを除いていて、干からびた発音をする。例へば、Tōga（科）の代りにToga, Soregaxi（某）などといふ。この発音をするので備前の者は有名である」（170v，土井忠生訳：612頁参照。Soregaxiに対応するはずのSorẽgaxiの欠如は原文のまま。〔　〕の部分を補う。「干からびた」は原文のsecamente）とある。

　これがそのまま綴り字のgを指すのであれば、ヂも含まれることになるが、挙例から判断するとガ行子音に限られることになる。

らしい。都の人には、むき出し感、ざらついた印象を与えたのであろう。ガ行以外には触れていないため、直接には明らかでないが、おそらく他の行も含めた濁音全体が前鼻要素を欠いていたのではないかと推測される。現代諸方言の濁音で見る限り、ガ行だけに鼻音を残すパタンはめずらしくないが、逆にガ行だけが鼻音でないパタンは考えにくい（井上史雄 1971 参照）。とすれば、ガ行のみで前鼻要素を欠く想定は困難である。もし、このように、濁音全般が前鼻子音でなければ、その方言では、京都と異なり、前鼻要素が関わることなくジヂ・ズヅ合流が進行する。

7.「二説の対立」問題（先行論文の検討―その1）

　先行研究における一連の議論を全体として振り返るならば、問題の本質から外れる面があったことは否めない。また、本稿筆者の既発表の論文においても必ずしも明確でない点がある。ここでは、その反省もふまえ、先行研究の問題点の整理をおこなう。中心的な二つの論点にまとめ、本節と次節に分けて述べる。

　先行研究に関してまず取り上げる必要があるのは、「二説の対立」とされる問題である。四つ仮名の合流過程について次の二説が対立すると言われてきた（高山倫明［2006］2012、『国語史事典』、『国語学研究事典』（『日本語学研究事典』）の「四つ仮名」の項）。すなわち、亀井（1950a）の、ヂヅの前鼻要素がジズへの合一化を一時的に阻んだとする見方と、これに対する大友信一（1962）の論である。後者は端的に言うと、ザ行子音にも前鼻要素が存在したのであるから、ヂヅがジズに一方的に混同したのではなく、ヂヅの破擦音化後、ジズの前鼻要素によっても混同が促進されたとする主張である。つまり、前鼻要素は混同を抑制したとする亀井（1950a）の見解に対し、大友論文は混同を促進したとしていて、その効果が逆になるとする。

　しかし、そもそも両論は上の点で本当に対立するのだろうか。高山倫明（［2006］2012）も、二論文の対立点に関しては、「一見すると、先行する鼻音が正反対に作用したように見えるが、両者の相違は鼻音に由来するものではなく、ダ行・ザ行の鼻音性消失の時間差とヂ・ヅ破擦音化のタイミングの捉え方にある」（［2006］2012:160頁）と指摘する。その点はおおむねその通り

であるが、さらに批判が必要である。

　大友（1962）の主張のようにザ行子音も前鼻子音で実現されていた場合、我々がその音声の実質が前鼻破擦音であるか前鼻摩擦音であるかを問うのは極めて困難である（これに関連する一般的観点からの問題を 3.2 節で述べた）。その音価の違いを具体的に実証するのはまず不可能であり、そこを細かく論じてみても現実問題として大きな意義があるとは思われない。もし言えるとすれば、清音のサ行の音価が破擦音であったのであればザ行もこれと並行して破擦音であったと考えるのが推定として無理がないという点までである。

　その上で変化の過程を想定してみれば、ジズに前鼻要素があるところに、同じく前鼻要素を持つヂヅの破擦音化が起これば、両者は事実上そのまま合流するだけのことである。このとき、わざわざ、前鼻要素が変化を促進したとか前鼻要素が混乱の原因となったと言う必要はない。別の言い方をすれば、ヂヅの破擦音化がそのまま合流を意味しており、前鼻要素があろうがなかろうが同じことである。もちろん、このような合流の仕方も当然あり得る。念のために言うと、ザ行もダ行もともに前鼻要素を欠き、かつ、ザ行が総じて（つまり母音間でも）破擦音であれば、これと全く同じことが当てはまる。要するに、本来的に前鼻要素の問題ではない。最初から、対立するとされる論点の存在自体を欠く。

　大友（1962）が、前鼻要素が「変化を促進した」とするのは、ジズをそれぞれ（^{n}ʒi）と（^{n}zu）とし、「音声学的には [n] は [d] の鼻音化したものであるから、[n] の中に [d] の要素を含んで」おり、これらを（ndʒi）（ndzu）と書き換えることも可能である、と述べるところから来ている。しかし、このくだりに関しては、高山倫明（[2006] 2012：151 頁）の指摘のように、音声記号上の操作に過ぎず、結局のところ、調音音声学的な説明として受け入れるのは難しい。こうした指摘をする一方、高山倫明（[2006] 2012）が、大友（1962）と亀井（1950a）とは「（先行する）鼻音が後続音に閉鎖性を要求する、少なくとも閉鎖があるのがより自然である」（169 頁）との認識で「まったく一致する」とするのは適切でない。

　なお、念のために言えば、大友論文でポイントとなるのは、右に紹介した

主張の部分よりも、中国・朝鮮資料によればザ行にも前鼻要素があるのではないかとする問題提起のほうであろう。ただし、国内文献が示す、ジヂ・ズヅの違いが鼻音要素の有無によっても発音し分けられた（少なくともそういう状況が部分的に存した）ことは、これらの資料によって直ちに覆されるわけではない。

　ところで、二つの変化の関わりについて、上に引いた高山倫明（2003a, 2006, 2012）に対しては本論の立場から補足が必要である。

(7).　もともと余剰的だった音声が弁別的特徴にシフトすること（再音韻化）はめずらしくはない。（中略）
　　　ダ行子音破擦化の時期が亀井説のようであれば、ザ・ダ行子音の前鼻音そのものの有無がしばしジヂ・ズヅの弁別にあずかった可能性は十分にあるであろう。　　　　　　　　　　　（高山倫明 2012:160 頁）

　これは、「先行する鼻母音」が存在するとヂ・ヅの摩擦化が起こりにくく、ジ・ズへの合一を一旦阻んだとする亀井（1950a）に対する見解である。本稿もこの「再音韻化」を認める立場に近い。しかし、結局、前鼻要素による再音韻化に至らなかったところ（すなわち、一時的にその対立を支えたものの、対立解消と鼻音要素消失が並行的に進んでいった点）にこの干渉の特徴があると考える。もはや、再音韻化を引き受けるだけの力が前鼻要素になく、安定した余剰的特徴に弁別機能が移行するという、その典型パタンに全面的には当てはまらない。二つの変化はそのように、いわば同期するかたちで推移していく（本稿ではその一連の過程を干渉と名付けている）。

8.　鼻音と閉止との「関連性」（先行論文の検討―その 2）

　二つの変化の関係が論じられる中で、鼻音と閉止の関係が主要な問題の一つになっている。これに関しては、いくつかの誤解があると考える。筆者の既発表論文に対する批判もなされているので、それにも具体的に答える必要がある。

　高山倫明（[2006] 2012）は、それまでの議論に対して次のように批判する

（その中には筆者の既発表論文も含まれる）。すなわち、鼻音とそれに続く閉止（結果的には破裂）との間に「調音音声学的な（生理的な）必然性」がある、あるいは「鼻音が後続音に閉鎖性を要求する、少なくとも閉鎖があるのがより自然である」（同 2012:149 頁）とすることには一般音声学的な根拠がない、という批判である。たとえば、撥音の後で、ザ行子音が破擦音で（必ず）実現されるわけではなく、摩擦音でも現れることがめずらしくないことを示しつつ、否定的な立場を取る。

　また、一連の議論の中では、さらに濁音発生の仮説を提示した肥爪周二（2002, 2003, 2004）も批判の対象となっている。これにはさらに肥爪（2007）の反論があり、高山倫明（2006）の問題点を細部にわたって緻密に検討し、その批判点が過度に及ぶことを的確に示している。一連の肥爪論文は濁音の起源、連濁に関わる問題を対象としているため、ここでその内容を全面的に振り返ることは避けるが、本章と関わる点に絞り、肥爪（2007）の要点をまとめると (8) のようになる。

(8). a. 破裂実現に際しての口腔内圧の上昇は、開放の直前に起これば十分である（それよりも前に鼻腔に呼気を抜くことが口腔内圧を低下させ、破裂実現の妨げになる、という批判は当たらない）。
　　 b. 声帯振動とともに、（例えば鼻腔に呼気を抜くことをせず）そのまま閉鎖し続けると口腔内圧が上昇しすぎて、声帯の振動が止まってしまう。とくに長めの閉鎖では、その上昇を回避することが、声帯振動を継続させるために必要である（鼻腔へ呼気を抜くことはそのための有効な一手段である）。
　　 c. 鼻腔へ呼気を抜くこと（鼻腔への圧抜き）によって、閉鎖と同時に声帯振動がより安定化することは、ごく普通に採用されている説明である。
　　　　　　　　　　　　　　　　　　　　（肥爪 2007。とくに 3 節、4 節）

　本章もこれらの点を支持する。このうち b. にある「長めの閉鎖」という点は、濁音創成過程との関連から述べられているので、本稿には必ずしも関わらないかもしれない。ただ、この長めの閉鎖から前鼻子音が生じ、それが

濁音の原形となったという肥爪（2002, 2003, 2004）の説には、前鼻子音を扱う本稿としても留意する必要がある。

　高山倫明（[2006] 2012）はまた、高山知明（1993）に対して、鼻音部の閉鎖と後続する破裂（破擦）との因果関係を述べた論として（前鼻音の起源を扱った論として）批判する。(9) に該当部分を引用する。

(9). 有声の維持に必要な呼気流は、破裂に先だつ閉鎖が緩められて摩擦化することによってより安定的に供給できるようになるが、閉鎖を緩める以外にもそれを確保する手段が存在する。それが前鼻音である。つまり、鼻腔に呼気を通せば口腔内で閉鎖を実現しても、肺から多くの呼気流が得られるようになる。濁子音に伴う前鼻音はまさにそのような手段として捉えられるのではないだろうか。別の言い方をすれば、結果として前鼻音は破裂を維持するはたらきがあるということになる。

〔高山知明 1993:22 頁。ここで言う「前鼻音」は「前鼻要素」〕

　しかし、(9) は有声破裂（口音の閉鎖）を維持するために前鼻要素が存在したと言っているわけではない。16、17 世紀を中心とする時期の濁音を論じるに当たり、それが前鼻子音であることは所与の事実であって、その歴史的に与えられた音声が持つ個別の性質を、一般的な観点を考慮しつつ述べたものに過ぎない。それゆえ、前鼻子音の発生論を論じたものでは決してないし、また、歴史を通じて、濁音の破裂の維持のために前鼻要素が存在し続けてきたと主張するものでもない。にもかかわらず、高山倫明（[2006] 2012）が (9) を「前鼻音の『起源』(2)」（同 2006 の「前鼻音の『起源』」）と題する節（第 5 節）の中で取り上げているのは、扱い方として誤解に基づいている。

　高山知明（1993）は、母音間の位置に立つ有声子音の実現に関して、いろいろな音声のあり方の可能性に触れるといった配慮が十分でない。そのため、有声破裂の維持にとって前鼻要素がどうしても必要であるとの主張に読まれる危険性がないわけではない。

　しかし、高山倫明（[2006] 2012）が指摘するように、母音間の有声破裂が

必ず前鼻要素を伴うなどということが言えないのは、事実に照らし合わせて明白であるから、そのような極端な主張をする意図は元来ない。また、(9)においても「結果として」と断っているように、ここでは結果的に生じる効果を述べたものであって、それ以外の可能性を排除した、必然的関係を含意するものではない。

その上で、本稿としてなお主張すべきことがある。すなわち、母音間での摩擦音化は、前鼻子音の場合には起こりにくいのであって、鼻音要素の消失とともにその傾向が生じるという点である。これは、なにも高山倫明([2006] 2012)が言うように、「鼻音が後続音に閉鎖性を要求する」との認識に基づくものではない。

前鼻子音は、前半の鼻音要素と後半の口音要素から成り、典型的にはその間、口腔内の閉止が続く（音声的には、それに先だつ母音が鼻母音化することは否定しない）。つまり、その閉止の途中で鼻腔への呼気流入が遮断されることによって、二つの部分に分かれる単音である（通言語的に前鼻摩擦の存在が議論に上るのも、この閉止との関わりにおいてである。3.2節参照）。これは、先行鼻音が後者の閉止を要求するとの見方でとらえるべきものではない。

これに関連して、高山倫明([2006] 2012)はまた、「鼻音が閉鎖を要求する」見方の直接的な表明として(10)を取り上げている。

(10). 前鼻音要素は、直後の口音要素における閉止（closure）と連繋しており、その微弱化（ないし消失化）によって摩擦音への傾斜が引き起こされる

　　　　（高山知明 2000:86頁、「前鼻音要素」は本書の「前鼻要素（鼻音要素）」）

この部分は、上記の前鼻子音の特徴を前提に言ったものに過ぎない（ただし「連繋」と表現したことが誤解を生んだのかもしれない）。むろん、前鼻要素が消失したからといって、直ちに、摩擦音化が始まるわけではないが、一つの変化の方向として、閉止のゆるみが促進され、摩擦音化の可能性が高まるということまでは否定し得ないであろう。

高山倫明（[2006] 2012）は「中央語を含む多くの方言では前鼻音なしで閉鎖音の《無声／有声》が安定的に存在する」（同 2012:156 頁）とする。不安定であるとまでは言えないにしても、バ行子音、さらに脱鼻音化後のガ行子音はとりわけ、母音間で摩擦音化しやすいのは事実である。こうした点も併せて考えるべきである。とくに、話線上に現れる、それぞれの語の形状にめりはりを与える上でも、語頭と母音間に音声実現の差をつけることはありうることであり（語頭表示と呼ばれるはたらきなど）、生理的な側面だけで理解すべきものでもない。

　なお、高山倫明（[2006] 2012）は、この問題に関連して、現代語のザ行子音が撥音の後でも、とくにぞんざいな発音では摩擦音で実現されることや、フランス語の鼻母音のように後続の子音が破擦化するわけでないなどの例を挙げる。それはその通りであろう。しかし、本稿は、上に述べたことから明らかなように、音素連続における相互作用（同化など）の問題と、前鼻子音の内部構造の問題とは、まったく無関係であるとまでは言えないにせよ、両者を分けて取り扱わないと必要以上に議論を錯綜させるおそれがあると考える。

9. 文献上の現れと変化の進行

　第 6 節では、二つの変化が干渉したことを論じたが、本節では、その変化の経過について、残された問題を中心に見ていく。

　破擦音化後のジヂ・ズヅの混乱のどのあたりから、前鼻子音の有無が関わったのかは明らかではない。一つの考え方は、破擦音化以前から、ダ行とザ行とはすでにそのような状態にあったとするものである。小倉（1998）のように、ザ行が母音間では摩擦音に傾いていたとすれば、ダ行との間に前鼻要素の有無の差があったことが考えられる。あるいは、全体的な傾向は小倉（1998）の推定に従うとしても、ザ行の変異に、母音間でも破擦音がまったくなかったわけでなく、そこに前鼻子音の実現があったのかもしれない。

　ジヂ・ズヅの区別に関しておそらく間違いないのは、発音の区別を保とうとする保守的な話者集団と、それに頓着しない話者集団が混在する状況があったことである。『新撰仮名文字遣』からわかるように、混乱が進行する中

で、その発音の区別が規範的な立場では意識されていた。この書は成立経緯に明確でない面があるが、奥書の永禄 9 (1566) 年を目安とすれば、その時期は 16 世紀後半に属する（今野真二 1996 はその成立年について慎重な判断が必要と指摘する。さしあたり、安全を考慮すれば、17 世紀初以前という線まで下げることになる）。その内容は、(11) のように発音の仕方まで述べる点が注目されている。その中で、おもしろいのは、ジズとヂヅの違いを閉止の有無でとらえる一方で、前鼻要素に相当する違いが示唆されていないことである。

(11). a.（新撰仮名文字遣序）音韻学の用語を用いて、「じ」「ず」は「細歯頭」、「ぢ」「づ」は「舌頭」の違いと述べる（慶長九年沢庵禅師の序、原文「し」「す」「ち」「つ」に濁点を付す）*9。
b.（本篇）「し文字をにごる時は舌ヲトキニスル也」
「ち文字をにごる時は舌をひらめて上のあぎとにつけていふなり」
「す文字をにごりていふ時は舌をとゐにし上のあぎとには不付也」
「つ文字を云時は舌を上ノアギトニ付ル也」

（以上、原文に濁点を付す）

このことが何を意味するかについては、17 世紀末の『和字正濫鈔』との違いも含め、いろいろな角度からの検討がさらに必要かもしれないが、ここでは、本稿の立場から一つの推定を示すことにする。

すなわち、16 世紀後半から 17 世紀初の時期は、まだダ行の前鼻要素は比較的安定していた。つまり、ごく自然に、閉止にそれが伴っていた。そのために、かえって、話者の意識には上りにくかったのではないか。ジとヂ、ズとヅの発音上の区別は乱れてきてはいたが、それを言い分けようとすれば、

---

*9　沢庵禅師の序 a. と本篇 b. の両方で四つ仮名に触れている点をどう考えるのかという問題が別にある。

ヂヅには自然に前鼻要素が伴うという段階であった。『新撰仮名文字遣』の発音法が前鼻要素に触れないのは、そのような理由からであろう。

　これに関しては、ロドリゲス『日本大文典』が都のことばの欠点としてジヂ・ズヅの混乱ぶりを指摘する中の、「立派に発音する人もいくらかあるであらうが一般にはこの通りである」（169v. 土井忠生訳：608頁）とする箇所が想起される。つまり、この問題は、立派に発音する人の、その発音がどのようなものであったかという点に関わる。また、ロドリゲス『日本大文典』が、都の一般の発音としてダ行、ガ行が前鼻子音で実現されているとしている点も併せて考慮される。

　もう一つ、『新撰仮名文字遣』と並んで、ジヂ・ズヅの区別を説くのに前鼻要素に言及しない文献に日遠『法華経随音句』がある。(12)がその該当箇所である。

(12).

サテ、時ノ字ハ、シノ仮名也、チウノ仮名也。付之、シトチト、ストツト、濫ムル時、多濫スルコトモ、俱ニ、濁ル時、多濫スルコト、亦多誤ルコト、水ミツ、ミスト、経文ハ、無レトモ、世話ニモ、亦多シ誤ルコト、濫ルコト然ル紅葉モミチヲ、モミシト云、類ノ如キ、是レ也。是非只田舎ノミナラ、京都ノ人モ、亦有リ濫ルコト。然ルニ、是ヲ糺ス時、有人云、軽重不同也、等云ニ、私謂、不レ可レ然ル。只是歯音舌音ノ異ナラクノミ耳。音ハ舌ヲヨセシテ、歯ニアタッテ、呼音也。歯ハシシセソ、是也。舌音ハ、舌ヲアキ付ケ、或歯ニサ、ヘテ、唱ルノ字也、タチツテト、ラリルレロ、是也。故其字ノ不同ヲ能ク弁知テ、一部ノ文ヲ、読誦スル時、可二読分一ミク也。不レヘル、其字ノ正躰ヲ失ヒ、功徳可レ少カル、一経ノ内、其ノ字甚多シ。一々ニハ難レシ挙ケル、今其ノ易キ濫濁音ノ字、一処ニ出レシテ、示レシ之、至リ二一ノ文二能付ケテ意ヲ、可レ読ク二分ク之一也。
　清音ハ
　レ出レ之
［ジヂズヅの字音の漢字一覧は略す］

（『法華経随音句』序品、巻上1丁表・裏。原文の句点の使い分けに従い、行の中程に打つ場合は読点で置き換え、一字の右下に打つ場合は現行の句点で示す）。

日遠の生年が1571年とすれば、時期の点では『新撰仮名文字遣』よりも遅れる（ただし、『新撰仮名文字遣』に関しては上述のように不確定な要素がある）。刊記（日遠）には元和6（1620）年に稿を完成させ、「翌年添削之」とあるので、これによればこの書自体は17世紀初期のものということになる（刊本として出たのはこれより後の1643年）。『法華経随音句』は、ジヂ・ズヅの区別について、「歯音ハ舌ヲヨセズシテ、歯ニアタッテ、呼者也。サシスセソ、是也。舌音ハ舌ヲアギ（ニ）付ケ、或（ハ）歯ニササヘテ、唱ル字也。タチツテト…」と述べている。この言及が、京に生まれた彼の内省に基づくものであれば、『新撰仮名文字遣』についての上記の推定と同じような状況が背景にあると考えることができる。

　注意が必要なのは、これが扱うのは直接には経文読誦の発音である点である。しかし、「世話ニモ亦誤ルコト多シ。水（ミヅ）ヲ『ミズ』ト云ヒ、紅葉（モミヂ）ヲ『モミジ』ト云フ類ノ如キ、是也」とする部分や、「京都ノ人」の乱れにも言及する部分は、経文読誦の外の、周囲の一般的な状況を示している。その中で、とくに注目されるのは、「誤ることが多い」とは述べていても、「区別ができない」「（すべて）誤っている」とは言わない点である。この状況も、「立派に発音する人もいくらかるであらうが」とするロドリゲス『日本大文典』と符合する。

　これに比べると、17世紀末の『蜆縮涼鼓集』では、はっきりとその序文で「吾人言違ふる詞」「今の世の人、しちの二つを濁りては同じう呼び、すつの二つをも濁りては一つに唱ふ」と述べるし、序文に続く凡例においても、「今又世の降れる故にや、吾人かく取失なひぬる成べし」（上6丁表）、さらに、「誠に端〔はし〕、箸〔はし〕、橋〔はし〕などとて音声の高低自由なる都人の此四つの音ばかりを言得ざらん事は最口惜き事也」（上7丁表）とさえ言っている。『法華経随音句』ではそこまでの表現は取らない。この二つの間に、言語的な意味での世代の懸隔があるのではないか。もちろん、日遠の「誤ること多し」（誤らない場合もある）が、当時の実態をどのくらい正確に写し取っているかは別問題である。しかし、区別を経験的に知る保守的言語層の具体像がまだそこにはうかがえる。これに比べると、『蜆縮涼鼓集』の著者は、保守的な言語層ではあっても、現実の区別を経験的に知っている

というのとは違っている。状況に対する認識には二つの間に質的な差がある。ただし、『蜆縮涼鼓集』と同年刊の『和字正濫鈔』が、「都方の人は、心を着つれば、いづれも分けて、よくいはる」とする点が問題である。しかし、これは第3章で論じたように、この時期の一般の状況ではなかろう。著者契沖の状況認識はあくまで「誤る人が多い」というのではなく、「都方の人の常にいふは。ちの濁りはぢとなり。つはずとなる」のである。

　さて、ジヂ・ズヅの混乱そのものは、仮名の書き分けの支えによって反省的にとらえることが容易であったためか、比較的早い時期に内省によって気づかれている。その場合でも、その余剰的特徴である前鼻要素の有無は、相対的に気づかれにくかったのではないか。

　すでに見てきたように、前鼻要素の有無がジヂ・ズヅの区別に関係することを示す文献は、17世紀末以降のものであった。また、第6章で述べたように、撥音の後のザ行音に注意する文献もこの時期以降のものであった。もちろん、発音に関する注意が文献に顔を出すのは、ある程度時間が経って、その伝承が習慣化されてからであろうから、気づかれたのは17世紀末よりも遡るはずではある。しかし、たとえ遡るとしても、前鼻要素の性質上、四つ仮名の混乱そのものが取り沙汰される時期の中では、相対的に遅い。第4章において考察したように、気づかれる条件がととのうのは、世代の入れ替わりが進んで、前鼻子音を持たない人々が大半を占めるようになってからであろう。

　以上のように見てくると、前鼻要素に触れるか否かの文献上の違いは、事態の経過に従った、話者の認識の変化を反映するものと考えられる。

10. 構造面への反映——母音間での摩擦音化の傾向

　以上に述べたのは、京都方言に代表される合流の仕方であり、もちろん、諸方言に同様に当てはまるわけではない。また、この過程は、前鼻子音の消失がなければジヂ・ズヅが合流しなかったということを含意するものでもない。二つの変化の干渉（別の言い方をすれば同期）が意味するのは、ジヂ・ズヅ区別維持からその合流への動きと、濁音の前鼻要素消失への動きが並行的に進んだということに過ぎない。先にも述べた通り、相互の関係は偶発的

なものであり、その意味において、歴史的な出来事である。

ただ、前節で述べたことからすると、保守的な言語層の人々は、前鼻要素の支えによってジヂ・ズヅの違いを相対的に遅くまで保持し、その結果、合流が若干遅れたことは考えられる。

第1節でも述べたように、両変化の間に、音韻史的観点から何らかの因果関係を求めることはできない。しかし、だからといって、この出来事が言語構造面に関わらなかったわけではない。第8節でも指摘したことだが、濁音は母音間で、前鼻要素がなくなるにつれて閉止が緩みがちになり、摩擦音で実現されやすくなった。もちろん、ガ行子音のように、鼻音の実現（いわゆる鼻濁音）がわりあい遅くまで残るものもある。それでも、鼻音が口音に変わっていくと、母音間では概して、はっきりした破裂音ではなく摩擦音 [ɣ] になる。バ行は、より早くに前鼻要素を弱めたと推定されているが、この場合も、現代語にしばしば観察される [β]（「あぶない」「はば」など）のように、摩擦音化の傾向が現れていたと推定される。ザ行についても、破擦音と摩擦音とが異音の関係にあるとすれば（小倉1998）、すでに母音間では前鼻要素は現れなくなっていたであろう（破擦音が母音間でも現れることがあり、それにつれて鼻音要素を伴ったことまで排除しない）。

このように、前鼻子音の消失は、全体として、母音間の摩擦音化に向かう側面を持っている。そして、ダ行でも前鼻要素が弱まる状況にあって、その中からこの傾向に加わったのが破擦音化したヂヅである（これが、ジヂ・ズヅの最終的な合一）。ザ行が一歩先んじて破擦音と摩擦音とが異音の関係にあったとすると、合一の結果はその異音関係の中に落ち着くことになる（小倉1998、詳しくは本稿第6章参照）。

これに対し、前鼻要素が弱まっても、容易には摩擦音化の傾向に進めないのがダデドである。そのため、常に破裂を要求する音として音韻体系の中で残り、現在の状態もそれを引き継いでいる。ダデドはその一方で、しばしばラ行子音と接近したり（とくに言語習得の過程では遅くまでラ行子音との混乱が生じる）、また、ザゼゾにも接近したりしている（近畿には和歌山方言などで、ザゼゾとダデドが混乱することが知られている。杉藤美代子・中野節子1975, 杉藤・木村恵子・稲田裕子1976, 杉藤・日比信子1981, 杉藤1983,

1984, 清水勇吉・奥友里恵 2013 などを参照)。

このように、本章で取り上げた二つの変化の関係は、偶然的なものであるにせよ、それよって、変化後の異音の構造に一定の方向性を与えている。

本節の以上の内容は、摩擦音化の傾向（母音間の濁音に生じた子音推移）に関して述べた高山知明 (1993) をもとにしている。ここでは必要な修正を加えて、あらためて本書全体の議論の中に組み入れている。

なお、語頭と母音間での実現の違いは、語の形状にめりはりを付ける意味でも重要な機能を果たしている。母音間の指標は、顕著な前鼻要素がその役割を担っていたが、徐々に、摩擦音に交代していった（ジヂ・ズヅの合流もその一つとなった）。機能的な側面から見たときには、このような変化として見ることができる[*10]。

11. おわりに

前鼻要素は一時的にジヂ・ズヅ合流の進行を遅らせることがあったとしても、その流れを変えることはなかった。その意味では、現象を抽象化するときには、その経緯は無視して問題ないのかもしれない。

しかし、変化の進み方に対する理解を深めるためには、周辺の現象も含めて、その経過を知る必要がある。その具体的問題として、本章では、ジヂ・ズヅ合流と前鼻子音消失の二つの変化がどのように関係したのかについて考察した。先行研究の議論をあらためて検討して、問題のありかを明らかにした。

二つの変化の生起はそれぞれ背景を異にしており、もちろん、そこに何らかの因果関係を求めることはできない。しかし、たまたま生じた時期が重なったこと、音韻体系の中で起こった場所が重なったことのために、二つの変化はいわば干渉（同期）するに至った。その意味で、これは歴史の中で生じ

[*10] ちょうど、現代語のカ行、タ行の子音がどちらかと言えば語頭で有気音で発せられ、母音化で無気音で発せられるのと、同様の現れ方と考える。当然ながら、常にその通りに実現されるわけではないが、一つの傾向性としては認められるというのと同類のものである。

た偶発的な事象といえ、個別言語史の恰好の対象である。前鼻要素の有無は、破擦音化の進行によって音声が接近する中で、ジヂ・ズヅの区別にそれ以前より重要な役割を持った。その後、前鼻要素が消失していくにつれ、ようやく保持されていたジヂ・ズヅの区別（おそらくは比較的保守的な言語層の人々の間でわりあい遅くまで保たれていた）も失われていった。大筋としては、亀井（1950a）によってすでに指摘されていたものであるが、本章では、いくつかの分析を通して、その輪郭をより明確なものにした。また、先行研究の検討を通して、この現象の歴史的意味に関する認識も深めることができたと考える。

　第9節で見たように、『新撰仮名文字遣』『法華経随音句』のように時期のやや早い文献では前鼻要素に言及がなく、かえって17世紀末のものになると、前鼻要素に言及するもの（あるいは『蜆縮涼鼓集』のようにそれに言及しなくとも内容上それとの関連が疑われるもの、第4章参照）が現れる。これは、区別における前鼻子音の存在が変化の最終局面に入ってはじめて、人々に意識されたことの反映であると推定した。この音の性質を考慮すると、それまでは、識別に関係していても気づかれにくかったことが十分に考えられる。

　もう一つの点として、前鼻子音消失とともに摩擦化の傾向が強まることについても論じた。京都方言の場合、ジヂ・ズヅ合流は、その傾向に加わるかたちで収束した。

　言語変化は、最初から一つの終着点に向かって予め決められた道筋に沿って進行するわけではない。場合によっては、寄り道をしたり、また、他の現象と関わったりすることがある。本章で論じた対象は、その事例の一つである。

　最後に念のために付け加えれば、どの事象であれ、その発生は歴史において一回限りのものである。その意味では、偶発性は自明の原理であり、特定の事例について、ことさら取り上げるべき性質の問題ではない。しかし、本章で扱った対象に関しては、あらためて議論を整理し、問題点を明らかにするために、この点を中心に据えて論じる必要があった。

第8章

終章

1. 現象の切り取り方

　言語の問題に限らず一般に、時間軸に沿って推移する現象について考察しようとするときには、対象をどのように切り取るかという最初の手続きから困難に直面することが少なくない。取り上げようとする対象が、単一の出来事であるのか、それとも複数の出来事から成るのかについても容易に判断が下せないことがある。また、その始まりや、その終わりをどのように認定するかも同様に難しい。これは、必ずしも我々の分析能力の欠如や不足から来るものではなく、対象そのものが持つ性質に由来するものと考えられる。連続した事象の流れの中から単体の出来事を切り取ることには本来、限界がある。たとえば、一つの大きな出来事として見なされる事件や事故も、通常、いくつかの細かな出来事から成るし、その周囲に関連する事象が見出されることもある。その点では、言語変化も、他の歴史的な事象と同じような性質を持つはずである。

　音変化に関しては、どちらかと言えば、現象がわりあい単純に規定できるために、今述べた困難に煩わされることが比較的少ないような印象がある。しかし、ここまでの考察をあらためて振り返ると、破擦音化、ジヂ・ズヅ合流、前鼻子音消失（また、それぞれの現象相互の関係）のそれぞれに関して、現象の認定に細部でいろいろと難しい問題に直面せざるを得なかったというのが正直なところである。たとえば、第2章で扱った破擦音化の場合には、これを単一の変化と見なしてよいかという点に立ち戻って、あらためて考え直した。本書の結論としては、この変化には、チヂとツヅとの二つの現象としての側面と、単一現象としての側面の両方を認めるのが適切であるとした。

その結論に至る途上では、破擦音化が「二つの現象」であるとして、その二者の関係は第7章で取り扱うジヂ・ズヅ合流と前鼻子音消失が二つの現象であるというのと本質的に同じであるのか、それとも違うのか、というような一見常識と思われる点にも立ち戻って考えざるを得なかった。結果として、二つの現象の側面を認めつつも、単一の現象としたが、それは、二つの破擦音化に相互の関連性を認めたからである。その根拠は、これらの変化によって、チとツ、ヂとヅが（余剰的特徴であってもシとス、ジとズとともに）対立的な関係を形成していることである。起こった時期が同じであるから一つの現象であろうというように、従来の常識に安易に依ったわけではない。この事例に比べると、ジヂ・ズヅ合流と前鼻子音消失との関係には、同じような意味での関連性は見出せない。とはいえ、歴史的に見て、この二者が関わりを持つに至ったことは間違いない。本書ではこの関わり方を干渉と名付けたが、この種の現象を指し示す一般的な用語は存在しない。ただし、注意が必要なのは、一般的な用語が存在するか否かは、その出来事の個別性とは次元を異にする問題である。タ行ダ行の破擦音化についても、まさに「破擦音化」という用語は存在するけれども、第2章で論じたように、二つの変化がほぼ同時期に発生した条件には、当時の日本語の音韻体系内部の項どうしの関係性があり、その経緯は個別的にしか扱えない（目の付け所によってその中に一般化の対象になり得る面があることは否定しないが、出来事の生起は個別的に条件付けられている）。

　また違った問題ではあるが、破擦音化とジヂ・ズヅ合流についても、二つの現象の境目は一見明らかなようでいて、一連の流れを取り上げる中では細かな問題が発生する。第7章でおこなった先行研究の検討ではその点に関わる議論に触れている。

　本書は、序論にも述べたように、変化の動的側面にできるかぎり近づくことを目的とした。上に述べたように現象の認定の仕方についてあらためて基本から考えざるを得なくなったのも、動的な面を扱おうとすれば必然的に直面することである。

　以上のように、本書は、歴史的事象としてそれぞれの「現象」はどのように規定すべきか、また、その上で、他の「現象」との関係はどのように説明

されるかということを、それぞれの事例に即して論じてきたことになる。

　ところで、破擦音化について一点付け加えると、東日本の破擦音の歴史がどのようであったのかという、直ちに明らかにしがたい問題がある。その歴史には、「今日のチ・ツの頭音のアフリカータ化の源流とは、無関係」（亀井[1950b] 1973:179頁）とされる上代東国方言の破擦音の問題も含まれる（これについては第2章の終わりにも少し述べた）。この問題が京都方言との関係において論じられる場合には、二つの「破擦音化」に分けるという扱い方にも別の新たな意義が出てくることが予想される。

2.『蜆縮涼鼓集』の問題

　合流後のジ（ヂ）、ズ（ヅ）がいかなる音声になったかは、これまで大きな関心の一つであった。すでに見たように、これには『蜆縮涼鼓集』が示す京の「実態」がその有力な材料とされてきた。同書によれば、撥音の後ではヂヅ（すなわち破擦音）、母音の後ではジズ（摩擦音）になることが、きわめて明瞭にしかも網羅的に示されている*1。当時、このような傾向にあったことを、様々な角度からの考察の結果として認めることには必ずしも否定的でないが、少なくとも『蜆縮涼鼓集』のこの部分は、現実の状態をそのまま写し取ったものとは言えず、その意味で注意が必要であるとした。第4章、第5章、第6章を通じて論じたように、これは、実際の日常言語の観察から帰納的に導き出されたものではなく、謡曲における発音指南に基づいて、発音上の問題が整理された結果の産物である。その意味では、当時の人々（知識層）にとっては、わりあい常識的な内容（つまり、言われれば人々が納得の行く指摘）であったと考えられる（ここで言う「常識的」はこの内容が凡庸であるという意味では決してない）。

　撥音の後でジズが不正になると聞く耳は決して彼一人のものではなく、少なくとも知識層を中心にこれと同様の言語感覚が共有されていたと推定した。

---

　*1　ここから合流後の状態を読み解くのは亀井孝（1950a）。また、旧稿の高山知明（1993）も、その背景には立ち入らずに、これを当時の実態を知るための証左として用いた。

謡曲はそれが現れる典型的な場であった。こんにちでは、撥音の後のザ行音が耳障りに感じられるということはまずない。しかし、謡曲関連の文献からうかがえるように、当時は撥音に続く場合にとくに敏感になっている。それゆえ、これは『蜆縮涼鼓集』の著者に限られたものではない。本書では、その感覚の社会性に価値を見出した。これはこの時期特有の言語感覚であり、一つの社会言語学的現象としてとらえるべきものである。

　誤解のないように言い添えると、この感覚が、撥音の後で必ず破擦音となっていたことを意味するものかどうかについては、いちおう慎重に構えるべきである。当時の話者が撥音からの連続に敏感になっていたことと、破擦音か摩擦音の違いが聞き分けられることとは、いちおう区別して扱ったほうが安全であるというのが本書の立場である。また、問題としても、その音声が何であったかより、そうした感覚が発生した事実のほうを重要視した。問われるべき問題は、撥音からの連続がヂ、ヅを連想させたことの意味と背景である。これに関する問題は、第6章で論じた通りである。

　以上のように考えた上でなお、あらためてこの『蜆縮涼鼓集』にどのような特色があると言えるのか、という問題がある。これについては、部分的には第5章の終わりに述べたが、総体的にどう評価し得るかは詳しくは論じなかった。今後、この点については、「仮名遣書」という枠にとらわれずに見ていったほうがよいのではないかと考えている。また、独自性にはこだわらずに特色を論じることも重要であろう。

　これに関連して少し述べると、仮名遣書としては、四つ仮名にしか触れていない点が利用者にとって不便との指摘がこれまでにされている。しかし、四つ仮名（音、文字）に関する書としてみた場合、凡例（音図を含む）、本篇、巻末の字音表のそれぞれについてよく巧まれたつくりになっている。たとえば、該当語を調べるのに、こころみに実際に使ってみると、たいへん使いやすいとの印象を受ける。こうした点も含め、今後の課題である。

　同書については、さらに、細かな点として、第5章で太平記読みとの関わりを指摘した。これについても、この書の周辺を知る上でさらに探究する価値があると考える。同書に関連する重要な点として、もう一つ、五十音図の問題がある（次節）。

3. 残された問題

　前節でも『蜆縮涼鼓集』に関する課題について触れたが、最後に、その他の残された問題について述べる。

　本書で扱った変化に関しては、成立時期が比較的わかっている文献を取り上げたが、思わぬところに見落としがあるかもしれない。また、いわゆる中国資料、朝鮮資料に関しては目が行き届かず、十全でないおそれがある。これは今後の課題である。

　そのような見落としに属するかどうかはさらに考えてみる必要があるが、一つ問題になる文献がある。慶安 3（1650）年刊の安原貞室著『かたこと』が四つ仮名に触れないことである。この書は、たとえば、連声については「又、仁王経〔にんわうぎやう〕を。にんなうぎやうとよみ本院〔ほんゐん〕をほんにん。文屋康秀〔ふんやのやすひで〕をふんにやなど、いふは。連声〔れんじやう〕とてよきことばなり」（白木進 1976:20 頁）という有名な箇所がある。言葉遣いに多大な関心があり、膨大な語、表現の詮索をおこなう中で、四つ仮名の発音については言及するところがない（全篇で 800 条あり、一条に複数の語を載せる場合もある。白木 1976 参照）。たとえば、「藤」と「富士」、「水」と「不見」のような具体的な語を通して、その発音の問題に触れるような条があってもよさそうである。

　同書には、四つ仮名に混乱のあることから、「貞室は四つ仮名混同の問題には気づかず、したがってそのかきわけにも注意しなかったのではないか」（白木 1976:190 頁）とも指摘されている。彼の生年が慶長 5（1610）年であるとすると、ロドリゲス『日本大文典』が記す当時の都の混乱状況から考えて、その区別を母語の中に持たなかったことは十分にあり得る。しかし、10代の頃より貞門に身を置き、また『かたこと』からもうかがえるように言葉に対する並々ならぬ関心があり、物知りの彼が、四つ仮名の発音上の区別に何らの機会にもまったく触れることがなかったとしたら、それはそれで大きな問題である。同書の仮名の書き分けの混乱には、たとえば、「助老〔じよらう〕を　〇ぢよろ」（同 97 頁）、「紫陽草〔あぢさい〕を　〇あんさい　〇あんじさい」（白木 1976:106 頁）、「頭巾〔づきん〕を　〇ずつきん」（同 84頁）のような例が散見され、わざわざ仮名を変えているようにも見えるが、

問題になっているのが語末の短音化であったり、撥音や促音の挿入であるなどポイントが他にあり、書き分けに意味があるとは言えないようである（白木1976は書き分けに否定的である。同97頁の頭注参照）。いずれにせよ、当時の状況を知ろうとすれば、このように四つ仮名に触れない文献についてもさらに見ていく必要が出てくる。

　『かたこと』に関して言うと、もう一点、興味深い点がある。掲げる語の中に、濁音の前の、撥音挿入あるいは撥音転換の例が少なからず拾えることである。たとえば、上記の「紫陽草」の「あんじさい」もその一つであるが（「あんさい」の形が出てくることも無視できない）、他にも「彼岸〔ひがん〕を　○ひんぐはん」（同67頁）、「二月〔きさらぎ〕を　○にんぐはち共。四月〔うづき〕を　○しんぐはち共」（同68頁）、「胴服〔どうぶく〕を　○どんぶく」（同85頁）等のようなものがある（この他に、よく知られた「ふんだん（不断）」や「たんだ（唯）」がある）。強調の場合の撥音挿入と考えられるものもあるが、すべてがそれで説明できるわけではない。他方、「賢人〔けんじん〕を　○けいじん」（同77頁）のように、ザ行音の前で（例を見ていくと必ずしもザ行音に限られないが）撥音が母音に変えられている例も散見され、これも本書で論じた前鼻子音の問題との関連から無視することはできない。

　それぞれの形については、語ごとの個別の事情、背景を十分に考慮する必要があり、各語の歴史も含めて、慎重に取り扱わなければならないが、分析する価値はありそうである。本書で論じた前鼻子音消失の時期を考えると、『かたこと』に関してはこの点でも見逃すことができない。

　残された問題として重要なのは、もう一つ、『蜆縮涼鼓集』の考察の中で言及した、当時の社会における五十音図の役割についてである。第5章では謡曲における使用について、『当流謡百番仮名遣開合』所載の音図とそれに続く例解の部分をもとに論じたが、これに関してはさらに対象を広げて、より詳しく見ていく必要がある。音図の受容の状況は『蜆縮涼鼓集』についてさらに深く知る上でも重要である。

参照文献

(和書は編著者名の五十音順による．その他の書はその後に続ける)

有坂秀世	1935	「奈良時代東国方言のチ・ツについて」，『方言』5-3，春陽堂．(有坂秀世 1957『国語音韻史の研究 増補新版』，三省堂，161-183頁) 所収．
有坂秀世	1936	「上代に於けるサ行の頭音」，『国語と国文学』13-1，(有坂秀世 1957『国語音韻史の研究 増補新版』，三省堂，145-159頁) 所収．
池上岑夫訳	1993	ロドリゲス，J.(著)『日本語小文典』(上・下) 岩波文庫，岩波書店．
石井久雄	1983	「『蜆縮涼鼓集』「新撰音韻之図」讃」，『国語学研究』23，東北大学文学部「国語学研究」刊行会，11-19頁．
石井久雄	1990	「『蜆縮涼鼓集』の音韻注記」，『国語学研究』30，東北大学文学部「国語学研究」刊行会，11-20頁．
石川国語方言学会編	1952	「「謡開合仮名遣」(本文篇)」，『国語方言』2，石川国語方言学会．1-44頁．
石川国語方言学会編	1953	「「謡開合仮名遣」(索引篇)」，『国語方言』3，石川国語方言学会．1-77頁．
糸井寛一	1962	「大分県の四つがな弁略報―玖珠町木牟田方言について―」，『国文学攷』27号，広島大学国語国文学会，48-52頁．
井上史雄	1971	「ガ行子音の歴史」，『国語学』86，国語学会，20-41頁．
岩淵悦太郎	1932	「謡開合仮名遣いについて」，岩波講座『日本文学』附録『文学』，(岩淵悦太郎 1977『国語史論集』，筑摩書房，343-346頁) 所収．
岩淵悦太郎	1944	「謡曲発音資料としての謳曲英華抄」，橋本進吉博士記念論文集『国語学論集』，岩波書店．(岩淵悦太郎 1977『国語史論集』，筑摩書房，347-362頁) 所収．
岩淵悦太郎	1947	「謡曲の発音とその変遷」，『幽玄』2-1・2，積善館．(岩淵悦太郎 1977『国語史論集』，筑摩書房，177-184頁) 所収．
岩淵悦太郎	1969	「口誦資料の国語史的価値」，『国語学』76，国語学会．(岩淵悦太郎 1977『国語史論集』，筑摩書房，150-165頁) 所収．
上村幸雄，高田正治	1978	『X線映画資料による母音の発音の研究』，国立国語研究所報告 60，秀英出版．
楳垣 実	1962	「三重県」，楳垣実編『近畿方言の総合的研究』，三省堂．
遠藤邦基	2001	「四つ仮名の読み癖―「鼻ニ入ル」の注記の意味―」，『国文学』82，関西大学国文学会．(遠藤邦基 2002『読み癖注記の国語史研究』，清文堂，114-132頁) 所収．
大谷篤蔵編	1978	『謡曲二百五十番集索引』，赤尾照文堂．
大塚高信訳	1957	『コリャード日本文典』，風間書房．

大友信一　1962　「「四つ仮名」混同の音声事情」,『国語学研究』2, 東北大学文学部国語学研究室,（柳田征司編 1980『論集日本語研究 13　中世語』,有精堂, 126-137 頁）所収.

岡田荘之輔, 楳垣実　1962　「兵庫県」, 楳垣実編『近畿方言の総合的研究』, 三省堂.

奥村三雄　1955　「撥音ンの性格─表記と音価の問題─」,『国語学』23, 国語学会, 41-49 頁.

小倉　肇　1998　「サ行子音の歴史」,『国語学』195, 国語学会,（小倉肇 2011『日本語音韻史論考』, 和泉書院, 137-160 頁）所収.

香川大学開学十周年記念「伊路波」刊行委員　1959　『伊路波』, 香川大学開学十周年記念出版.

加美　宏　1997　『太平記の受容と変容』, 第 3 章「太平記読み小考」, 翰林書房, 88-122 頁.

亀井　孝　1950a　「蜆縮涼鼓集を中心に見た四つがな」,『国語学』4, 国語学会,（亀井孝 1984『日本語のすがたとこころ（一）』亀井孝論文集 3, 吉川弘文館, 291-312 頁）所収.

亀井　孝　1950b　「方言文学としての東歌・その言語的背景」,『文学』18-6,（亀井孝 1973『日本語系統論のみち』亀井孝論文集 2, 吉川弘文館, 151-179 頁）所収.

亀井　孝　1950c　「上代日本語の音節「シ」「チ」の母音」,『言語研究』16, 日本言語学会,（亀井孝 1984『日本語のすがたとこころ（一）』亀井孝論文集 3, 吉川弘文館, 125-140 頁）所収.

亀井　孝　1954　「「ガ行のかな」」,『国語と国文学』31-9, 東京大学国語国文学会,（亀井孝 1984『日本語のすがたとこころ（一）』亀井孝論文集 3, 吉川弘文館, 1-25 頁）所収.

亀井　孝　1964　「「オ段の開合」の混乱をめぐる一報告」,『国語国文』31-6, 京都大学文学部国語学国文学研究室,（亀井孝 1984『日本語のすがたとこころ（一）』亀井孝論文集 3, 吉川弘文館, 221-264 頁）所収.

亀井孝　他　1964　『日本語の歴史 5　近代語の流れ』, 平凡社, 第 1 章, 3（再刊, 2007, 平凡社ライブラリー）.

亀井　孝　1970　「すずめしうしう」,『成蹊国文』3, 成蹊大学文学部日本文学科,（亀井孝 1984『日本語のすがたとこころ（一）』亀井孝論文集 3, 吉川弘文館, 447-464 頁）所収.

亀井　孝　1971　「言語の歴史」, 服部四郎編『言語の系統と歴史』, 岩波書店,（亀井孝 1986『言語文化くさぐさ』亀井孝論文集 5, 吉川弘文館, 1-34 頁）所収.

亀井　孝　1983　「《短信》の欄に寄す」,『成城文藝』105 号, 成城大学文藝学部, 201（22）-197（26）頁.

岸江信介, 吉廣綾子　2006　「四国諸方言における入りわたり鼻音について─徳島方言を中心に─」,『音声研究』10-1, 49-59 頁.

木田章義　2000　「国語音韻史上の未解決の問題」,『音声研究』4-3, 日本音声学会, 24-27 頁.

北原保雄　1973　　　　　『きのふはけふの物語　研究及び総索引』, 笠間書院.
京都大学文学部国語学国文学研究室編　1958　『倭語類解　本文, 国語・漢字索引』, 京都大学国文学会.
京都大学文学部国語学国文学研究室編　1965　『弘治五年朝鮮板伊路波　本文・釈文・解題』, 京都大学国文学会.
京都大学文学部国語学国文学研究室編　1987　『改修捷解新語　本文・国語索引・解題』, 京都大学国文学会.
金田一春彦　1974　　　　『国語アクセントの史的研究　原理と方法』, 塙書房,（『金田一春彦著作集　第 7 巻』, 玉川大学出版部）所収.
釘貫　亨　2007　　　　　『近世仮名遣い論の研究』, 名古屋大学出版会.
久野　眞　2006　　　　　「高知方言の鼻母音」,『音声研究』10-1, 日本音声学会, 60-69 頁.
久野マリ子, 久野眞, 大野眞男, 杉村孝夫　1990　『日本語諸方言における四つ仮名体系から二つ仮名体系への変化過程に関する研究』（文部省重点領域研究「日本語音声における韻律的特徴の実態とその教育に関する総合的研究」研究成果報告書）.
久野マリ子, 久野眞, 大野眞男, 杉村孝夫　1991　『四つ仮名方言の動態と意識―高知県中村市・安芸市の数量調査より―』, 国学院大学日本文化研究所.
久野マリ子, 久野眞, 大野眞男, 杉村孝夫　1995　「四つ仮名対立の消失過程―高知県中村市・安芸市の場合―」,『国語学』180, 国語学会, 84-96 頁.
倉島節尚　1977　　　　　「四つ仮名の混乱は『ヂ・ジ』が先行した―咄本『杉楊枝』の例を手懸かりに―」,『国語と国文学』54-6, 東京大学国語国文学会, 38-55 頁.
河野六郎　1952　　　　　「『伊路波』の諺文標記に就いて―朝鮮語史の立場から―」,『国語国文』21-10, 京都大学文学部国語学国文学研究室,（1979 河野六郎『河野六郎著作集 1』平凡社, 397-406 頁）所収, 他に（香川大学 1959, 67-73 頁）所収.
コセリウ, エウジェニオ　1973　（田中克彦・かめいたかし共訳 1981）『うつりゆくこそことばなれ　サンクロニー・ディアクロニー・ヒストリア』, クロノス.
今野真二　1996　　　　　「『新撰仮名文字遣』の新しさ―慶長版本『假名文字遣』を対置させて―」,『国語学』, 国語学会, 1-14 頁.
今野真二　2009　　　　　『大山祇神社連歌の国語学的研究』, 第二章「大山祇神社連歌を音韻資料としてみる」, 清文堂出版, 81-242 頁.
迫野虔徳　1987　　　　　「中世の撥音」,『国語国文』56-7, 京都大学文学部国語学国文学研究室, 41-52 頁.
佐藤喜代治編 1977　　　『国語学研究事典』, 明治書院, 249-250 頁.
佐成謙太郎　1930-1931　『謡曲大観』, 明治書院.
柴田　武　1960a　　　　「方言の音韻体系」,『国文学　解釈と鑑賞』10 巻 9 月号, 至文堂,（柴田武, 加藤正信, 徳川宗賢編 1978『日本の言語学　第六巻　方言』, 大修館書店, 525-542 頁）所収.
柴田　武　1960b　　　　「高知方言の音声的特徴」,『幡多方言』10 号（浜田数義）（柴田武

		1988『方言論』, 平凡社, 454-458頁) 所収.
柴田　武	1962	「語頭の入りわたり鼻音」,『土佐方言』第3集（浜田数義）（柴田武 1988『方言論』, 平凡社, 459-462頁) 所収.
柴田　武	1964	亀井孝他編『日本語の歴史4　移りゆく古代語』, 第4章, 平凡社（再刊, 2007, 平凡社ライブラリー), 346-348頁.
柴田　武	1978a	『方言の世界』,「現代方言の源流」, 平凡社, 168-183頁.
柴田　武	1978b	『方言の世界』,「音韻体系の地理的分布」, 平凡社, 124-144頁.
清水勇吉, 奥友里恵	2013	「ザ行音・ダ行音・ラ行音の混同」, 岸江信介・太田有多子・中井精一・鳥谷善史『都市と周縁のことば—紀伊半島沿岸グロットグラム—』和泉書院, 291-302頁.
白木　進編著	1976	（安原貞室著）『かたこと』笠間選書53, 笠間書院.
杉藤美代子, 中野節子	1975	「ザ行音とダ行音の混同について—兵庫県多紀郡の場合—」, 『日本方言研究会発表予稿集』20,（杉藤美代子『日本語の音　日本語音声の研究3』, 和泉書院, 77-94頁) 所収.
杉藤美代子, 木村恵子, 稲田裕子	1976	「ザ行・ダ行・ラ行の混同とその聴取及び発話について—和歌山県北部の場合—」,『樟蔭国文学』14,（杉藤美代子『日本語の音　日本語音声の研究3』, 和泉書院, 95-122頁) 所収.
杉藤美代子, 日比信子	1981	「ザ行音・ダ行音・ラ行音の混同地域の分布と混同の実態」, 『大阪樟蔭女子大学論集』18,（杉藤美代子『日本語の音　日本語音声の研究3』, 和泉書院, 57-76頁) 所収.
杉藤美代子	1983	「「四つ仮名」の混同と「ザ・ゼ・ゾ」—「ダ・デ・ド」の混同に関する史的考察」,『樟蔭国文学』20, 1-18頁,（杉藤美代子『日本語の音　日本語音声の研究3』, 和泉書院, 125-144頁) 所収.
杉藤美代子	1984	「音変化の過程に関する一考察—「四つ仮名」の混同と「ザゼゾ—ダデド」の混同—」,『国語学』138, 国語学会,（杉藤美代子『日本語の音　日本語音声の研究3』, 和泉書院, 145-169頁) 所収.
杉村孝夫	2001	「九州方言の四つ仮名」,『音声研究』5-3, 日本音声学会, 10-18頁.
高羽五郎編	1980	『謳曲英華抄　天・地』資料雑刊7, 高羽五郎.
高山知明	1993	「破擦音と摩擦音の合流と濁子音の変化—いわゆる「四つ仮名」合流の歴史的位置付け—」,『国語国文』62-4, 京都大学文学部国語学国文学研究室, 18-30頁.
高山知明	1998	「十七世紀末の前鼻音の実態について—『以敬斎口語聞書』『和字正濫鈔』の再検証—」,『香川大学国文研究』23, 香川大学国文学会, 1-8頁.
高山知明	2000	「濁音鼻音要素の弱化と「〈四つ仮名〉資料」—『蜆縮涼鼓集』再考—」,『国語学会2000年度秋季大会要旨集（安田女子大学）』国語学会, 86-93頁.
高山知明	2002	「耳障りになったザ行音」,『国語語彙史の研究』21, 国語語彙史研究会編, 和泉書院, 199-216頁.

高山知明	2003	「蜆縮涼鼓集からうかがえる前鼻音要素の一局面」,『香川大学国文研究』28, 香川大学国文学会, 94-101 頁.
高山知明	2005	「文献資料から音変化の動因を探る」,『日本學研究』16, 檀國大學校日本研究所（韓国）, 319-336 頁.
高山知明	2006	「破擦音化と母音体系」,『実験音声学と一般言語学―城生佰太郎博士還暦記念論文集―』, 東京堂, 218-228 頁.
高山知明	2009	「タ行ダ行破擦音化の音韻論的特質」,『金沢大学国語国文』34, 金沢大学国語国文学会, 203-215 頁.
高山知明	2010	「四つ仮名混乱と前鼻子音衰退化との干渉 ―個別言語史の視点の重要性―」, 月本雅幸, 藤井俊博, 肥爪周二編『古典語研究の焦点』武蔵野書院創立 90 周年記念論集, 武蔵野書院, 851-871 頁.
高山倫明	1992	「清濁小考」, 田島毓堂・丹羽一彌編『日本語論究 2 古典日本語と辞書』, 和泉書院, 17-56 頁.
高山倫明	2003a	「日本語音韻史研究とその課題」,『音声研究』7-1, 日本音声学会, 35-46 頁.
高山倫明	2003b	「音韻研究の動向と展望 1（文献中心）」, 上野善道編『朝倉日本語講座第 3 巻 音声・音韻』（第 12 章）, 朝倉書店, 225-238 頁.
高山倫明	2006	「四つ仮名と前鼻音」, 筑紫国語学談話会編『筑紫語学論叢Ⅱ―日本語史と方言―』, 風間書房, 158-174 頁.（高山倫明 2012『日本語音韻史の研究』, 第 6 章, ひつじ書房, 147-162 頁）.
高山倫明	2012	『日本語音韻史の研究』, ひつじ書房.
竹内信夫	1995	「揚州および長安における円仁の悉曇学習―特に宝月「シッダン字母」をめぐって―」,『紀要比較文化研究』33 輯, 東京大学教養学部比較文学比較文化研究室, 1-146 頁.
築島 裕	1986	『歴史的仮名遣い』, 中公新書,「三 中世における仮名遣い説の諸相」,『謡開合仮名遣』, 中央公論社, 66-68 頁
土居重俊	1958	『土佐言葉』, 高知市立市民図書館.
土井忠生訳註	1955	ロドリゲス, J.（著）『日本大文典』, 三省堂.
土井忠生 解題, 三橋 健 書誌解説	1976	『日本文典 ARTE DA LINGOA DE IAPAM』, 勉誠社.
豊島正之	1984	「「開合」に就て」,『国語学』136, 国語学会, 140-152 頁.
中本正智	1990	『日本列島言語史の研究』, 第 3 章第 3 節「タ行音の構造的推移」, 大修館書店, 232-270 頁.
中田祝夫編	1971	『日遠著 法華経随音句』（寛永 20（1643）年刊）, 勉誠社.
西野春雄校注	1998	『謡曲百番』, 新日本古典文学大系 57, 岩波書店.
西宮一民	1962	「奈良県」, 楳垣実編『近畿方言の総合的研究』, 三省堂.
野々村戒三編, 大谷篤蔵補訂	1978	『謡曲二百五十番集』, 赤尾照文堂.
橋本進吉	1928	『キリシタン教義の研究』,「文禄元年天草版吉利支丹教義の用語について」「一 文字と発音について」,（1961『キリシタン教義の研究 橋本進吉博士著作集第十一冊』, 岩波書店, 215-276 頁）.
橋本進吉	1932	「国語に於ける鼻母音」,『方言』2-1, 春陽堂, 1950『国語音韻の

		研究　橋本進吉博士著作集第四冊』, 2-9 頁, 岩波書店.
服部四郎	1953	「国語の音韻体系と新日本式ローマ字つづり方」,『教育技術』8-4・5,（服部四郎 1960『言語学の方法』, 岩波書店, 657-698 頁）所収.
服部四郎	1954	「音韻論から見た国語のアクセント」,『国語研究』2,（服部四郎 1960『言語学の方法』, 岩波書店, 240-272 頁）所収.
服部四郎	1955	「音韻論（1）」,『国語学』22, 国語学会,（服部四郎 1960『言語学の方法』, 岩波書店, 279-301 頁）所収.
服部四郎	1956	「音韻論（2）」,『国語学』26, 国語学会,（服部四郎 1960『言語学の方法』, 岩波書店, 302-322 頁）所収.
濱田　敦	1952	「弘治五年朝鮮板『伊路波』諺文対音攷―国語史の立場から―」,『国語国文』21-10, 京都大学文学部国語学国文学研究室,（濱田敦 1970『朝鮮資料による日本語研究』, 岩波書店, 77-88 頁）所収, 他に（香川大学 1959, 57-65 頁）にも所収.
濱田　敦	1962	「外国資料」,『国語国文』31-11,（濱田敦 1970『朝鮮資料による日本語研究』, 岩波書店, 53-76 頁）所収.
林巨樹, 池上秋彦編	1979	『国語史辞典』, 東京堂出版, 364-365 頁.
林　史典	1998	「九世紀日本語の子音音価」,『国語と国文学』929, 東京大学国語国文学会, 1-14 頁.
林　史典	1970	「国語資料「三河物語」のために（その二）」, 中田祝夫『原本　三河物語　研究釈文編』, 勉誠社, 57-84 頁.
林　義雄	1991	「『鴨東萩父』は毛利貞斎なりや―『故事俚諺繪鈔』による検討―」,『専修国文』50, 161-179 頁.
林　義雄	1993	「毛利貞斎は「蜆縮涼鼓集」の著者か」,『小松英雄博士退官記念日本語学論集』（同編集委員会編）, 三省堂, 469-486 頁.
久松潜一　校訂者代表	1973	『契沖全集』, 第 10 巻, 岩波書店.
飛田良文, 加藤正信, 遠藤好英, 佐藤武義, 蜂谷清人, 前田富祺編	2007	『日本語学研究事典』, 明治書院, 360-361 頁.
肥爪周二	2002	「ハ行子音をめぐる四種の「有声化」」,『茨城大学人文学部紀要　人文学科論集』37, 右 97-118［左 85-106］頁.
肥爪周二	2003	「清濁分化と促音・撥音」,『国語学』54-2, 国語学会, 95-108 頁.
肥爪周二	2004	「結合標示と内部構造標示」,『音声研究』8-2, 日本音声学会, 5-13 頁.
肥爪周二	2007	「閉鎖と鼻音」,『日本語学論集』3, 東京大学大学院人文社会系研究科国語研究室, 23-44 頁.
日埜博司編訳	1993	『日本小文典』, 新人物往来社.
福井久蔵　撰輯	1939	『国語学大系（仮名遣　一）』, 第 6 巻, 厚生閣,（1975［復刻版］国書刊行会）.
福井　玲	2013	『韓国語音韻史の探究』, 第 11 章「日本語とのかかわり―捷解新語の音注と日本語アクセント―」, 三省堂, 211-225 頁.
福島邦道編	1989	『日本小文典』, 笠間書院.
丸山　徹	1981	「中世日本語のサ行子音―ロドリゲスの記述をめぐって―」,『国語

		学』124, 国語学会, 95-103 頁.
村内英一	1962	「和歌山県」, 楳垣実編『近畿方言の総合的研究』, 三省堂.
森山 隆	1962	「連濁―上代語における―」, 『語文研究』14, 九州大学国語国文学会, (森山隆 1971『上代国語音韻の研究』第7章第1節「上代における連濁現象の実態」, 桜楓社, 279-297 頁) 所収.
安田 章	1980	『朝鮮資料と中世国語』, 笠間書院.
安田 章	1987	「改修捷解新語解題」, 京都大学文学部国語学国文学研究室編 (1987), 三―二七頁.
山田巌, 大友信一, 木村晟, 植松正秀編	1979	『蜆縮涼鼓集』駒沢大学国語研究資料第一, 汲古書院.
山田巌, 大友信一, 木村晟編	1981	『新撰仮名文字遣』駒沢大学国語研究資料第三, 汲古書院.
山田幸宏	1983	「土佐方言サ行子音と上代サ行子音」, 『国語学』133, 国語学会, 155-164 頁.
李 基 文	1972a	『國語音韻史研究』, 「8. 口蓋音化」, 64-69 頁, 1977 國語學叢書 3 (國語學會) 版 (韓国).
李 基 文	1972b	『國語史概説 改訂版』, 塔出版社 (韓国), 第 8 章「近代國語」「音韻」, 195-204 頁, (藤本幸夫訳 1975『韓国語の歴史』, 大修館書店).

Chao, Yuan-ren. 1934. The non-uniqueness of phonemic solutions of phonetic systems. *Academica Sinica (Bulletin of the Institute of History and Pholology)* vol. IV, 4: 363-397 (Joos, Martin. 1957. *Readings in Linguistics*. vol. Ⅰ: 38-54. American Council of Learned Societies).

Herbert, Robert K. 1986. *Language universals, markedness theory, and natural phonetic processes*. Mouton de Gruyter.

Kim, Hyunsoon. 2001. A phonetically based account of phonological stop assibilation. *Phonology*18(1). 81-108.

Ladefoged, Peter and Ian Maddieson. 1996. *The sounds of the world's languages*. Blackwell.

Lin, Yen-Hwei. 2011. Affricates. In Marc van Oostendorp. Collin J. Ewen, Elizabeth Hume, and Keren Rice (eds.) *The Blackwell companion to phonology vol.* Ⅰ *(General issues and segmental phonology)*, 367-390. Willey-Blackwell.

Riehl, Anastasia K. and Abrigail C. Cohn. 2011. Partially nasal segments. In Marc van Oostendorp, Colin J. Ewen, Elizabeth Hume, and Keren Rice (eds.) *The Blackwell companion to phonology vol.* Ⅰ *(General issues and segmental phonology)*, 550-576. Willey-Blackwell.

Steriade, Donca. 1993. Closure, release, and nasal contours. In Marie K. Huffman and Rena A. Krakow (eds.). *Nasals, nasalization and the velum (Phonetics and phonology* 5), 401-470. Academic Press.

資料文献

(書名を五十音順に掲げる。複製本のあるものはそれを示す。各書の諸本・所蔵先は本書で参照したものを中心にし、網羅的な情報は掲げない。主な参考文献を記す)。

『以敬斎口語聞書』　以敬斎有賀長伯（弟子による聞書）
　　　　写本（国立国会図書館蔵）、全一冊。宝暦12（1762）年、後藤基邑写。明和7（1770）年、筏安定写。刊記には「干時宝暦十二年壬午年無上月中旬　後藤守始翁基邑欽書写之」「明和七庚寅年初秋下旬　筏安定書写之」とある。
　　　　写本（石川県立図書館李花亭文庫蔵）、全一冊。刊記を欠く。

『伊路波』
　　　　1492年刊（朝鮮）。香川大学（1959）、京都大学文学部国語学国文学研究室編（1965）の複製。河野六郎（1952）、濱田敦（1952）を参照。

『謡曲英華抄』　二松軒
　　　　写本（京都大学文学部蔵）、巻「天」のみ。
　　　　写本（高羽五郎氏蔵、高羽五郎1980に複製）、巻「天」「地」。
　　　　いずれも明和8（1771）年の二松軒自序。岩淵悦太郎（1944）を参照。

『音曲玉淵集』　三浦庚妥
　　　　享保2（1717）年刊（国立国会図書館蔵、香川大学附属図書館神原文庫蔵）、五巻五冊。
　　　　写本（静嘉堂文庫蔵）。
　　　　岩淵（1944）を参照。

『(しちすつ仮名文字使) 蜆縮涼鼓集』　鴨東萩父
　　　　元禄8（1695）年刊、二巻二冊。
　　　　複製に山田巌他（1979）〔神宮文庫蔵〕。福井久蔵（1939）の翻刻〔橋本進吉氏蔵〕。

『(コリャード) 日本文典』　ディダコ・コリャード
　　　　Ars gramamaticae Iaponicae linguae. Didaco Collado.
　　　　1632年刊（ローマ）。大塚高信訳（1957）。

『捷解新語』　康遇聖
　　　　原刊本1676年刊（朝鮮）。
　　　　戊辰（1748）版（第一次）改修本、京都大学文学部国語学国文学研究室編（1987）による複製。安田章（1987）を参照。

『新撰仮名文字遣』　吉田広典、永禄9（1566）年の刊記。
　　　　写本（国立国会図書館蔵）、寛文13（1673）年写。永禄9（1566）年の奥書（吉田広典）。山田巌他（1981）の複製による。

『当流謡指南抄』　(不明)
　　　　元禄9（1696）年刊、全一冊。2012『江戸時代庶民文庫6』（大空社）に複製を収める（小泉吉永解題）。

204

写本（国立国会図書館蔵）、一冊。
宝暦元年（1751年）刊『当流観世謡指南抄大全』（金沢市立玉川図書館近世史料館蔵）。
他に聖徳 2 年（1712 年）刊がある。

『当流謡百番仮名遣開合（謡開合仮名遣）』　池上幽雪
元禄 10（1697）年刊、再摺本（謡開合仮名遣）が元禄 14（1701）年刊、二巻（上下）。
（東京大学国語研究室蔵）元禄 10 年刊（下）・元禄 14 年刊（上下）。
（京都大学文学部図書館蔵）元禄 10 年刊（上下）。奥書丁なく書肆書目「書目堀川通六角下ル町　中川文林堂」を付し、その内容は料理書 15 書のみの書目を掲げる）。
（国立国会図書館蔵）元禄 10 年刊（下）。
（京都女子大学附属図書館吉澤文庫蔵）元禄 10 年刊（上）。
元禄 14 年刊の翻刻・索引に石川国語方言学会編（1952）。書誌については岩淵（1932）を参照。

『日本小文典』　ジョアン・ロドリゲス
Arte breve da lingoa Japoa. João Rodriguez.
1620 年刊（マカオ）。
池上岑夫訳（1993）、日埜博司編訳（1993）。複製に福島邦道編（1989）〔ロンドン大学オリエント・アフリカ研究所蔵〕、日埜博司編訳（1993）〔ポルトガル国立アジュダ図書館蔵〕。

『日本文典』（日本大文典）　ジョアン・ロドリゲス
Arte da lingoa de Iapam. João Rodriguez.
1604-1608 年刊（長崎）。
土井忠生訳註（1955）。複製に土井忠生解題・三橋健書誌解説（1976）〔オックスフォード大学ボードレイアン文庫蔵〕。

『法華経随音句』　日遠
寛永 20（1643）年刊　中田祝夫編（1971）の複製。

『倭語類解』　洪舜明
18 世紀刊か（朝鮮）。京都大学文学部国語学国文学研究室編（1958）による複製、解説。

『和字正濫鈔』　契沖
元禄 8 年（1695 年）刊、五巻五冊。（国立国会図書館蔵、香川大学附属図書館神原文庫蔵）。翻刻に福井久蔵（1939）、久松潜一（1973）。

あとがき

　音変化を図式的にとらえるだけでなく、できれば実際に起こった事態を可能な限り再現することの意義を再認識しようとの意図が本書の底流になっている。当時の話者の視点の側から過去の音変化をとらえ直すことができれば、そのトレースはより実体を伴ったものとすることができるはずである。そのような考えに至ったのは、目の前に、言葉づかい（とりわけ発音上）の問題を話題にした複数の文献があり、しかもそれらの記事内容に微妙な違いが見られることの重要性に気づかされたからである。これまで、そのことが正面から問題にされてこなかったのは、事態のトレースは音変化を抽象化する途上の作業であり、最終的には変化の輪郭がつかめればよいと考えられ、文献間のズレの背景にまで追求が及ばなかったからであろう。本書はそれに反省を加え、考察を進めてきた。その結果として、『蜆縮涼鼓集』の内容の背後に前鼻子音の消失が関わっていると考えるのが蓋然的であることを明らかにした。従来、同書の内容に関しては、どうしても学史的評価の観点が入り込み、そこから脱することができていなかった。本書は、その点を大きく変えることができたのではないかと考えている。もちろん、今後の研究の進展によって別の面が明らかになる可能性は大いにあり、将来に残された課題も少なくない。とくに、『蜆縮涼鼓集』をはじめとして、17世紀末から18世紀にかけての時期に、発音に対する関心が写本のみならず出版物に現れることの社会的意味については考えるべき問題が存在する。発音に関する当時の人々の興味の正体をさらに見極めるためには、おそらくこの時期の文化に対する目配りも必要になってくる。本書はその点に関してはほとんど論じ得なかった。そのほかにも欠点や不備は多々あるに違いなく、お読みくださる方々にはご批正を切にお願い申し上げる。

　本書が横書きを採用したことについて一言述べておきたい。近世の文献をたびたび引用するのであれば、その体裁をなるべく忠実に示すことを考慮して本文全体は縦書きにすべきであるとのご指摘もあろう。実際、執筆当初は

縦書きにしようとしたが、最終的に横書きを選択したのは、むしろ縦か横かの違いではなく、脚注形式を採ったことによる。本書では注をできるだけ本文に近いところに配置し、参照の要不要を即座に読者に判断してもらえるようにしたかったからである。なお、訓点を伴った漢文は、読み下しにはせず、本文中にかこみを設け、その中に縦書きで示している。

本書は、平成24（2012）年に筑波大学に提出した博士（言語学）学位論文「16・17世紀日本語音韻の動的諸相」にかなりの程度の加筆修正を施し、まとめ直したものである。改稿にあたっては、その後、気づいた点を内容に盛り込むとともに、学術論文であれば省かれるような周知の事柄についても要点を整理して説明を加え、より広く読者の理解が得られるように心がけた。とはいえ、かえって細部に入ってしまい、わかりづらくなった面があるかもしれない。

その学位論文の提出、審査を通じて、主査の坪井美樹先生には、いろいろとご教示を賜っただけでなく、一連の事務上の諸手続きについてもご面倒をお掛けした。当時、重要な役職に就いておられたにもかかわらず、こころよく貴重なお時間を割いてくださった。また、筑波大学の矢澤真人氏、大倉浩氏、那須昭夫氏、そして東京大学の肥爪周二氏から有益なご指摘を数多くいただくこともできた。諸先生方よりのご厚意に与かることができたことに、この場を借りてあつく感謝申し上げたい。

筆者は、在籍した筑波大学第一学群人文学類（学部相当）の二年次に上がってすぐ受講した小松英雄先生の講義と演習の印象を三十年余経た今も忘れることができない。先生のお話からは、ことばの研究がどういうものかよくわかっていない私にも、その面白さが伝わってきた。渇望が満たされたその瞬間を鮮烈に記憶している。以来、先生からは直接間接を問わず実に多くのことを教えられた。それだけでなく、私のような拙い者にも機会あるごとにお声を掛けてくださり、もうずいぶんと前に、研究成果をまとめ、出版するようにとのお勧めをいただいた。遅々として進まぬうちに年月が過ぎ、結果として当初の計画とは大きく変わる内容となり、ようやく本書にたどり着いた。この間、小松先生とともに、学習院女子大学の福島直恭氏が終始励ましてくださり、たいへんお世話になった。こうしたご厚情に十分にお応える

には依然として物足りないものを感じている。初心にかえり、さらに精進しなければならない。

　日本語学研究室において教えを受けた他の先生方からの学恩も筆者にとっては賜物である。森野宗明先生からはテクストを読み解く上で欠かせない精神の余裕を教えられたと思っている。北原保雄先生には日常的にずいぶんと目をかけていただいた。そして、音韻史を志すきっかけを作ってくださった林史典先生の講義はいつも刺激的であった。その指導の下で勉学を進めることができたことは幸いであった。大学院では、ちょうど筑波大学に来られたばかりの湯澤質幸先生が、直接の指導教官でないにもかかわらず、ずいぶんとかわいがってくださった。今も話の相手になっていただき、激励を賜っている。いろいろとご迷惑をおかけしたが、心強い思いでいられるのも先生のおかげである。

　ところで、第3章注8（63頁）で言及した三重県志摩地方和具の前鼻子音に関して記しておきたい。もとになった録音資料は、大学一年次の冬休みに必修授業の音声学概論で出された課題で、その折に現地に赴いて収録したものである。こうして記録が残っているのも、その講義を担当されていた城生佰太郎先生のおかげである。二年次になってロドリゲス『日本大文典』の記事に初めて接した折も「あれか」と思い当たることができた。むろん未熟で調査と呼べるものではないが、年月を経て再び思い出し、あらためて聞いてみると幸運にも話者の談話がたっぷりと入っており、図らずも貴重な内容であった。いずれ別の機会に詳しく報告しなければならないと考えている。その際、「調査」に協力してくださった方、そして、協力者の方のお宅へお導きくださり、現地の風習や言葉についてもご教示を賜った三重県立水産高等学校教諭（当時）の山口源三先生には、もはや直接お知らせすることができなくなってしまったが、心よりお礼を申し上げたい。

　私が金沢大学に着任する前にご退官された古屋彰先生からは、わざわざ、高羽五郎先生私家版の『謳曲英華抄』をご恵与いただいた。その時、この上なくうれしかったのを覚えている。早速、大学院の演習で取り上げ、学生も本気で付き合ってくれた。『謳曲英華抄』に関しては、遠藤邦基先生からご教示を得ることができたことも忘れ難い。

九州大学の高山倫明氏からのご批判は、私自身の考えをさらに明確にし、前に進む上で重要なものとなった。それがなければ、本書で提示した考えに至ることはなかったであろう。本書では、さらに高山氏の議論に対してはばかることなく批判を述べたが、あらためてご批正を乞いたい。

　大学院の学生の頃、かたじけなくも、京都大学の木田章義先生から小松先生を介して御懇書を頂戴し、早速お電話したところ、『蜆縮涼鼓集』をもう少し読み込んでみてはどうだろうとのアドバイスを賜った。かえりみれば、そのことが懐かしく思い出される。

　そのほかにも、様々な方々からの励ましやご教示があってはじめて、本書を成すことができた。お一人お一人のお名前をすべて記すことができず恐縮であるが、お世話になったすべての方々に感謝の気持ちを表したい。

　本書の内容は、科学研究費補助金・奨励研究（A）「濁音の鼻音要素消滅の諸相と動因」（課題番号12710223／2000-2001年度）、および基盤研究（C）「近世期音韻史文献基礎研究」（課題番号18520352／2006-2007年度）にもとづく成果も含んでいる。また、文献の閲覧・複写に際して各機関の皆様方からご厚意を賜った。とくに『謡開合仮名遣』の図版掲載については東京大学文学部国語研究室から、『以敬斎口語聞書』は国立国会図書館、石川県立図書館（李花亭文庫）からそれぞれご許可をいただき、神宮文庫蔵『しちすつ仮名文字使蜆縮涼鼓集』については、複製本（山田巌・大友信一・木村晟・植松正秀編1979、駒澤大学国語研究資料第三）の転載を神宮文庫よりご快諾いただいている。これらのご高配に対し、心より謝意を表する次第である。

　笠間書院の池田つや子会長、橋本孝氏には、なかなか仕上がらない原稿に長らくご心配をお掛けした。また、編集の過程では重光徹氏が細部にまで気を配りながら、お導きくださった。間際までご心配をおかけし、お礼の申し上げようもない。

　そして、最後に、ここまで支えてもらった両親、および家族にあらためて感謝したい。

主要語句索引

●あ

饗庭名鶴丸　　133
葵上　　108, 130
あきま　　37
網代車の事　　57, 84–86, 97
愛宕空也　　130
『天草版平家物語』　　176
有坂秀世　　20, 21, 167
有賀長伯　　48, 61, 75

●い

異音　　23, 100, 147–151, 188
李基文（イ・キムン）　　36
『以敬斎口語聞書』　　3, 41–67, 75, 79–88, 97, 98, 153–155, 168–173
『以敬斎口語聞書』【図版】　　50, 51
池上岑夫　　168
池上幽雪　　116, 125, 140
石井久雄　　71, 127
石川県立図書館（李花亭文庫）　→李花亭文庫
石川国語方言学会　　103
一回性　　165
一角仙人　　130
糸井寛一　　33
稲田裕子　　188
井上史雄　　177
入りわたり鼻音　　11, 41
『伊路波』　　20, 27
いろは　　123, 124
岩淵悦太郎　　103, 105, 116, 125, 140, 142, 158
韻書　　90

●う

上村幸雄　　26

浮舟　　107, 129
後舌　　23, 25, 31
『謡開合仮名遣』　　103, 110, →『当流謡百番仮名遣開合』
『謡開合仮名遣』【図版】　　104, 121, 144
『謡百番仮名遣開合』　→『当流謡百番仮名遣開合』
善知鳥　　143
鵜羽　　92, 130
梅枝　　108
楳垣実　　63
鱗形　　130
上野善道　　63
雲伯方言　　21

●え

英語　　23
江口　　109
越前　　134, 135
江戸方言　　116
箙　　130
エ列音の口蓋性　　38
円唇（的）　　25
円唇性　　27
遠藤邦基　　66, 155

●お

『謡曲英華抄』　　3, 87, 113–115, 126, 150–157
鴨東萩父　　71, 99–101, 136
大分県方言　　33
大江山　　130
大阪方言　　116
大谷篤蔵　　130
大塚高信　　30
大友信一　　167, 177–179
大野眞男　　33, 150

大森彦七ノ事　　133
大社　　92, 130
岡田荘之輔　　63
奥村三雄　　174
奥友里恵　　189
小倉肇　　23, 147, 148-150, 167, 168, 183, 188
オ段長音（の）開合　　103, 122, 141, 176
落葉　　130
姨棄（姨捨）　　106, 109, 129
小原御幸　　109, 129
女郎花　　108
音韻学　　20, 184
『音曲玉淵集』　　3, 52, 61, 75, 76, 84-88, 93-98, 113-116, 126, 150-157, 170-173
音声学協会会報　　44
音便　　75, 88

●か

開音　　105, 142
開合　　108, 110, 125, 126
下位体系　　35
外来語　　37, 38
カ行・カ行音・カ行子音　　189
ガ行・ガ行音・ガ行子音　　44, 56, 166, 168, 172, 176, 177, 183, 185, 188
ガ行鼻濁音・鼻濁音　　43, 65, 145, 188
景清　　106, 112, 129
過剰訂正　　148-150, 158
春日龍神　　92, 130, 141
『かたこと』　　195, 196
仮名扱い　　140, 142
仮名（かな）遣い・仮名（かな）づかひ　　70, 71, 89, 90, 120, 124-127, 142
仮名遣書　　74, 125, 194
『仮名文字遣便蒙抄』　　71
鉄輪　　130
兼平　　141
加美宏　　134
亀井孝　　8, 21, 62, 64, 65, 69, 71, 93, 95, 100-103, 120, 133, 134, 135, 147, 155, 163, 166, 167, 171-173, 174, 176, 177-179, 190, 193
賀茂　　143
環境同化　　29, 35
環境同化の作業原則　　24
漢語　　89-91, 132, 133, 150
韓国語（朝鮮語）　　35
干渉　　162, 173-179, 183-190, 192
邯鄲　　108

●き

岸江信介　　63, 169
きしみ音　　24
木田章義　　72
北原保雄　　32
機能負担量　　147
木村恵子　　188
九州　　102, 103
京都大学　　114
狭母音　　→せまぼいん
清経　　107, 129
キリシタン文献　　28
金田一春彦　　42

●く

偶発性（偶発的）　　161-166, 187-190
釘貫亨　　120, 137
九世戸　　92, 130
久野眞　　33, 150, 168
久野マリ子　　33, 150
倉島節尚　　32
鞍馬天狗　　129, 130

●け

契沖　　60, 61, 62, 65, 74-76
源氏供養　　107, 129
源氏となへやうの事　　59, 154
『蜆縮涼鼓集』（『しちすつ仮名文字遣蜆縮涼鼓集』）　　3, 61, 64, 69-139, 145, 152, 170, 186, 187, 190, 193-196
絃上　　129

還城楽　　134, 135

●こ

五韻之図　　127
口音部分　　47, 83
口蓋化　　21-25, 34, 114, 164
口蓋性　　32
口蓋的　　29-38
口腔　　181, 182
口腔内圧　　180
後舌　　→うしろじた
高知（県）方言（土佐方言）　　33, 44, 150, 151, 158, 166, 168, 169
皇帝　　130
河野六郎　　20
合流【用語の規定】　　11
『国語学研究事典』　　177
国語学史　　70-72
『国語学大系』　　70
『国語史事典』　　177
国立国会図書館　　49-52, 56, 57
『湖月抄』　　58
五十音図　　105, 119-128, 135-137, 196
コセリウ，エウジェニオ　　5, 8, 163
個別言語史　　8, 162-166, 190
ゴマ点　　102
コリャード『日本文典』　　30
混同　　11
今野真二　　33, 184

●さ

再音韻化　　179
『在唐記』　　167
サ行・サ行音・サ行子音　　35, 147, 167, 178
ザ行・ザ行音・ザ行子音　　23, 44, 92, 105, 134, 135, 138, 139-159, 167-190, 194-198
迫野虔徳　　174
ザゼゾとダデド　　188
佐成謙太郎　　130

実盛　　107, 129

●し

子音推移　　189
歯音　　20, 78, 79, 88, 91, 94-97, 117-119, 122, 128, 136
歯茎音　　26, 28
歯舌相通　　118
持続時間　　82-84
自然居士　　141
字のあつかひ　　→文字扱い
柴田武　　21, 33, 62, 169
清水勇吉　　189
社会言語学（的）　　145, 157
俊寛　　106
『捷解新語』　　20, 26, 169
鍾馗　　130
上代語　　167
上代東国方言　　20-22, 193
白木進　　195, 196
白鬚　　143
唇音化　　29
新撰音韻之図　　120, 127
『新撰仮名文字遣』　　3, 56, 57, 171, 183-190
新濁　　91, 118

●す

杉藤美代子　　55, 188
杉村孝夫　　33, 150
『杉楊枝』　　32
須磨源氏　　129

●せ

西王母　　129
清音　　29, 44
誓願寺　　130
声帯振動　　180
清濁　　42, 120, 125, 167
善界　　130, 143
舌音　　20, 78, 79, 88, 94-97, 117-119,

　　　　122, 134-136
摂待　　130
舌内入声　　103
狭母音　　22-25
千手　　143
前舌　　→まえじた
前鼻子音　　10, 41-67, 69-98, 147, 166-
　　190, 191, 192, 196-198
前鼻摩擦　　168, 182
前鼻要素（鼻音要素）　10, 47-66, 69,
　　74-98, 147, 150, 154-159, 166-190

●そ

相補分布　　24, 100, 136
阻害音　　37, 43, 167
促音（の挿入）　　196
卒都婆小町　　141

●た

『太平記』　　81, 133
太平記読み　　133, 134, 194
当麻　　130
高砂　　102-106, 108, 119, 128, 134-136
高田正治　　26
高羽五郎　　114
高山知明　　22, 48, 92, 100, 147, 148, 174,
　　181, 189, 193
高山倫明　　72, 111, 167, 174-183
タ行・タ行音・タ行子音　　189
ダ行・ダ行音・ダ行子音　　44, 56, 166,
　　168, 172, 177, 183, 185, 188
沢庵禅師　　57, 184
濁音　　30, 41-66, 82-85, 95, 120, 147,
　　166-190, 196
竹内信夫　　167
忠度　　129
谷行　　130
玉葛　　107, 129
田村　　130
短音化　　196
単純化　　4

●ち

中国資料　　20, 167, 179, 195
中舌　　→なかじた
中和　　21, 38, 149-151
朝鮮語　　→韓国語
朝鮮資料　　20, 28, 167, 179, 195

●つ

築島裕　　125
土車　　130

●て

天鼓　　143

●と

土井重俊　　169
土井忠生　　64, 176, 185
東京語　　44
東京大学文学部国語研究室　　104, 110,
　　121, 144
道成寺　　130
東北方言　　21, 43-45, 166
『当流謡指南抄』　　125, 126
『当流謡百番仮名遣開合』　　3, 61, 76, 93,
　　102-138, 139-159, 196
徳島県　　63, 169
豊島正之　　120

●な

中舌（的）　　21, 25, 28
中舌化　　26, 34, 114
中野節子　　188
中本正智　　27
奈良田方言　　33
軟口蓋化　　29

●に

西野春雄　　109, 130
西宮一民　　63
二松軒　　114

日遠　　185, 186
『日本語学研究事典』　　177

●ね

寝覚　　130

●の

野宮　　129
野々村戒三　　130

●は

ハ行・ハ行音・ハ行子音　　6
バ行・バ行音・バ行子音　　44, 56, 166, 183, 188
羽衣　　109
破擦　　74, 77
破擦音　　20-38, 53, 83, 100, 101, 135, 138, 145-159, 167-190, 193
破擦音化　　1, 19-39, 147, 151, 176, 191-193
半蔀　　129
橋本進吉　　43-46, 48, 49, 53, 55, 69, 75, 95, 96, 103, 166, 168, 170
撥音　　41-66, 79-98, 100, 106-119, 128-138, 140-159, 170-187, 193, 194
撥音（の挿入）　　196
服部四郎　　23, 24, 44
濱田敦　　20, 26
林史典　　32, 167
林義雄　　71
破裂　　20-38, 180-182
破裂音　　20-38, 150, 167, 188
ハングル（訓民正音）　　20, 169
斑女　　141
万歳の小忌衣　　134, 135

●ひ

非円唇　　26
鼻音化　　95, 96, 170, 172
鼻音部分　　47, 82-84
鼻音要素（前鼻要素）　　→前鼻要素

鼻腔　　95, 172, 180
非口蓋的　　29-38
非前鼻　　74
備前方言　　176
肥爪周二　　167, 180, 181
一つ仮名弁　　21
日比信子　　188
鼻母音　　11, 41, 44, 53, 62, 172, 179, 183
非唯一性　　36
兵庫県淡路島　　63, 169
兵庫県但馬地方　　63

●ふ

福井玲　　169
藤戸　　130, 133
『扶桑切韻』　　117
二つ仮名弁　　21
船橋　　130
船弁慶　　107
フランス語　　183

●へ

閉鎖　　53, 180
閉鎖性　　174
閉止　　25, 74, 77, 82-85, 167, 179-184

●ほ

放下像　　130
『法華経随音句』　　3, 171, 185-190
ポルトガル語　　28
本清　　90
本濁　　90

●ま

前舌　　23, 25, 94
摩擦　　20-38, 74, 77, 83
摩擦音　　20-38, 100, 101, 138, 145-159, 168-190, 193
摩擦音化　　147, 151, 182, 187-190
丸山徹　　147
万歳楽　　134, 135

『万葉集』　20, 57

●み

三井寺　106
三浦庚妥　75, 116
三重県伊勢地方　37
三重県志摩地方　63
『三河物語』　32
通盛　130
三つ仮名弁　21, 33
御裳濯　130

●む

無声化（母音の無声化）　29, 30
村内英一　63

●め

和布刈　130

●も

毛利貞斎　71
文字扱い・字のあつかひ　125, 126, 140, 142
盛久　108
森山隆　167

●や

八嶋（八島）　107, 129
安田章　26
安原貞室　195
山田幸宏　151

●ゆ

夕顔　107, 129
有気音　189
有声化　4, 164
湯谷　141

●よ

拗音　19, 37, 38, 150
楊貴妃　109

謡曲　59, 75, 76, 92-94, 96, 101-138, 140-159, 193-196
『謡曲集』　109
『謡曲大観』　93, 130
『謡曲二百五十番集』　130
『謡曲百番』　93, 109, 130
養老　108, 130
吉廣綾子　63, 169
四つ仮名　11, 27, 56, 58, 69-76, 89, 97, 101-104, 110, 120, 123, 127, 141, 142, 158, 172, 194, 195
四つ仮名弁　21
読み癖　66
頼政　130, 143

●ら

ラ行・ラ行音・ラ行子音　188

●り

李花亭文庫　49-52, 56-59, 154

●る

『類聚名義抄』　20

●れ

連声　90, 103, 118, 141
連濁　91, 128, 167, 180

●ろ

ロドリゲス『日本小文典』　3, 168, 171
ロドリゲス『日本（大）文典』　3, 45, 53, 64, 166-171, 176, 185, 186, 195

●わ

『倭韻字会』　90
和歌山方言　188
和語　89-91, 137
『倭語類解』　26
『和字正濫鈔』　3, 52, 55, 59-67, 74-91, 95-98, 120, 135, 145, 154, 155, 168, 171-173, 184-187

割る　　*104*

●欧文

Herbert, Robert　　*169*
hypercorrection　　*148*
Hyunsoon Kim　　*24, 25*
Ladefoged, Peter　　*169*
push chain　　*147*
Riel, Anastasia and Abrigail Cohn　　*168*
Striade, Donca　　*168*
til　　*45, 166, 171, 176*
Yen-Hwei Lin　　*24*
Yuan Ren Chao　　*36*

著者略歴

高山知明（たかやま　ともあき）

1963 年　三重県伊勢市生まれ。
1986 年　筑波大学第一学群人文学類言語学主専攻（日本語学）卒業。
1992 年　筑波大学博士課程文芸・言語研究科言語学（日本語学）単位取得満期退学。
香川大学教育学部助教授を経て、現在、金沢大学人間社会研究域・歴史言語文化学系教授。
2012 年　博士（言語学）。

主要論文等（本書で扱ったものを除く）
・「日韓両言語の流音の役割に関する共通点と相違点」『日本語学・日本語教育　2 音韻・音声』（韓美卿編、韓国：J&C．2013 年）。
・「促音による複合と卓立」『国語学』182 集（1995 年）。
・「日本語における連接母音の長母音化─その歴史的意味と発生の音声的条件─」『言語研究』101 号（1992 年）。
・『朝倉日本語講座第 3 巻　音声・音韻』（上野善道編）「第 2 章　現代日本語の音韻とその機能」（2003 年）。

日本語音韻史の動的諸相と蜆縮涼鼓集

2014 年 5 月 31 日　初版第 1 刷発行

著　者　高　山　知　明
装　幀　笠間書院装幀室
発行者　池　田　圭　子
発行所　有限会社　笠間書院
東京都千代田区猿楽町 2-2-3［〒 101-0064］
電話　03-3295-1331　Fax　03-3294-0996

ISBN978-4-305-70734-5　©TAKAYAMA 2014　　　シナノ
乱丁・落丁本はお取り替えいたします。　　（本文用紙・中性紙使用）
出版目録は上記住所または下記まで。
http://kasamashoin.jp